CATALOGUE

DES

MANUSCRITS LATINS ET FRANÇAIS

DE LA

COLLECTION PHILLIPPS

ACQUIS EN 1908
POUR LA BIBLIOTHÈQUE NATIONALE

PAR

Henri OMONT

Membre de l'Institut, Inspecteur général des Bibliothèques,
Conservateur du Département des Manuscrits.

PARIS

ERNEST LEROUX, ÉDITEUR

28, RUE BONAPARTE, 28, VIe

1909

MANUSCRITS LATINS ET FRANÇAIS

DE LA

COLLECTION PHILLIPPS

Acquis en 1908.

ANGERS. — IMPRIMERIE ORIENTALE A. BURDIN ET Cie, 4, RUE GARNIER

BIBLIOTHÈQUE NATIONALE

CATALOGUE

DES

MANUSCRITS LATINS ET FRANÇAIS

DE LA

COLLECTION PHILLIPPS

ACQUIS EN 1908
POUR LA BIBLIOTHÈQUE NATIONALE

PAR

Henri OMONT

Membre de l'Institut, Inspecteur général des Bibliothèques,
Conservateur du Département des Manuscrits.

PARIS

ERNEST LEROUX, ÉDITEUR

28, RUE BONAPARTE, 28, VIᵉ

1909

AVERTISSEMENT

L'année 1908 aura été marquée dans les annales de la
Bibliothèque nationale par une acquisition particulière-
ment importante de manuscrits d'origine française, exilés
la plupart depuis près d'un siècle en Angleterre. Ces manuscrits, au nombre de trois cents environ, cartulaires,
comptes, chartes anciennes, etc., du Xe au XIXe siècle,
proviennent de la célèbre bibliothèque du feu baronnet
sir Thomas Phillipps, conservée d'abord à Middlehill
(Worcester), puis à Cheltenham (Gloucester), la plus riche
et la plus nombreuse qu'un particulier ait jamais formée
et dont la dispersion est loin encore d'être achevée, bien
qu'elle soit commencée depuis un peu plus de vingt ans.
Le retour en France de tous ces manuscrits, au mois de
mai 1908, n'eût pas été possible sans le généreux concours
de bienfaiteurs de nos bibliothèques et de nos musées, au
premier rang desquels il convient de citer Mme la baronne
James de Rothschild, M. le baron Edmond de Rothschild,
M. Maurice Fenaille ; un juste tribut de reconnaissance
leur est dû et ne leur sera pas ménagé par tous les amis
de notre histoire.

Sir Thomas Phillipps, né à Manchester, 32, Cannon
street, le 2 juillet 1792, est mort, âgé de près de quatre-
vingts ans, à Cheltenham, en sa résidence de Thirlestaine
House, le 6 février 1872, et a été inhumé à Broadway (Wor-
cestershire). Après quelques années passées à l'école de
Rugby, il avait été immatriculé le 19 octobre 1811 à l'Université d'Oxford, où il obtint les grades de bachelier, en

1815, puis de maître ès arts, en 1820. L'année précédente il avait épousé la fille du lieutenant-général sir Thomas Molyneux, dont il eut trois filles : l'aînée, mariée à James Orchard Halliwell, l'écrivain bien connu, héritière du domaine patrimonial de Broadway, morte en 1879 ; une seconde fille mariée au Rév. John Walcot, décédée en 1858 ; enfin une troisième fille, Katherine Somerset Wyttenbach, encore vivante aujourd'hui et qui épousa le Rév. John Edward Addison Fenwick ; c'est sa dernière fille que sir Thomas Phillipps institua par son testament héritière de toutes ses collections de livres, manuscrits, tableaux, etc., réunis à Cheltenham[1].

Créé baronnet le 27 juillet 1821, il avait été nommé, en 1825, haut sheriff du comté de Worcester, charge précédemment remplie par son père William Phillipps, de 1801 à 1818, date de sa mort. En 1826, il avait brigué sans succès la représentation de Grimsby au Parlement ; ce fut sa seule incursion dans le domaine de la politique. Désormais sir Thomas Phillipps se consacra tout entier au culte des lettres. Dès 1819 il avait été admis au nombre des membres de la Royal Society ; plus tard il fit partie de nombreuses sociétés savantes anglaises et étrangères, mais il avait décliné son association au Roxburghe Club, estimant que ses publications n'étaient pas assez importantes, bien qu'on en compte plus de cent, sorties des presses de l'imprimerie particulière, qu'il avait fait installer, vers 1822, dans une tour de Middlehill, l'une de ses propriétés de Broadway, et qui fonctionna depuis à Cheltenham jusqu'à la veille de sa mort[2].

1. Ces renseignements biographiques et quelques-uns de ceux qui suivent sont empruntés à la notice consacrée à sir Thomas Phillipps dans le *Dictionary of national biography*, de M. Sidney Lee (London, 1896, in-8°), t. XLV, p. 192-195.

2. Une liste sommaire de ces publications (124 numéros) a été dressée par

La passion des livres se manifesta chez sir Thomas Phillipps dès sa première jeunesse et on a encore le catalogue des volumes qu'il avait réunis lorsqu'il était sur les bancs du collège de Rugby. Ses goûts de bibliophile ne tardèrent pas à se développer à l'Université d'Oxford et son mariage ne les contraria pas ; ils devinrent bientôt, et devaient rester jusqu'à ses derniers jours, la grande affaire de sa vie[1]. Les premières de ses acquisitions vraiment importantes de manuscrits datent d'un séjour prolongé qu'il fit sur le continent, entre 1820 et 1825, et pendant lequel il visita la Belgique, les Pays-Bas, la France, l'Allemagne et la Suisse.

M. T. Fitz Roy Fenwick, petit-fils de sir Thomas Phillipps, et imprimée sous le titre de : *The Middle Hill Press. A short catalogue of some sir Thomas Phillipp's privately printed works* (Privately printed by J. David and sons, London, 1886, in-4°, 12 pages). — Un certain nombre de ces volumes ont figuré dans les ventes Phillipps de 1886 (n°s 2389-2514) et de décembre 1891 (n°s 578-693) ; le libraire B. Quaritch leur a aussi consacré, en novembre 1886, un catalogue spécial, intitulé : *Choice portions of the library of the late sir Thomas Phillipps, Bart., and the privately printed issues of his Middle Hill Press*.

1. On ne saurait mieux faire que de rapporter ici les propres paroles de sir Thomas Philipps, dans la préface de son catalogue, reproduites dans le *Dictionary of national biography* (XLV, 192-193) : « In amassing my collection of « manuscripts, he said later (*Cat.*, pref.), I commenced with purchasing « everything that lay within my reach, to wich I was instigated by reading « various accounts of the destruction of valuable manuscripts..... My principal search has been for historical, and particularly unpublished, manuscripts, whether good or bad, and more particulary those on vellum. My « chief desire for preserving vellum manuscripts arose from witnessing the « unceasing destruction of them by goldbeaters; my search for charters or « deeds by their destruction in the shops of glue-makers and tailors. As « I advanced, the ardour of the pursuit increased, until at last I became a « perfect vellomaniac (if I may coin a word), and I gave any price that was « asked. Nor do I regret it, for my object was not only to secure good manu- « scripts for myself, but also to raise the public estimation of them, so that « their value might be more generally known, and, consequently, more « manuscripts preserved. For nothing tends to the preservation of anything « so much as making it bear a high price. The examples I always kept in view « were Sir Robert Cotton and Sir Robert Harley. »

C'était l'époque où les bibliothèques et les archives
avaient partout été laissées à l'abandon et mises au pillage,
où les libraires, les brocanteurs, les épiciers voyaient
s'empiler en abondance dans leurs magasins des manuscrits de tout genre, mis au rebut par des familles insou-
ciantes et des administrations ignorantes[1]. A Paris, la
Bibliothèque royale put alors acquérir, le plus souvent au
poids, et sauver ainsi de la destruction plusieurs milliers
de chartes et d'anciens cartulaires ou registres ; mais elle
devait trouver bientôt en sir Thomas Phillipps un concur-
rent heureux, et c'est par milliers aussi que se comptèrent
les manuscrits qu'il rapporta du continent ou qu'il acquit
en Angleterre pour former le premier noyau d'une bibliothèque, qui pendant cinquante ans n'allait cesser de s'ac-
croître. Presque simultanément sir Thomas Phillipps faisait
entrer dans ses collections la presque totalité des manuscrits du célèbre jurisconsulte Meerman, mis en vente à
La Haye en 1824 et qui provenaient des Jésuites de l'ancien
collège de Clermont, à Paris ; tous ceux du professeur Van
Ess, de Darmstadt, et plusieurs centaines d'autres acquis
à Paris, la même année, aux ventes Chardin et Celotti,
ou du libraire Royez et du collectionneur A.-A. Monteil[2].
La Belgique lui fournissait en même temps bon nombre
de manuscrits provenant de ses anciennes bibliothèques
ecclésiastiques, et bientôt, en 1827, il disputait au gouvernement hollandais l'importante collection de manuscrits
de Muschenbroek, d'Utrecht. En Angleterre il multipliait

----

1. Voir notamment ce que dit M. L. Delisle, *Cabinet des manuscrits*, t. II,
p. 287-288.

2. Royez et Monteil étaient alors associés ; voir de ce dernier le *Traité des
matériaux manuscrits de divers genres d'histoire* (1835), t. I, p. 252. Cf. aussi
le *Premier catalogue de manuscrits historiques ou autres, qui se trouvent chez
Mme Vve Royez, libraire, rue du Pont-de-Lodi, n° 7, à Paris* (1826, in-8°
29 pages).

également ses acquisitions aux ventes des célèbres bibliothèques de Robert Lang, de lord Guilford et de Richard
Heber; les libraires Bohn, Cochrane, Longmann, Payne,
Rodd, Thorpe surtout, faisaient affluer les manuscrits
dans ses collections; si bien qu'au mois de mai 1837 sir
Thomas Phillipps, qui avait réuni déjà près de 7.500 manuscrits, en publiait un premier catalogue imprimé dans
son imprimerie particulière de la tour de Broadway à
Middlehill. Ce catalogue forme un volume in-folio, de
112 pages à deux colonnes, intitulé :

CATALOGUS
LIBRORUM
MANUSCRIPTORUM
in
BIBLIOTHECA
D. THOMÆ PHILLIPPS. Bart.
A.D. 1837.

IMPRESSUS
TYPIS MEDIO MONTANIS
MENSE MAIO,
1837

Il contient la momenclature sommaire de 7.403 manuscrits, acquis de 1824 à 1837. Les années suivantes ne
furent pas moins fructueuses pour la bibliothèque de sir
Thomas Phillipps[1], dont les accroissements successifs,

---

1. Dans un *Second rapport au Ministre de l'Instruction publique*, daté de
Middlehill, 15 novembre 1849, Dom Pitra célébrait la bibliothèque de sir
Thomas Phillipps dans les termes suivants : « M. Phillipps possède près de
« 18,000 manuscrits et peut-être autant de livres imprimés Il cherche si peu
« à exagérer ces chiffres, qu'il y a sous plus d'un numéro jusqu'à 100 volumes,
« et dans un volume 4 à 5.000 pièces. Chaque acquisition conserve son signa-
« lement d'admission. Les fonds divers se succèdent par centaines sans se
« confondre, et le voyageur admis à parcourir ces vastes salles, garnies
« jusqu'au comble, ces galeries à triple et quadruple rang, passe par les plus
« illustres bibliothèques d'autrefois, par les librairies abbatiales et les
« galeries princières; du collège de Clermont à Saint-Victor, à Saint-Ger-
« main-des-Prés, puis à Lobbes, à Stavelo, à Saint-Maximin de Trèves, à
« Saint-Martin de Tournay, à Saint-Vaast d'Arras; du cabinet d'Iriarte, ou

régulièrement inscrits à leurs dates jusqu'en 1871, dans la suite du catalogue, qui se termine à la page 436, arrivaient alors au chiffre de 23.837 [1]. Pendant ces trente et quelques années, il n'y avait pas eu, en Angleterre ou sur le continent, de vente de quelque importance, qui n'eût fourni des contingents plus ou moins nombreux aux collections de Middlehill, transportées en 1862 à Cheltenham, dans la résidence de Thirlestaine House. où les manuscrits de sir Thomas Phillipps prirent la place de la galerie de peintures de lord Northwick.

A la mort de leur possesseur quantité de manuscrits n'avaient pas encore été compris dans le catalogue imprimé, dont la publication n'a pas été continuée; l'inventaire qu'on en a dressé en a porté le nombre, en 1908, au chiffre 35.381. Or, même en tenant compte de quelques doubles emplois, comme chaque ouvrage ou chaque recueil, composé souvent de deux ou plusieurs volumes, ne porte qu'un seul numéro d'ordre, on peut, sans exagération estimer à cinquante mille environ le total des manuscrits réunis pendant le cours du dernier siècle par sir Thomas Phillipps à Middlehill, puis à Cheltenham.

La dispersion de cette énorme collection a été commencée en 1886, quatorze ans après la mort de sir Thomas Phillipps. Elle est loin cependant d'être achevée, et bien qu'elle se soit depuis lors continuée d'une façon régulière,

« de la cellule de Dom Van Ess, aux archives de Muschenbroeck, au musée « Meerman. Il peut même, franchissant les Alpes, reconnaître Bobbio. Saint- « Marc de Milan, la bibliothèque Colonna, venue de Rome. Il y a des feuillets « datés de Buda et légués par Matthias Corvin, des volumes du mont Athos « et de la Thébaïde, des papyrus gallo-grecs, des inscriptions cunéiformes « de Ninive ou de Babylone, des hiéroglyphes légendaires ramassés dans les « steppes américaines ». (*Archives des missions scientifiques et littéraires* (1850), t. 1, p. 558-559.)

1. Un des rares exemplaires complets de ce catalogue est conservé au département des manuscrits de la Bibliothèque nationale.

presque chaque année, plus de la moitié de cette bibliothèque fameuse est encore aujourd'hui conservée dans la
belle résidence de Thirlestaine House, à Cheltenham, par
M. T. Fitz Roy Fenwick, le petit-fils et héritier de sir
Thomas Phillipps.

En 1887, la plus grande partie des anciens manuscrits
des Jésuites du collège de Clermont, à Paris, que la
France n'avait pas su conserver en 1764, ni récupérer en
1824. à la vente des collections de G. Meerman, a été
acquise par le gouvernement prussien pour la bibliothèque
royale de Berlin [1]; de nombreux et importants achats
ont été faits. pendant le cours des années suivantes, par
les gouvernements de la Belgique et des Pays-Bas; puis
par les archives de la Lorraine, à Metz, de la Gironde, à
Bordeaux [2]; en Angleterre par la bibliothèque centrale de
Cardiff; enfin treize ventes aux enchères publiques ont
eu lieu successivement jusqu'aujourd'hui, à Londres,
de 1886 à 1908 :

1. 1886, 3-11 août. Famous Library, 1st portion	. . . .	3346 nos.
2. 1889, 22-24 janvier. Famous Library, 2d portion.	. .	1413
3. 1891, 15-16 juillet. Autographs, 1st portion.	. . . .	542
4. 1891, 7-8 décembre. Famous Library, 3d portion.	. .	703
5. 1892, 4-6 juillet. Autographs, 2d portion	. . . . .	601
6. 1893, 19-22 juin. Manuscrits et autographes	. . . .	915
7. 1895, 21-26 mars —	. . . .	1285
8. 1896, 10-17 juin —	. . . .	1441
9. 1897, 17-20 mai —	. . . .	826
10. 1898, 6-11 juin —	. . . .	1168
11. 1899, 5-18 juin —	. . . .	1258
12. 1903, 27 avril-2 mai —	. . . .	1335
13. 1908, 15-18 juin —	. . . .	835
		15.668 nos.

1. Voir la description détaillée ce ces manuscrits dans la *Verzeichnis der
von der königlichen Bibliothek zu Berlin erworbenen Meerman-Handschriften
des Sir Thomas Phillipps* (Berlin, 1892, in-4º).

2. Voir *Bibliothèque de l'École des Chartes* (1888), t. XLIX, p 694-703, et
(1894), t. LV, p. 227-229.

La France, jusqu'à ces dernières années, n'avait été en mesure de faire dans ces différentes ventes, si l'on excepte toutefois celle de 1903 [1], que des acquisitions très limitées. Parmi les nombreux et importants manuscrits, relatifs seulement à notre histoire, conservés encore à Cheltenham, un choix avait cependant de longue date été fait [2]; les négociations, terminées au début de l'an dernier, et qui ont été rappelées plus haut, ont enfin amené le retour dans nos collections nationales de 272 manuscrits, anciens cartulaires, comptes, chartes originales. etc. de nos différentes provinces, sortis de France à la fin du XVIIIe ou au début du XIXe siècle, et qui intéressent toutes les époques de notre histoire depuis le Xe jusqu'au XIXe siècle.

Il suffira d'y faire remarquer une série d'une trentaine d'anciens cartulaires français, des XIe, XIIe, XIIIe siècles, etc., des abbayes ou églises de Saint-Florent-lès-Saumur, Vendôme, Fontevraud, Beauvais, Laon, Bayeux, Besançon, Éterpigny, Faremoutier, Fécamp, Fieffes, Langres, Longpont, Noirmoutier, Noyon, Ourscamp, Préaux, Prémontré, Reims, Senlis, Sommereux, etc.; — de nombreux comptes de l'Argenterie du roi Jean II le Bon, de la ville et de l'abbaye de Saint-Vaast d'Arras, de Blois. Chartres, Langres, Saint-Denys, Tours, Troyes, etc.; — deux précieux recueils des statuts et privilèges de l'Université de Paris, deux anciens exemplaires des Établissements de saint Louis, un ancien manuscrit du Conseil de Pierre de Fontaines, le premier registre du Parlement de Poitiers, plusieurs antiques obituaires du prieuré de Cassan (Aude), de l'abbaye de Saint-Quentin en Vermandois, etc.; enfin de très nombreuses chartes, dont quelques-unes

---

1. Voir *Bibliothèque de l'École des Chartes* (1903), t. LXIV, p. 490-553, avec tirage à part, 69 pages in-8°; et *Revue des bibliothèques* (1903), t. XIII, p. 189-206.
2. Voir *ibid.* (1889), t. L, p. 68-96 et 180-217, avec tirage à part, 71 pages in-8°.

remontent au xe siècle, concernant l'histoire d'Amiens, Arras, Beauvais-en-Gâtinais, Besançon, Chartres, Cluny, Épernay, Fécamp, Foigny, Laon, Le Mans, Nevers, Noyon, Paris, Prémontré, Reims, Saint-Omer, Saint-Quentin, Soissons, Sommereux, Toul, Tours, etc.

Tous ces volumes ont pris place, suivant leurs différents formats, sous les numéros 925-951, 1921-1973, 2412-2423 et 2586-2593 des nouvelles acquisitions du fonds latin ; 10666-10698 et 21199-21298 des nouvelles acquisitions du fonds français, dans les collections du département des manuscrits de la Bibliothèque nationale [1]. On en trouvera plus loin la description, à la suite de laquelle est imprimée une double concordance des anciens et nouveaux numéros de ces manuscrits. On a pensé aussi qu'il ne serait pas inutile d'y joindre une liste numérique de ceux des manuscrits Phillipps, qui, après avoir successivement quitté Cheltenham en ces vingt dernières années, ont trouvé asile dans différents dépôts publics, bibliothèques ou archives, d'Allemagne, Angleterre, Belgique, France et Pays-Bas [2]. Enfin le présent catalogue est accompagné de quinze planches en phototypie, offrant des spécimens de quelques-uns des plus précieux manus-

---

1. Une liste sommaire de ces manuscrits a paru, au lendemain de leur acquisition, dans la *Revue des bibliothèques* (1908), t. XVIII, p. 113-141. Cf. aussi la *Bibliothèque de l'École des Chartes* (1908), t. LXIX, p. 286-288, et (1909), t. LXX, p. 5-72.

2. Cette liste provisoire a pu être dressée grâce au très obligeant concours de MM. S. C. Cockerell, directeur du Fitz-William Museum de Cambridge; J. Cuvelier, sous-chef de section aux Archives générales du royaume de Belgique; Fr. Jenkinson, bibliothécaire de l'Université de Cambridge; Fr. Madan, sous-bibliothécaire de l'Université d'Oxford; S. Muller Fz., directeur des archives royales de la province d'Utrecht ; le R. P. J. Van den Gheyn, conservateur des manuscrits de la Bibliothèque royale de Bruxelles ; G. F. Warner, conservateur des manuscrits du Musée Britannique; G. Wolfram, directeur des archives de Lorraine. Tous voudront bien accepter ici le témoignage de notre reconnaissance.

crits qui y sont décrits; les notices de ces planches se trouvent avant la table alphabétique qui termine le volume.

Mais les manuscrits, dont la description est imprimée plus loin, ne constituent pas, à beaucoup près, l'ensemble des volumes relatifs à notre histoire, et surtout à notre littérature, recueillis jadis par sir Thomas Phillipps. A côté de nombreux manuscrits de nos vieux poètes et pro-sateurs français [1], c'est par centaines qu'on compte les œuvres de nos anciens chroniqueurs, les recueils de lettres originales de rois, princes, ministres. ambassa-deurs, etc., les mémoires politiques relatifs à l'histoire de France pendant dix siècles, conservés encore aujourd'hui à Cheltenham. Avec de volumineuses correspondances de Bayle, de Bossuet, de Mme de Graffigny, du président Hénaut, du marquis de Montcalm, etc., on y trouve une immense quantité de documents originaux de tout genre concernant notre histoire politique, administrative, mili-taire, surtout à la fin de l'ancien régime et pendant les premières années du XIXe siècle. Pour cette dernière pé-riode les documents abondent : mémoires, rapports, lettres, pièces officielles les plus diverses, émanés de la Commune de Paris, du Comité de Salut public, de la Con-vention nationale, de nombreux membres de ces assem-blées et de personnages de tout ordre et de tout rang. L'histoire militaire de la Révolution et du premier Empire y est représentée par des documents de premier ordre, beaucoup de pièces entre autres de la correspondance de Napoléon Ier pendant la guerre d'Italie, l'expédition d'Égypte et les campagnes de 1813 et 1814, etc.

---

1. Voir les *Notices de quelques manuscrits français de la bibliothèque Phil-lipps à Cheltenham*, par M. Paul Meyer, dans les *Notices et extraits des manus-crits* (1891), t. XXXIV, 1re partie, p. 149-258, et tirage à part de 114 pages, in-4°.

La dispersion complète de cette incomparable collection
de manuscrits, formée au cours du XIXe siècle par sir
Thomas Phillipps, sera sans doute dans quelques années
un fait accompli. Espérons que dans un avenir prochain la
meilleure partie des documents relatifs à notre histoire et à
notre littérature, qui sont encore conservés à Cheltenham,
pourra rejoindre dans nos collections nationales les volumes dont le retour a été définitivement assuré l'an dernier grâce au concours et à la libéralité de généreux dona-
teurs.

MANUSCRITS LATINS

I-II. — Latin nouv. acq. **925 et 926**.

(Phillipps 10337 et 21709.)

Cartulaires de la cathédrale de Bayeux.

I. — Cartulaire du chapitre de la cathédrale de Bayeux, contenant une série d'actes privés, de 1273 à 1299, dont plusieurs en français.

Une première main, s'arrêtant au fol. 25, a transcrit des actes de 1273 à 1293, une seconde main commence au milieu du fol. 25 et a copié à la suite des actes de 1279 à 1299.

II. — Cartulaire de la confrérie des clercs de Notre-Dame de la cathédrale de Bayeux, établie par l'évêque Henri II († 1205), contenant une suite d'actes relatifs à la fondation de messes de la Vierge dans la cathédrale de Bayeux, de 1221 à 1287.

Sur les huit premiers feuillets on trouve un répertoire de ce cartulaire, dressé au xve siècle et précédé de l'avertissement suivant : « Missa cotidiana beate Marie virginis fundata statutaque fuit in ecclesia Bajocensi modo et forma contentis in duabus cartis, quarum copie transcribuntur in inicio cartararii subsequentis, quod sic incipit : « Henricus, Dei gratia, Bajocensis episcopus, etc. » Ejusdem misse precepta fundatoris observando, loco rotuli subsequenter hic ascribuntur dicti beneficii nomina benefactorum, cum beneficiis a quolibet factis, ut in cartis et cartarariis reperiri melius potuere. Sed quia pluribus in villis mixtimque facta fuere, dificile tediosumque sit pro quolibet negocio totum visitare, et ut querenda facilius possint et cicius inveniri, separatim extrahitur, ordinate continuateque sub brevibus hic ascribitur totum quod in qualibet parrochia continetur... »

Ces deux cartulaires ont fait partie de la bibliothèque de l'abbé

de La Rue et ont été acquis par Th. Phillipps du libraire Payne.
— Stein, *Bibliographie générale des cartulaires français*, n° 366.

XIIIe siècle. Parchemin. 42 et 51 feuillets. 245 millimètres sur 170 et 248 sur 162. Reliure en cuir de Russie.

III. — Latin nouv. acq. 927.

(Phillipps 2972.)

CARTULAIRE DE LA COMMANDERIE DES HOSPITALIERS
D'ÉTERPIGNY, AU DIOCÈSE DE NOYON.

Fol. 1 v°. Note sur les mesures d'Éterpigny, etc.

Fol. 3. « Ch'est che k'on doit por le maison d'Esterpeigni de rente par an à toz seigneurs et à toux termes. »

Fol. 7 v°. « Hec sunt ornamenta capelle d'Esterpeigni. »

Fol. 10 v°. « Che sont les terres qui nous doivent tot franque-ment escaïr après le mort J. Grevet et se femme », et autres notes sur les biens et rentes de la commanderie.

Fol. 1. Cartulaire des Hospitaliers de Saint-Jean-de-Jérusalem, transcrit en 1285 et précédé du titre suivant, en rouge :

« En l'an de grace mil cc. quatrevins et v. fu fais chius escris selonc toutes les letres apartenans à le baillie d'Esterpigni, au tans frere Jehan d'Aubemarle, warde adonc de ledite baillie. » — On lit à la fin, également en rouge : « Iste liber factus est de manu Johannis dicti Scriptoris, clerici, curie Noviomensis notarii, in anno supradicto. »

Les dates extrêmes des actes copiés dans ce cartulaire sont comprises entre les années 1134 et 1283; ils émanent de comtes de Vermandois, d'évêques de Noyon et d'Amiens, d'abbés de Saint-Barthélemy de Noyon, de Chauny, du Mont-Saint-Quentin, de Saint-Quentin-en-l'Ile, de Saint-Vaast d'Arras, etc. On y trouve aussi (fol. 6 v°) une bulle du pape Alexandre III : « Religioso-rum votis annuere... Senonis, vij. kalendas februarii » (1164-1165) et (fol. 24 v°) une charte de Philippe-Auguste (Compiègne, 1207).

Fol. 126. Liste de cens, rentes et terres appartenant à la com-manderie d'Éterpigny.

Aux fol. préliminaires 17 v°-18 et aux fol. 134 v°-136 v° ont été copiés quelques actes du xive siècle.

Provient de A.-A. Monteil. — Acquis à Paris par Th. Phillipps du libraire Royez. — Stein, *Bibliographie*, n° 1277.

XIII° siècle. Parchemin. 18 et 136 feuillets. 215 millimètres sur 140. Reliure en maroquin gaufré.

IV. — Latin nouv. acq. 928.

(Phillipps 9535.)

CARTULAIRE DE L'ABBAYE DE FAREMOUTIER, AU DIOCÈSE DE MEAUX.

Page 1. Bulle du pape Lucius II, adressée à l'abbesse Risendis : « Q[u]ociens illud a nobis petitur quod religioni... Datum Laterani, per manum Baronis, sancte Romane ecclesie subdiaconus (*sic*), iiij. kal. jun., indict. vij., incarnatione (*sic*) Dominice anno M° C° XLIIII°, pontificatus vero domni Lucii pape II. anno j°. » (Jaffé, *Regesta*, n° 8636.)

Page 4. Bulle du pape Eugène III adressée à la même abbesse : « Desiderium quod ad religionis propositum et animarum salutem... Datum Laterani, par manum Roberti, sancte Romane ecclesie presbiteri cardinalis et cancellarii, iij. non. januarii, indictione viiij., incarnacionis Dominice anno M° C° XLV°, pontificatus vero domni Eugenii III pape anno primo. » (Jaffé, *Regesta*, n° 8836.)

Page. 12. Bulle du pape Adrien IV, adressée à l'abbesse Emma : « Religiosam vitam eligentibus apostolicum convenit adesse presidium — Datum Rom[ae], apud Sanctum Petrum, per manum Rolandi, sancte Romane ecclesie presbiteri cardinalis et cancellarii, iij. non. januarii, indictione iij., incarnacionis Dominice anno M° C° L° IIII., pontificatus vero domni Adriani pape I. anno primo. »

Page 19. Bulle du pape Alexandre III, adressée à l'abbesse Lucienne : « Desiderium quod ad religionis propositum et animarum salutem... — Datum Paris[ius], per manum Hermanni, sancte Romane ecclesie subdiaconi et notarii, ij. idus martii, indictione decima, incarnacionis Dominice anno M° C° LX° II°, pontificatus vero domni Alexandri pape III. anno iiij° . »

Page 26. Bulle du pape Innocent III, adressée à l'abbesse Marguerite : « Prudentibus virginibus, que sub habitu religionis accensis lampadibus... — Datum Laterani, per manum Johannis

Sancte Marie in Cosmedyn diaconi cardinalis, sancte Romane ecclesie cancellarii, viij. idus decembris, indictione xiiij., incarnacionis Dominice anno M° CC° X°, pontificatus vero domni Innocentii pape III, anno tercio decimo. »

Page 33. Accord entre Manassès, évêque de Meaux, et Risendis, abbesse de Faremoutier, par devant Hugues, évêque d'Auxerre, Geoffroi, évêque de Châlons-sur-Marne, et Josselin, évêque de Soissons (s. d.). — Page. 35. Charte de Manassès, évêque de Meaux, relative au même accord (s. d.). — Page 37. Bulle du pape Innocent II, adressée à l'abbesse Risendis et relative au même accord : « Justicie ac racionis ordo suadet, ut sicut ea que a nobis statuta... » Signature du pape seul. — « Datum Laterani, per manum Aimerici, sancte Romane ecclesie diaconi cardinalis et cancellarii, x. kal. novembris, indictione iij., incarnacionis Dominice anno M° C° XXX° VIIII°, pontificatus vero domni Innocentii pape II. anno x°. » (Jaffé, *Regesta*, n° 8050.)

Page. 39. Accord entre Étienne, évêque de Meaux, et Lucienne, abbesse de Faremoutier. — « Actum publice nobis presentibus in capitulo Meldensi, anno incarnati Verbi M° C° LX° V°... Data per manum magistri Theobaldi, Meldensis canonici et notarii domni presulis, et per manum Ade, canonici et cancellarii Meldensis ecclesie, xi° kal. aprilis. »

Page 42. Acte du roi Louis VII, relatif au même accord. — « Actum publice Pari[si]us, anno Dominice incarnacionis M° C° LX° VI°, regni nostri xxviij., jam nato filio nostro Philippo... Data per manum Hugonis, cancellarii et episcopi Suessionensis. » (*Monogramme.*) (Luchaire, n° 528.)

Page 45. Bulle du pape Alexandre III, adressée à l'abbesse Lucienne, au sujet du même accord. « Ea que composicione sunt vel judicio terminata.... » — « Dat. Tusculani, vij. idus madii » (s. a.).

Page 46. Diplôme du roi Charles le Chauve, en faveur de Faremoutier, adressé à l'abbesse Bertrade : « Si secundum magnitudinis ac celsitudinis nostre sublimitatem... » — « Signum (*monogr.*) Karoli magni regis Francorum. Data vij° kal. octobris, anno Christo propicio iij. regnante Karolo gloriosissimo rege, indictione iiij. Actum Beliniaca villa, in Dei nomine feliciter. Amen. » (Publié dans le *Recueil des historiens de France*, t. VIII, p. 431-432).

Page 49. Diplôme du roi Louis VII, en faveur de Faremoutier, à la demande de l'abbesse Risendis : « Si secundum magnitudinis ac celsitudinis nostre sublimitatem... » — « Actum publice apud Stampas, anno incarnati Verbi M° C° XLIIII°, regni vero nostri vij°. Data per manum Cadurci cancellarii. » (*Monogramme.*) (Luchaire, n° 132.)

Page 56. « † Privilegium Faronis, Meldensis episcopi, de Eboriaco monasterio. Faro, gratia Dei, ecclesie Meldensis episcopus, ex nobilissimis parentibus Agnerico et Lodegunde progenitus, pacem optat omnibus in Christi ecclesia famulantibus. Notum sit cunctis sancte Ecclesie filiis... — Actum est hoc et corroboratum in ecclesia sancte Marie Eboriaci, anno incarnationis Dominice DCX., regnante rege Clothario, patre Dagoberti, regis Francorum. Datum hoc mense novembris. » (Bréquigny, *Diplomata*, I, 193-194.)

Page 59. « Testament sainte Fare. » (Titre du xve siècle.) « Anno quinto regnante domno Dagoberto rege gloriosissimo, sub die vij. kalendas novembris, cum ego in Dei nomine Burgondofara relicta... Actum in cenobio Eboriaco, sub die vij. idus octobris. » (Bréquigny, *Diplomata*, II, 15-16.)

Page 64. Quatre chartes de Jean de Montmirail, comte de Chartres (1218-1236) et exécution de son testament (1241).

Page 71. Deux chartes de Gaucher de Châtillon, comte de Saint-Pol (1197 et 1212).

Page 75. Deux chartes de Hugues de Châtillon, comte de Saint-Pol (1229 et 1232).

Page 79. Dix-sept chartes diverses (1168-1247), parmi lesquelles sont plusieurs actes d'archevêque de Sens, Michel de Corbeil (1196 et 1198), Gui de Noyers (1184), Pierre II de Corbeil (1210); de Matthieu, évêque de Troyes (1175), des évêques de Meaux, Guillaume I de Nemours (1220), Geoffroi de Tressi (1210), Pierre III de Cuisi (1239); de Maurice de Sully, évêque de Paris (s. d.); de Henri Ier, comte de Champagne (1168), Thibaut III, comte de Champagne (1198), etc.

Page 95. Bulle du pape Eugène III, adressée à l'abbesse Risendis : « Fallax et invidus antiquus humani generis inimicus... — Datum apud Ramariacum, idibus octobris. »

Page 97. Bulle du pape Innocent IV, adressée à l'abbesse de Faremoutier : « Devocionis vestre precibus inclinati... » —

Datum Lugduni, iij. kalendas maii, pontificatus nostri anno vij°. »

Page 98. Bulle du pape Innocent IV, adressée à l'abbesse de Faremoutier : « Vestre meritis devocionis inducimur ut nos speciali gracia... — Datum Lugduni, iiij. kal. maii, pontificatus nostri anno septimo. »

Au commencement et à la fin, ont été ajoutées différentes notes relatives aux dimes de l'abbaye de Faremoutier (fol. A et B et pages 107 *bis* et *ter*, 108-114). — Sur le dernier feuillet 115 est une petite table chronologique des actes, dressée au xviie siècle.

Un autre cartulaire de l'abbaye de Faremoutier, daté de 1260, autrefois au grand séminaire de Meaux, est maintenant conservé aux Archives départementales de Seine-et-Marne, à Melun.

N° 165 du catalogue du libraire Thorpe (1836). — Stein, *Bibliographie*, n° 1302.

XIIIe siècle. Parchemin. 115 pages. 160 millimètres sur 120. Reliure ancienne en peau blanche.

V. — Latin nouv. acq. 929.

(Phillipps 77.)

CARTULAIRE DES PRÉBENDES DE LA CATHÉDRALE DE LAON.

1re *partie*. — Les pages 1-2 manquent. Pages 3-5. Formules de serments prêtés par les chanoines prébendés, les prévôts, les « manumis et affranchis » et les abbés de Prémontré au chapitre de Laon. — Pages 9 et 10. Noms des chanoines prébendés.

Page 13. Répartition des prébendes du chapitre (vers 1280) : « Apud Athies. Tres prebende habent Athies et terram Galteri Hures. Item habent Festrix, Valescote, Marchais, Sissonne, Aubigni, Moreni, Chacemi, Couci villam, Montem acutum et decimam de Augicourt... »

Page 51. Règlements relatifs aux prébendes du chapitre, aux chanoines prébendés et aux prévôts; lettres des évêques de Laon et archevêque de Reims, etc. (1250-1283, et additions de la fin du xiiie et du xive siècle).

Page 161. « Hec sunt ea que anno M° CC° nonagesimo quinto, die Dominica ante festum Navitatis beati Johannis Baptiste, in nostro capitulo generali, quod incepit die Veneris precedente, et continuatum fuit de die in diem usque ad dictam diem Dominicam, de communi consensu, ordinavimus et decrevimus firmiter observanda.

Imprimis ad Ordinarium nostrum corrigendum, suplendum et declarandum, dominum Symonem succentorem et magistrum Johannem de Turonis deputamus.

Item ad Martrologium nostrum suplendum, corrigendum et declarandum, magistrum Felisium et dominum G. de Fontanis similiter deputamus... »

Page 82. Seconde répartition des prébendes du chapitre (15 septembre 1290).

Page 202. « Hec sunt statuta facta in capitulo generali, quod fuit circa festum beati Johannis Baptiste, anno Domini M° CC° nonogesimo secundo », etc.

Page 221. Troisième répartition des prébendes du chapitre (12 octobre 1299).

Page 257. Quatrième répartition (13 septembre 1308).

Page 259. Cinquième répartition (9 novembre 1317).

Page 349. Sixième répartition (1326).

Page 381. Septième répartition (1335).

Page 413. Huitième répartition (1345).

Page 448. Neuvième répartition (s. d.).

2ᵉ *partie*. — Page 1. « Liber partitionum vinearum ecclesie Laudunensis, factus ad perpetuitatem, ex ordinatione capituli generalis anni Domini milesimi quadringentesimi octuagesimi tertii, et redactus hic in scriptis ex ordinatione ejusdem capituli per me Karolum Mercier, ejusdem ecclesie canonicum, anno ejusdem Domini milesimo CCCCᵐᵒ octuagesimo quinto. »

Page 42. Dixième répartition des prébendes du chapitre (s. d.).

Page 67. Onzième répartition (s. d.).

Page 97. Douzième répartition (s. d).

Page 125. Treizième répartition (s. d.).

Page 161. Quatorzième répartition (s. d).

Page 171. « Nove particiones ad sex annos, que incipiunt anno octuagesimo octavo. »

Stein, *Bibliographie*, n° 1873.

XIIIᵉ-XVᵉ siècle. Parchemin. 474 et 184 pages. 235 millimètres sur 160. Reliure en veau fauve gaufré.

VI. — Latin nouv. acq. 930.

(Phillipps 1322.)

Cartulaire de l'évêché de Laon.

Les deux cahiers de huit et sept feuillets, qui composent le présent volume, contiennent la copie de différentes chartes et pièces, des xiie et xiiie siècles, en marge desquelles ont été ajoutés, au xviiie siècle, les numéros 126 à 144; il est facile d'y reconnaître ainsi le complément du Petit cartulaire de l'évêché de Laon, conservé aujourd'hui aux Archives départementales de l'Aisne, sous la cote G 1, et qui s'arrête incomplet à la charte n° 125.

Le premier feuillet débute par ces mots d'une charte de Louis VI (numérotée 125), accordant à l'évêque de Laon, Barthélemy, le tiers des tailles de Laonnois à prendre sur les habitants de Bruyères et de Vorges : « ...cedent canonicis Laudunensis ecclesie centum solidos pruviniensis monete in perpetuam elemosinam daret, et Beatrici cognate sue, uxori videlicet Clarembaldi, et filio ejus pro amore ipsius episcopi dotalicium jus in Brueriis... Signum Ludovici regis. Signum Phylippi, filii eorum regis consecrati. Signum Ludovici butellarii. Signum Adelaidis regine. Signum Radulphi, comitis Viromannensis. Signum Hugonis conestabuli. Signum Albrici camerarii. Datum Lauduni, per manum Symonis cancellarii, xij° kalendas maii. » (Luchaire, *Annales de Louis VI*, n° 435.)

126. Charte de Louis VI, confirmant la « paix de Laon ». (Luchaire, *Annales*, n° 425.)

127. Charte de Philippe-Auguste, confirmant la paix et la commune établies à Crandelain, etc., en 1196. (L. Delisle, *Catalogue des actes de Philippe-Auguste*, n° 491.)

128. Charte de Philippe-Auguste, confirmant les coutumes des habitants de Bruyères, etc., en 1186. (*Ibid.*, n° 182.)

129. Charte de Louis VII, affermant ses droits de tonlieu et autres à la commune de Laon, en 1177. (Luchaire, *Actes de Louis VII*, n° 1177.)

130. Charte de Roger I de Rosoi, évêque de Laon, affermant une terre, sise à Saint-Remi, avec différents droits, à la commune de Laon (mai 1177).

131. Charte de Louis VII, confirmant l'acte précédent, à la même date. (Luchaire, *Actes*, n° 724.)

132. Charte de Robert I de Châtillon, évêque de Laon, reconnaissant certains droits à Enguerrand de Coucy (juillet 1214).

133. « Ce sont les terres qui sont issues del fié d'Aunoy. »

134. « Illi sunt qui recesserunt a terra domini episcopi Laudunensis et se transtulerunt sub dominio et districtu comitis Suessionensis... anno Domini M° CC° L° octavo... »

135. « Ce sont les terres de la Chapelerie, que Adans li fiex le bailliu tenoit... » — 136. « Item ista pertinent ad Capellaniam... » — 137. « Ce sont les terres qui sont de l'Aveschiet... »

138. Charte de Garnier, évêque de Laon, relative à son différend avec les maire et jurés de Laon (janvier 1243 [1244]).

139. Vente d'un fief par Raoul « de Alneto Thome Bovello, civi Laudunensi » (mars 1211 [1212]). '

140. « Anno Domini M° CC° LX° IX°, feria secunda post : « Isti sont dies », dixeruut hec et denominaverunt dominus Alanus de Agnisi... »

141. Charte de Louis IX, réglant un différend entre l'évêque et les maire et jurés de Laon. — « Actum Parisius, in Parlamento octobarum Candelose, anno Domini M° CC° LX°. » [1261].

142-144. Lettres de Charles VI et de son frère Louis, duc d'Anjou et de Touraine et comte du Maine, au sujet des foi et hommage rendus par ce dernier à l'évêque de Laon pour les châteaux, etc. de « Montagu, Pierrepont et Sissonne » (23 et 28 décembre 1381).

Provient de A.-A. Monteil. — Stein, *Bibliographie*, n° 1876.

XIII° et XIV° siècles. Parchemin. 15 feuillets. 250 millimètres sur 175. Reliure en parchemin vert.

VII. — Latin nouv. acq. 931.
(Phillipps 1335.)

CARTULAIRE DE L'ABBAYE DE SAINT-JEAN DE LAON.

Le premier acte transcrit dans ce cartulaire est un accord, conclu en 1174, entre les abbés de Saint-Jean de Laon et de Foigny, qui débute ainsi : « Ego Engelrannus, Dei patientia ecclesie Beati Johannis Laudunensis dictus abbas, et ego Anselmus, Fulniaci dictus abbas, omnibus tam presentibus quam futuris in perpetuum. Querela grandis et gravis erat inter nos pro pontonagio et calciata de Creceio, unde etiam sepius convenimus in presentia domni Henrici, Remensis archiepiscopi. Tandem post altercationes multas litis de assensu capitulorum nostrorum composuimus in arbitros Guidonem scilicet de Moncornet, et magistrum Gervasium et Lambertum Surdellum... » — En haut de la page 1, une main du xviiie siècle a ajouté : « Cet acte est dans le gros Cartulaire, pag. 142, n° 84 ».

Le second est une charte, de 1214, de « Radulphus de Sarto, castellanus Laudunensis », en faveur de l'abbaye de Saint-Jean de Laon. — En tête de cette charte, on lit également la mention : « Cart. pag. 219, n° 139 », qui se rapporte à un cartulaire aujourd'hui perdu (Stein, *Bibliographie*, n° 1867).

Tous les autres actes (n°s 3 à 95) transcrits dans ce cartulaire sont presque exclusivement des chartes de l'officialité de Laon, datées de 1216 à 1265 ; les cinquante-sept premières pièces, dont la plus récente est de l'année 1255, ont été transcrites par une même main. Les autres chartes ont été ajoutées peu après ; on remarquera parmi ces dernières (p. 62-64) une charte de Baudouin, abbé de Saint-Jean de Laon, de 1144.

Provient de A.-A. Monteil. — Stein, *Bibliographie*, n° 1866.

XIIIe siècle. Parchemin. 124 pages. 180 millimètres sur 128. Reliure en maroquin bleu gaufré.

VIII. — Latin nouv. acq. 932.

(Phillipps 9331.)

CARTULAIRE DU PRIEURÉ DE LONGPONT, près Montlhéry, au diocèse de Paris.

1 (Fol. 1). Bulle du pape Anastase IV, adressée au prieur Thibaut : « *Hoc est privilegium*... Quociens a viris religiosis presidium apostolice sedis... — Datum Laterani, per manum Rolandi, sancte Romane ecclesie presbiteri cardinalis et cancellarii, viii. kalendas decembris, indictione tercia, incarnationis Dominice anno M° C° L° IIII°, pontificatus vero domini Anastasii pape IIII. anno secundo. » (Jaffé, *Regesta*. n° 9936.)

2 (Fol. 2). Bulle du pape Eugène III, adressée au prieur Thibaut : « *Privilegium*... Quociens illud a nobis petitur quod religioni et honestati convenire... — Datum Signie, per manum Boso-

nis, sancte Romane ecclesie scriptoris, viiii. kalendas marcii,
indictione xv., incarnationis Dominice anno M° C° L° I°, pontificatus vero domni Eugenii pape anno septimo. »

3 (Fol. 3). Bulle du pape Alexandre III, adressée au prieur
Simon : « *Privilegium*... Desiderium quod ad religionis propositum et animarum salutem pertinere... — Datum Senonis. per
manus Hermanni, sancte Romane ecclesie subdiaconi et notarii,
xvii° kalendas februarii, indictione xii^a, incarnationis Dominice
anno M° C° LX° IIII°, pontificatus vero domini Alexandri pape III.
anno vi°. »

4 (Fol. 4 v°). Bulle du pape Alexandre III, adressée au prieur
de Longpont et aux prêtres de Linais : « *Littere confirmationis sen-
tencie contra leprosos de Linays*... Venerabilis frater Stephanus,
Meldensis episcopus,... — Datum Beneventi, iiii. idus aprilis. »

5 (*Ibid.*). « *Littere concessionis Ludovici, regis Francorum, pro
ecclesia Sancti Petri de Monte Leterico, ecclesia Beate Marie de
Castello et ecclesia Beate Marie Longipontis*... Actum publice Parisius, anno Dominice incarnationis M° C° L° IIII°... Data per
manum Hugonis cancellarii. » (Monogramme.)

6 (Fol. 5). « *Littere concessionis Ludovici, regis Francorum,
ecclesie Beate Marie Longipontis*... Actum publice Stampis, anno
incarnati Verbi M° C° XL° II°, regni vero nostri vi°,... Data per
manum Cadulci cancellarii. » (Luchaire, *Actes de Louis VII*,
n° 101.)

7 (Fol. 6). Bulle du pape Anastase IV, adressée au prieur Thibaut : « *Littere confirmationis super concessione facta ex parte
Ludovici, regis Francorum, ecclesie Sancti Petri de Monte Letherico*... Ea que nobiles viri et principes seculi piis locis... Datum
Laterani, viii. kalendas decenbris. »

8 (*Ibid.*). Bulle du pape Adrien IV, adressée au prieur Thibaut :
« *Littere confirmationis super concessione ecclesie de Monte Lethe-
rico facta*... Ea que nobiles viri et principes seculi piis locis... —
Datum Rome, apud Sanctum Petrum, iiij. idus decembris. »

21 (Fol. 13). « *Littere constitutionis regis Francie pro hominibus
de Monte Letherico*... Philippus... Auctum apud Fontem Blaaudi,
anno incarnationis Verbi M° C° LXXXI°... Data per manum
Hu(*monogramme*)gonis cancellarii. »

22 (Fol. 13 v°). « *Littere super donatione decime de Marroliis
facta ecclesie Longipontis*... Philippus... Actum Parisius, anno

incarnationis Domini M° CC° quarto... Data, vacante cancellaria,
per manum fratris Garini. »

32 (Fol. 17). « *Littere prioris de Longoponte super ecclesia de
Offergiis.* Innocentius... Sancti Vandrasilii et de Voto abbatibus...
Sua nobis prior... Datum Anagnie, vj. nonas julii, pontificatus
nostri anno duodecimo. »

33 (Fol. 17 v°). « *Littere super causa que inter priorem de Longoponte et infirmos fratres de Linays vertebatur.* Alexander... Meldensi episcopo et... abbati Sancti Dionisii... Cum inter dilectos
filios... Datum Beneventi, xvj. kalendas aprilis. »

42 (Fol. 20 v°). « *Littere super concessione sepulture a domino
papa facta.* Alexander... S. priori et fratribus de Longoponte...
Justis petentium desideriis... Datum Beneventi, xij. kalendas
julii. »

44 (Fol. 22). « *Littere super donatione nemoris de Montefalconis...*
Philippus... Actum Parisius, anno incarnati Verbi M° CLXXXIII°...
Data per manum Hugonis cancellarii. »

60 (Fol. 26 v°). *Littere coactionis super quibusdam possessionibus
et redditibus communibus.* Lucius... H., Parisiensi, et P., Sancti
Germani Altissiodorensis decanis,... Pervenit ad nos ex conques-
tione... Datum Verone, xiiij° kalendas aprilis. »

74 (Fol. 31 v°). « *Littere super quitatione facta ecclesie Longipontis a Salomone judeo.* Adela,... Francorum regina,... Actum Parisius, apud domum Templi, anno Domini M° CC°, pridie kalendas
marcii. »

83 (Fol. 33 v°). « *Littere super causa que inter priorem Longipontis et abbatem et conventum Majoris monasterii.* Alexander...
abbati et monachis Majoris monasterii..., Causam que inter vos...
Datum Anagnie, vij. idus julii. »

Le cartulaire contient la copie de 95 actes, datés des années
1106 à 1268, parmi lesquels on remarquera encore plusieurs
actes d'évêques de Paris : Galon (n° 43), Thibaud (n° 9), Maurice
de Sully (n°ˢ 61 et 75), Eude de Sully (n°ˢ 11, 18, 36, 37,
39 et 59), Guillaume II de Seignelay (n° 10), Guillaume III d'Auvergne (n°ˢ 12 et 81), Renaud III de Corbeil (n° 40) ; etc.

Au verso de l'avant-dernier feuillet, une note constate que « le
dénombrement du prioré de Nostre-Dame de Longpont, près Mont-
lhéry, diocèse de Paris, fut baillé à la Chambre des Comptes le
neufiesme jour du moys d'avril l'an mil troys cens iiijˣˣ et troys ».

Un autre cartulaire du prieuré de Longpont, conservé à la Bibliothèque nationale sous le n° 9968 des manuscrits latins a été publié par J. Marion (Lyon, 1879, in-8°); cf. l'introduction, p. 50-52 au sujet du présent cartulaire.

N° 168 du catalogue du libraire Thorpe (1836). — Stein, *Bibliographie*, n° 2218.

XIII° siècle. Parchemin. 39 feuillets. 220 sur 145 millimètres. Reliure en veau granité.

IX. — Latin nouv. acq. 933.

(Phillipps 8500.)

RÉPERTOIRE DU CHARTRIER
DE L'ABBAYE DE MONTIER-EN-ARGONNE,
au diocèse de Châlons-sur-Marne.

Ce répertoire, rédigé en 1309, débute par un long titre rubriqué, de douze lignes, en grande partie illisible, suivi d'une table alphabétique, à deux colonnes, des matières et noms de lieux. Le texte du répertoire commence :

Fol. 3. « Prima pars Armarii... I. *Altaria*. Carta Gaufridi, episcopi Cathalaunensis, de tribus altaribus de Yvero, Lamerimontis et Vere... » (85 chartes.)

Fol. 14 v°. « Incipit secunda pars Armarii... I. *Frisville*. Cyrographum abbatis Sancti Memmii Cathalaunensis, cum duabus cartis B., episcopi Cathalaunensis, et dicti abbatis et carta domini R. de Dampetra de decima de Frisville... » (85 chartes.)

Fol. 27. « Incipit tertia pars Armarii. — I. *Syvrey*. Carta officialis Cathalaunensis de decima de Syvrey... » (52 chartes.) Au fol. 35 v° on lit : « Post cartas precedentes in tercia parte Armarii ordinantur carte Philippi, regis Francie, et domine Johanne ejus uxoris et dominorum Campanie, nobis concesse ab anno Domini M° ducentesimo octogesimo quinto... » (n°ˢ 48 à 52). — Les feuillets 36 v°-40 sont restés blancs.

Fol. 40 v°. « Quatuor privilegia suprascripta in parvo Armario, in parte superiori, sine numero reponuntur. » Titres, avec dates et premiers mots de quatre bulles d'Eugène III (16 kal. maii 1148) : « Apostolice sedis, etc. »; — Alexandre III (12 kal. febr. 1163) : « Desiderium quod ad relig., etc. »; — Lucius III (prid.

kal. maii 1182) : « Relig[iosam] vit[am], etc. »; — Honorius III
(18 kal. febr. 1216) : « Religiosam vitam eligentibus, etc. ».

Fol. 41. « Privilegia domus hujus, modo qui sequitur, in parvo
Armario ordinantur : 1. Privilegium Honorii pape tertii archiepiscopo Treverensi, Tullensi et Virdunensi episcopis de sentencia
contra illos qui res nostras injuste detinent : « Non absque
dolore ». (43 bulles.)

Fol. 46 v°. « Debita que debemus curatis parrochiarum nostrarum et alibi annuatim. Debemus curato de Nigro loco... »

Fol. 47 v°. « Hec sunt que habemus annuatim in decimis, ter-
ragiis et rebus aliis recipiendis in locis inferius nominatis. Apud
Spanciam tercia pars decime... »

Un cartulaire de la même abbaye, du xiiᵉ siècle, est conservé à
la Bibliothèque nationale sous le nº 10946 du fonds latin. Cf.
Stein, *Bibliographie*, nº 2537.

XIVᵉ siècle. Parchemin. 52 feuillets. 170 millimètres sur 125. Cartonné.

X. — Latin nouv. acq. 934.

(Phillipps 17838.)

Cartulaire du chapitre de Noyon.

Deux cahiers isolés, chacun de six feuillets, restes de un ou
deux cartulaires perdus du chapitre cathédral de Noyon. Les
feuillets du premier cahier ont reçu une double numérotation ;
l'une (iijᶜ lviij à iijᶜ lxiij) du xivᵉ ou xvᵉ siècle; l'autre (iijᶜ iiiiˣˣ iij
à iiiᶜ iiiiˣˣ viij) du xviiᵉ ou xviiiᵉ siècle; les feuillets du second
cahier portent en outre une numérotation particulière (xv à xx),
mise par une autre main, du xvᵉ ou xviᵉ siècle.

1. — Fol. 1. Dernière partie d'un acte relatif à un hommage
dû au chapitre de Noyon : «... et tenant adont grengies et les
appartenanches a se vie avoient rechut les fruis et les revenues
de chele terre par l'espace de quinze ans... A che furent present
li doyens devant dis, maistres Jehans Wastiaus chantres, Bau-
duins de Doumas, maistre escole personnes, mesires Renaus du
Temple... et Jehans Clarios de Fiefes, escuyers le doyen devant
dit. »

Fol. 2. « De sollempnitate Paschali, quando dominus Noviomensis episcopus in Noviomensi ecclesia, cum sollempnitate quam

decet celebrat, officium. Notum sit presentibus et futuris quod reverendus pater dominus Andreas, Dei gratia tunc Noviomensis episcopus, anno Domini M° CCC° sexto, die Mercurii ante sanctum Pascha, apud Noviomum pernoctavit... — Actum anno Domini M° CCC° septimo, in dicto crastino sancti Pasche. »

Fol. 3 v° et 4. Acte du chapitre de Laon relatif au serment que devaient prêter les bénéficiers et formules de ce serment (20 septembre 1324).

Fol. 5 v°. « Littera obligatoria de viginti libris par., quas debet Johannes de Herssin decano et capitulo Noviomensi pro quibusdam expensis, occasione thelonei Ponti Episcopi non soluti, solvendis ipsis decano et capitulo terminis inferius nominatis. » Acte en français, passé devant « Raous Le Kerrié, varlés le Roy, garde du seel de le baillie estaulit en le prevostet de Chauni », et daté de 1312, « le jour de feste saint Pierre entrant aoust ».

II. — Fol. 7. Liste des fiefs du chapitre de Noyon. « Homines venerabilium virorum decani et capituli Noviomensis ecclesie. In prepositura de Monchi, — de Thiecourt, — de Erchiu, — de Maas, — de Matheni ».

Fol. 10. Dernières lignes d'un acte, en latin, daté de septembre 1311.

Fol. 10 v°. « Lettres pour la maladerie de Suzoy, estant en la segnourie des doyen et chappitre de Noyon. » (Janvier 1312 [1313]).

Fol. 12. « Indulgentia quod quilibet canonicus teneatur solvere capitulo Noviomensi unam capam vel x. libras turonentium in sua receptione. Bonifacius, episcopus, servus servorum Dei, dilectis filiis decano et capitulo Noviomensi... Cum ecclesiarum omnium curam ex officii nostri debito... Datum Anagnie, xvi. kalendas augusti, pontificatus nostri anno primo. » (Boniface VIII ; 17 juillet 1295.)

Stein, *Bibliographie*, n° 2779.

XIV° siècle. Parchemin. 12 feuillets. 220 millimètres sur 155 et 145. Cartonné.

XI. — Latin nouv. acq. 935.

(Phillipps 16868.)

CARTULAIRE DE L'ABBAYE D'OURSCAMP POUR LASSIGNY (OISE).

Ce cartulaire est divisé en trois parties, et en tête on trouve, de première main, une table des actes copiés dans chacune de ces trois parties.

1. « De fondacione de Lacheni prima [cedula]. » — Fol. i-v. Six chartes (1124-1304).

2. « Secunda [cedula] de essartis. » — Fol. v xx. Vingt-deux chartes (1196-1312).

3. « Tertia [cedula] de elemosinis et emptis. » — Fol. xx-xxix. Vingt chartes (1194-1279). — A la suite, deux autres chartes ajoutées, de 1246 et 1315; quelques autres pièces ont aussi été postérieurement transcrites sur les premiers et derniers feuillets du cartulaire.

La première et la plus ancienne charte transcrite dans le cartulaire émane de Simon Ier de Vermandois, évêque de Noyon, et constate la donation faite par l'un de ses prédécesseurs, Baudry (1098-1113), à l'abbaye de Saint-Martin de Tournai de « quandam capellulam in pago Noviomensi in honore Sancti Amandi constructam », bientôt enrichie par Adélaïde, mère de Roger de Thorote, et autres (1124). — La seconde charte, émanée de Milon, abbé de Saint-Martin de Tournai, règle la cession définitive de Lassigny à l'abbaye d'Ourscamp (1205).

Stein, *Bibliographie*, n° 2856.

XIVe siècle. Parchemin. Feuillets préliminaires A-D et xxix feuillets. 260 millimètres sur 170. Demi-reliure, avec couverture ancienne en cuir noir, à recouvrement.

XII. — Latin nouv. acq. 936.

(Phillipps 876.)

CARTULAIRE DE L'UNIVERSITÉ DE PARIS.

Ce cartulaire, avec un autre qui est conservé au Vatican, sous le n° 406 du fonds de la Reine, peut être considéré comme le plus ancien des cartulaires de l'Université de Paris; la pièce la plus récente, qui y soit transcrite de première main, est le serment des libraires (fol. 69 v°), que le ms. du Vatican date de 1302. (Cf. Denifle et Chatelain, *Chartularium Universitatis Parisiensis* (1889), I, xxxi-xxxiii.)

Voici le détail de toutes les pièces transcrites dans ce précieux volume :

Fol. 1. « Inicium sancti ewangelii secundum Johannem. In principio erat Verbum... plenum gracie et veritatis. » — *Ibid.* « Inicium ewangelii secundum Lucam. Loquente Jhesu ad turbas... custodiunt illud. »

Ibid. « Juramentum eligentium rectorem et rectoris intrantis electionem. Noverint universi quod cum orta esset discordia... Datum anno Domini M° CC° quadragesimo nono, mense octobris. » Octobre 1249. (*Chart. Univ.*, t. I, n° 187.)

Fol. 11. « Juramentum eligentium rectorem et rectoris intrantis electionem. Universis... Facta preterita evidenter nos edocent.... Datum anno Domini et mense supradictis » [1288, mense januarii]. Janvier 1288 [1289]. (*Chart. Univ.*, II, 554.)

Fol. 111. «Juramentum examinatorum Sancte Genovefe. Vos jurabitis quod expedietis expediendos... ad aliquam auditionem gratiosam.» (*Chart. Univ.*, II, 545.)

Fol. 111 v°. « Idem de eodem. Noverint universi quod... anno Domini M° CC° LXXX° septino, die sabbati proxima post festum sancti Mauri abbatis,... statuimus... sigilla quatuor nationum duximus apponenda. » 17 janvier 1288. (*Chart. Univ.*, II, 544.)

Fol. 1111 v°. « Juramentum incipientium. Isti sunt articuli quos tenentur jurare bachellarii in artibus... aliam conventionem prestitistis. » (*Chart. Univ.*, II, 545.)

Fol. v v°. « Littere domini Honorii pape de reformatione pacis inter magistros et scolares et cancellarium Parisiensem. Honorius... Si doctorum et discipulorum Parisiensis universitatis... Datum Rome, apud Sanctum Petrum, v. idus maii, pontificatus nostri anno tertio. » 11 mai 1219. (*Chart. Univ.*, I, 31.)

Fol. vii. « Privilegium domini pape Gregorii noni de modo licentiandi in Theologia et Decretis. Gregorius... Quoniam ad hoc potissime vota nostra... Datum Viterbii, vii. idus septembris, pontificatus nostri anno undecimo. » 7 septembre 1237. (*Chart. Univ.*, I, 117.)

Fol. vii v°. « Littere ejusdem pape destinate regi Francorum pro libertate scolarium observanda et cum hoc de taxatione domorum ab ipso rege ad preces ipsius pape eisdem scolaribus indulgenda. Gregorius... Parens scientiarum Parisius... Datum Laterani, xviii. kalendas maii, pontificatus nostri anno v^{to}. » 14 avril 1231. (*Chart. Univ.*, I, 82.)

Fol. viii. « Littere domini Gregorii pape noni super danda licentia a cancellario Parisiensi. Gregorius... Dilecti filii magistri et universitas scolarium... Datum Asisii, nonis junii, pontificatus nostri anno secundo. » 3 juin 1228. (*Chart. Univ.*, I, 58.)

Fol. viii v°. « Privilegium ejusdem Gregorii pape de modo licentiandi in Theologia et Decretis, et cum hoc de statutis magistrorum et scolarium. Gregorius... Parens scientiarum Parisius... Datum Laterani, idus aprilis, pontificatus nostri anno quinto. » 13 avril 1231. (*Chart. Univ.*, I, 79.)

Fol. xv°. « Ut homines Sancti Marcelli Parisiensis astringantur per regale privilegium ad ea ad que cives Parisienses sunt astricti. Gregorius... Cum non deterioris sed melioris... Datum Laterani, ii. nonas maii, pontificatus nostri anno quinto. » 6 mai 1231 (*Chart. Univ.*, I, 92.)

Ibid. « Ut homines episcopi Parisiensis astringantur per regale privilegium sicut cives Parisienses. Gregorius... Cum non deterioris sed melioris... Datum Laterani, ii. nonas maii, pontificatus nostri anno quinto. » 6 mai 1231. (*Chart. Univ.*, I, 93.)

Fol. xi. « Ut homines de burgo Sancti Germani de Pratis astringantur per regale privilegium sicut cives Parisienses. Gregorius... Cum non deterioris sed melioris... Datum Laterani, idus aprilis, pontificatus nostri anno quinto. » 13 avril 1231. (*Chart. Univ.*, I, 81.)

Ibid. « Ut homines episcopi Parisiensis astringantur per regale privilegium sicut cives Parisienses. Gregorius... Cum non deterioris sed melioris... Datum Laterani, viii. kalendas maii, pontificatus nostri anno quinto. » 24 avril 1231. (*Chart Univ.*, I, 88.)

Fol. xi v°. « Littera concessa tempore occisionis scolarium ab illis de Sancto Marcello. Gregorius... Cum intersit reipublice ne crimina... Datum Laterani, xiii. kalendas maii, pontificatus nostri anno quinto. » 17 [18] avril 1231. (*Chart. Univ.*, I, 84.)

Ibid. « Littera concessa occasione domus Sancti Thome de Lupera. Gregorius... Cum sicut intelleximus dilectus filius noster B... Datum Laterani, xiii. kalendas maii, pontificatus nostri anno quinto. » 18 avril 1231. (*Chart. Univ.*, I, 83.)

Fol. xii. « Ut nullus in universitatem rectorem seu procuratores ejusdem aliquam sententiam audeat promulgare. Gregorius... Non decet nos vobis apostolicum negare... Datum Viterbii, ii. idus junii, pontificatus nostri anno undecimo. » 12 juin 1237. (*Chart. Univ.*, I, 113.)

Fol. xii v°. « Littera conservatoria directa archiepiscopo, archidiacono et precentori Senonensibus super taxatione domorum scolarium et religiosorum. Gregorius... Dilecti filii magistri et scolares Parisienses... Datum Viterbii, xvii. kalendas julii, pontificatus nostri anno undecimo. » 15 juin 1237. (*Chart. Univ.*, I, 114.)

Ibid. « Littera directa Meldensi et Ambianensi episcopis super quibusdam licentiis. Gregorius... Exposita nobis magistrorum et scolarium Parisiensium... Datum Viterbii, ii. nonas augusti, pontificatus nostri anno undecimo. » 4 août 1237. (*Chart. Univ.*, I, 115.)

Fol. xiii. « Confirmatio compositionis facte inter Universitatem, ex parte una, et cancellarium et capitulum Parisiense, ex altera, super articulis infra scriptis. Innocentius... Ea que judicio vel concordia terminantur... Datum Lugduni, idus februarii, pontificatus nostri anno secundo. » 13 février 1245. (*Chart. Univ.*, I, 135.)

Ibid. « Privilegium domini pape ne alter alterius hospicium sive scolas conducat. Innocentius... Quia non omnes Parisius ad studendum... Datum Lugduni, ii. nonas martii, pontificatus nostri anno secundo. » 6 mars 1245. (*Chart. Univ.*, I, 139.)

Fol. xiiii. « Privilegium domini pape super taxatione hospitiorum omnium et singulorum religiosorum et de modo taxationis. Innocentius... Sua nobis dilecti filii magistri... Datum Lugduni, iii. non martii, pontificatus nostri anno secundo. » 5 mars 1245. (*Chart. Univ.*, I, 138.)

Fol. xiiii v°. « Roboratio ac conservatio compositionis facte inter Universitatem, ex parte una, et cancellarium et capitulum Parisiense, ex altera, super articulis infrascriptis. Innocentius... Dilecti filii magistri et universitas scolarium Parisiensium... Datum Lugduni, vi. idus martii, pontificatus nostri anno secundo. » 10 mars 1245. (*Chart. Univ.*, I, 140.)

Ibid. « Ne aliquis retineat hospitia interdicta vel scolas alterius absque consensu habentis. Innocentius... Universitati vestre auctoritate presentium... Datum Lugduni, idus maii, pontificatus nostri anno secundo. » 15 mai 1245. (*Chart. Univ.*, I, 143.)

Fol. xv. « De libertate servientum communium Universitatis, qui debent gaudere immunitatibus scolarium. Innocentius... Vestris supplicationibus inclinati presentium... Datum Lugduni, iii. idus maii pontificatus nostri anno secundo. » 13 mai 1245. (*Chart. Univ.*, 1, 141.)

Ibid. « Ut magistri ac alii ad generales congregationes veniant. Innocentius... Studii Parisiensis augmentum et plus... Datum Lugduni, xv. kalendas junii, pontificatus nostri anno secundo. » 18 mai 1245. (*Chart. Univ.*, I, 144.)

Ibid. « Ut homines Sancti Germani de Pratis astringantur per regale privilegium sicut cives Parisienses. Innocentius... Cum non deterioris sed melioris conditionis... Datum Lugduni, vi. kalendas julii, pontificatus nostri anno tercio. » 26 juin 1246. (*Chart. Univ.*, 1, 160.)

Fol. xv v°. « Ut homines Sancte Genovefe astringantur per regale privilegium sicut cives Parisienses. Innocentius... Cum non deterioris sed melioris conditionis... Datum Lugduni, vii. kalendas julii, pontificatus nostri anno tercio. » 26 juin 1246. (*Chart. Univ.*, 1, 159).

Ibid. « Ut nullus in Universitate rectorem, procuratores, seu quemquam alium, pro facto vel occasione Universitatis, aliquam sententiam audeat promulgare. Innocentius... Non decet nos vobis apostolicum negare favorem... Datum Lugduni, x. kalendas novembris, pontificatus nostri anno quarto. » 23 octobre 1246. (*Chart. Univ.*, I, 162.)

Fol. xvi. « Ut statuta Universitatis inviolabilitur observentur, que utilitati ac honori ejusdem congruere noscuntur. Innocentius... Quociens pro communi utilitate aliqua statuuntur... Datum Lugduni, vi. nonas martii, pontificatus nostri anno quarto. » 2 mars 1247. (*Chart. Univ.*, 1, 169.)

Ibid. Conservatio illius privilegii ne aliquis eundo et redeundo Parisius causa studii pro pedagio aliquid solvere teneatur. Innocentius... Volentes dilectos filios universos magistros... Datum Perusii, nonis junii, pontificatus nostri anno nono. » 5 juin 1252. (*Chart. Univ.*, I, 212.)

Fol. xvi v°. « Ne aliquis eundo et redeundo Parisius causa studii pro pedagio aliquid solvere teneatur. Innocentius... Volentes vos quiete libertatis prerogativa... Datum Perusii, nonis junii, pontificatus nostri anno nono. » 5 juin 1252. (*Chart. Univ.*, I, 211.)

Ibid. « Ut cancellarius Parisiensis clericos arma portantes, ter monitos si se non correxerint, beneficiis uti privet, privatos nuntiet. Innocentius... Ad aures nostras pervenit quod nonnulli scolares... Datum Perusii, viii. idus junii, pontificatus nostri anno nono. » 6 juin 1252. (*Chart. Univ.*, I, 213.)

Fol xvii. « Ut nullus in Universitatem rectorem seu procuratores, seu quemquam alium, pro facto vel occasione ipsius Universitatis, excommunicationis, suspensionis, seu interdicti sententiam audeat promulgare. Innocentius... Non decet nos vobis apostolicum negare favorem... Datum Perusii, kalendis junii, pontificatus nostri anno nono. » 1ᵉʳ juin 1252. (*Chart. Univ.*, I, 209.)

Fol. xvii v°. « Conservatio ejusdem privilegii, ut nullus in Universitatem, rectorem, procuratores, seu quemquam alium, pro facto vel occasione Universitatis, audeat aliquam sententiam promulgare. Innocentius... Non decet nos dilectis filiis universis magistris et scolaribus... Datum Perusii, kalendis junii, pontificatus nostri anno nono. » 1ᵉʳ juin 1252. (*Chart. Univ.*, I, 210.)

Fol. xviii. « Ut cancellarius Parisiensis astringat clericos et religiosos ut taxentur eorum hospicia a clericis et burgensibus ad hoc electis. Innocentius ... Dudum suggerentibus nobis dilectis filiis magistris et scolaribus... Datum Perusii, iii. kalendas junii, pontificatus nostri anno nono. » 30 mai 1252. (*Chart. Univ.*, I, 203.)

Fol. xviii v°. « Ut nullus possit trahi extra civitatem Parisiensem super questionibus intra eam exortis auctoritate pape vel legati ejus. Innocentius ... Ut eo liberius vacare litterarum studio valeatis... Datum Perusii, ii. kalendas junii, pontificatus nostri anno nono. » 31 mai 1252. (*Chart. Univ.*, I, 207.)

Ibid. « Generalis conservatoria directa archiepiscopo Remensi, episcopo et decano Silvanectensi. Innocentius... Affectum eorum qui honestatis intendentes cultui... Datum Perusii, iii. kalendas junii, pontificatus nostri anno nono. » 30 mai 1252. (*Chart. Univ.*, I, 204.)

Fol. xix. « Ut statuta et ordinationes Universitatis inviolabiliter observentur. Innocentius... Quociens pro communi utilitate aliqua statuuntur... Datum Anagnie, iiii. nonas julii, pontificatus nostri anno duodecimo. » 2 juillet 1247. (*Chart. Univ.*, I, 169.)

Fol. xix v°. « Littera compulsoria super solutione bursarum doctorum scolarium auditorum in lite. Innocentius... Ex parte universitatis magistrorum et scolarium Parisiensium... Datum Anagnie, ii. kalendas septembris, pontificatus nostri anno duodecimo. » 31 août 1254. (*Chart. Univ.*, 1, 239.)

Fol. xx. « Conservatio privilegii ne scolares trahantur extra civitatem. Innocentius... Ut eo liberius dilecti filii universi magistri et scolares... Datum Perusii, ii. kalendas junii, pontificatus nostri anno nono. » 31 mai 1252. (*Chart. Univ.*, I, 208.)

Ibid. [Privilegium de potestate cancellarii.] « Alexander... Quasi lignum vite in paradiso Dei... Datum Neapoli, xviii. kalendas maii, pontificatus nostri anno primo. » 14 avril 1255. (*Chart. Univ.*, 1, 247.)

Fol. xxv. « Quod scolares non teneantur persolvere pedagia. Alexander... Vestre pacis querentes commodum... Datum Anagnie, vi. idus augusti, pontificatus nostri anno v^to. » 8 août 1259. (*Chart. Univ.*, I, 351.)

Fol. xxv v°. « Conservatio ne scolares de rebus suis eundo aliquid solvant vel redeundo. Innocentius... Ex parte dilectorum filiorum universitatis magistrorum... Datum Lugduni, iii. kalendas novembris, pontificatus nostri anno quarto. » 30 octobre 1246. (*Chart. Univ.*, I, 164.)

Ibid. « Privilegium super libertatibus examinis Sancte Genovefe. Alexander... Ex parte dilectorum filiorum universitatis magistrorum et scolarium... Datum Anagnie, iiii. nonas augusti, pontificatus nostri anno quinto. » 2 août 1259. (*Chart. Univ.*, 1, 346.)

Fol. xxvi. [Litterae Honorii IV ad Joannem legatum.] « Universis... cancellarius Parisiensis... Honorius... Quasi ortus irriguus arboribus... Datum Rome, apud Sanctam Sabinam, kalendis februarii, pontificatus nostri anno primo. Transcriptum hujusmodi litterarum fieri fecimus sub sigillo nostro anno Domini M° CC° nonagesimo, die Jovis post Nativitatem Domini. » 1er février 1286 et 28 décembre 1290. (*Chart. Univ.*, 1, 528.)

Fol. xxix. [Littera Alexandri IV ad Haimericum, cancellarium Parisiensem.] « Universis... cancellarius Parisiensis... Alexander... Licet nos olim pro studii Parisiensis conservatione... Datum Laterani, vi° idus martii, pontificatus nostri anno tertio. — Item alias in hec verba : Alexander... Presentium tibi auctoritate precipiendo... Datum Anagnie, viii° kalendas augusti, pontificatus nostri anno quinto. » 10 mars 1257 et 25 juillet 1259. (*Chart. Univ.*, 1, 303 et 345.)

Fol. xxix v°. Privilegium cujusdam cardinalis de statutis magistrorum et scolarium Parisiensium. [R.], servus crucis Christi, divina miseratione tituli Sancti Stephani in Celio monte... Noverint universi... Actum anno gratie M° CC° quinto decimo, mense augusti. » Août 1215. (*Chart. Univ.*, I, 20.)

Fol. xxx v°. « Juramentum eligentium rectorem et rectoris intrantis electionem. Noverint universi ... Datum anno Domini M° CC° quadra[ge]simo nono, mense octembris. » Octobre 1249. (*Chart. Univ.*, I, 187.)

Fol. xxxi v°. « De reformatione pacis magistrorum Picardorum, Normannorum, Anglicorum et Gallicorum. Simon, ... tituli Sancte Cecilie presbiter cardinalis, ... Beneplacitum est Domino... vi° kalendas septembris, pontificatus domini Clementis pape quarti anno secundo, anno vero Domini M° CC° sexagesimo sexto. » 27 août 1266. (*Chart. Univ.*, I, 409.)

Fol. xxxviii. « De modo denunciandi decanis congregationes generales. Simon, ... tituli Sancte Cecilie presbiter cardinalis, ... Mentem nostram propensior cura ... Datum apud Dyvionem, xiiii° kalendas novembris, pontificatus domini N[icholai] pape tertii anno secundo. » 19 octobre 1279. (*Chart. Univ.*, I, 493.)

Fol. xxxix v°. « Bannicio cujusdam officii. Simon,... tituli Sancte Cecilie presbiter cardinalis, ... Per diligentis inquisitionis effectum... Actum et datum in claustro ecclesie Parisiensis, in domo quam inhabitat magister Ansellus de Butiaco, canonicus Parisiensis, xi° kalendas julii, pontificatus domini Clementis pape quarti anno tertio. » 21 juin 1267. (*Chart. Univ.*, I, 415.)

Ibid. « Ordinatio quando debet eligi rector. Simon, ... tituli Sancte Cecilie presbiter cardinalis, ... Cum diligentius attendentes ... Datum apud Nongentum super Secanam, kalendis octobris, pontificatus domini Nicholai pape tercii anno secundo. » 1er octobre 1279. (*Chart. Univ.*, I, 492.)

Fol. xl v°. [Sententia Simonis legati de electione rectoris.] « Symon, ... tituli Sancte Cecilie presbiter cardinalis,... Humane nature conditio... Actum Parisius, apud Sanctam Genovefam,... die martis nona maii anno Domini M° CC° LXX° quinto, pontificatus domini Gregorii pape decimo anno quinto, 7 mai 1275. (*Chart. Univ.*, I, 460.)

Fol. xlviii. « Sentencia contra officialem Parisiensem pro vulneratione scolarium facta in parviso Beate Marie per servientes

ejusdem officii. Simon, ... tituli sancte Cecilie presbiter cardinalis, ... Per diligentis inquisitionis effectum... Actum et datum in
claustro ecclesie Parisiensis, in domo quam habitat magister
Ansellus de Buciaco, canonicus Parisiensis, xi. kalendas julii,
pontificatus domini Clementis pape quarti anno tertio. » 21 juin
1267. (*Chart. Univ.*, I, 415.)

Fol. LI. « Privilegium inclite recordationis Philippi, condam
regis Francorum, super libertatibus magistrorum et scolarium
Parisiensium. In nomine... Philippus... Noverint universi...
Actum apud Bestisiacum, anno incarnati Verbi M° CC°, regni vero
nostri anno vicesimo primo, astantibus... Data vacante cancellaria. » Juillet (?) 1200. (*Chart. Univ.*, I, 1.)

Fol. LIII. « Rubrica privilegii inclite recordationis Phillipi,
quondam regis illustris super libertate magistrorum et scolarium
Parisiensium. In nomine... Ludovicus... Noverint universi... Philippus... Noverint universi... Actum apud Fontem Bliaudi, anno
Dominice incarnationis M° CC° vicesimo nono, mense augusti,
regni vero nostri anno tertio, astantibus... Data vacante cancellaria[1]. » Août 1229. (*Chart. Univ.*, I, 66.)

Fol. LIIII v°. « Juramentum prepositi Parisiensis, translatum
de latino in gallicum. Premierement vous jurrez que vous ferez
jurer les bourjois... tel que vous le doiez faire. » (*Chart. Univ.*, I,
67.)

Fol. LV v°. « Provisio magistrorum qui debeant dici scolares et
qui sint repetendi si capiantur et a quibus. Provisum est pro
communi utilitate... et circa carnicapium[2] » (*Chart. Univ.*, I, 197.)

Fol. LVI. « De scolis artistarum a quibus retinende sint et qualiter, et aliis articulis infra scriptis. Anno Domini M° CC° quadragesimo quarto, mense februario. Noverint universi... quod viderit
expedire. » Février 1245. (*Chart. Univ.*, I, 136.)

Fol. LVI v°. « Quo tempore, quibus diebus, quibus horis lectiones
cursorie in artibus sint legende. Anno Domini M° CC° quadrage-

---

1. Dans la marge inférieure des feuillets liij, liiij v° et lv, out été transcrites
les formules initiales et finales d'un double *vidimus* de cet acte : « Philippus,
Dei gratia, Francorum rex, ... anno Domini 1273, mense januario. Item volumus... Parisius, anno incarnationis Dominice 1301, mense martii. » Cf.
Mémoires de la Soc. de l'Hist. de Paris (1883), X, 243 et suiv.

2. Dans la marge inférieure du fol. lv v°, on lit : « Hic incipiunt statuta ».

simo quarto. Noverint universi... pro ipsorum voluntate satisfac-
tum. » 1245. (*Chart. Univ.*, I, 137.)

Fol. LVII v°. « Statutum de promovendis ad cathedram et regi-
men sacre Scripture et scolis ejusdem. Quoniam in promotione ad
cathedram... Actum anno Domini M° CC° quinquagesimo primo,
mense februarii. » Février 1252. (*Chart. Univ.*, I, 200.)

Fol. LVIII. « Statutum ad quod bedelli Universitatis astringuntur. Hec sunt statuta que bedelli Universitatis ... ad opus nationis sue. » (*Chart. Univ.*, I, 369.)

Fol. LVIII v°. « Statutum super confederatione et unitate Universitatis facienda in articulis infrascriptis ... Anno Domini M CC°
quinquagesimo tertio, mense aprili. Nos Universitas... mense
septembri anno supradicto. » Avril (septembre) 1252. (*Chart.
Univ.*, I, 219.)

Fol. LX. « Ordinatio facta a magistris artium de modo legendi
lectiones cursorias et ordinarias. Anno Domini M° CC° L° quarto.
Noverint universi... Datum anno Domini M° CC° L° quarto, die
Veneris ante Ramos palmarum. » 19 mars 1255. (*Chart. Univ.*,
I, 246.)

Fol. LXI v°. « Conformatio pacis inter priorem et fratres Predicatores, ex parte una, et magistros et scolares Parisienses, ex
altera. Universis presentes litteras inspecturis Philippus, Bituri-
censis... Actum anno Domini M° CC° L° q[u]into, prima die martii. » 1ᵉʳ mars 1256. (*Chart. Univ.*, I, 268.)

Fol. LXII v°. « Generalis conservatio privilegiorum Universitatis
directa decano Sancti Machuti de Barro super Albam, dyocesis
Lingonensis. Alexander ... Ex parte dilectorum filiorum Universitatis... Datum Anagnie, vi. ydus augusti, pontificatus nostri
anno quinto. » 8 août 1259 (*Chart. Univ.*, I, 350.)

Ibid. « Ordinatio artistarum de questionibus disputandis. Universis ac singulis presentibus... magistri logicalis scientie... Datum
Parisius, anno Domini M° CC° septuagesimo primo, prima die
aprilis. » 1ᵉʳ avril 1272. (*Chart. Univ.*, I, 441.)

Fol. LXIII v°. « De missis magistrorum apud Predicatores. In
nomine... Nos universitas magistrorum et scolarium... Actum
anno gratie M° CC° XXI°. » 1221. (*Chart. Univ.*, I, 42.)

Fol. LXIIII. « Ordinatio qui libri debent legi in locis privatis.
Universitas magistrorum et scolarium... Actum ... apud Sanctum
Bernardum in Cardineto,... anno Domini M° CC° LXX° sexto, die

Mercurii ante Nativitatem beate Marie... » 2 septembre 1276. (*Chart. Univ.*, 1, 468.)

Fol. LXIIII v°. « Statutum de non reddendo domum vel scolas aliquo termino anni. Universis... Universitas magistrorum et scolarium... Datum ut supra. » [anno M° CC° LXX° septimo, die lune post nativitatem beati Johannis Baptiste.] 28 juin 1277. (*Chart. Univ.*, 1, 478.)

Fol. LXV. « Ordinatio de scolaribus bonis et de non scolaribus. Universis presentes litteras inspecturis rector Universitatis... Actum anno Domini M° CC° octogesimo nono, apud Sanctum Julianum pauperem, die Veneris post festum beati Dyonisii. » 14 octobre 1289. (*Chart. Univ.*, II, 561.)

Fol. LXVI. « Statutum de determinatoribus. Universis Christi fidelibus rector et procuratores quatuor nationum... Datum anno Domini M° CC° LXXVIII°, die Veneris post Purificationem beate Marie virginis. » 3 février 1279. (*Chart. Univ.*, I, 485.)

Fol. LXVI v°. « Ordinatio de modo determinandi et incipiendi magistrorum. Noverint universi quod nos omnes et singuli magistri regentes... Datum anno Domini M° CC° LXXV°, die Jovis ante festum beati Nicholai hyemalis. » 5 décembre 1275. (*Chart. Univ.*, I, 461.)

Fol. LXVI v°. « Statutum qualiter procuratores et examinatores determinantium debent refundere rectori. Nos magistri artium de communi consensu magistrorum... Datum anno Domini M° CC° L° octavo, mense januario. » Janvier 1259. (*Chart. Univ.*, 1, 328.)

Fol. LXVIII. « Ordinatio de librariis sive stationariis. Universitas magistrorum et scolarium Parisius... Quoniam ager ille... Acta... VI. idus decembris, anno Domini M° CC° LXX° quinto. » 8 décembre 1275. (*Chart. Univ.*, 1, 462.)

Fol. LXIX v°. « Juramenta librariorum sive stationariorum. Vos jurabitis quod fideliter et legitime... irrogari aliquid. »[1] (*Chart. Univ.*, 11, 628.)

Ibid « Ordinatio super refusione officialium communium. Anno Domini M° CC° LXXX° octavo, in crastino sancti Firmini, nos omnes et singuli magistri... sigillis quatuor nationum duximus roborandam. » 2 septembre 1288. (*Chart. Univ.*, II, 549.)

1. On a ajouté au bas de la page : « Preterea ad fraudes extirpandas circa officia stationariorum, tempore magistri Johannis Bricbec, Universitas ordinavit... et revocationem Universitatis. »

Fol. LXX. « Ordinatio super exequi[i]s magistrorum in Decretis et Medicina. Noverint universi magistros Universitatis Parisiensis... Actum... anno Domini M° CC° LXXX° octavo, die Veneris ante Ascensionem Domini. » 30 avril 1288. (*Chart. Univ.*, II, 547.)

Fol. LXX v°. « Juramentum pergamenariorum. Universis... Universitas magistrorum et scolarium... Scriptum est in canone... Datum anno Domini M° CC° nonagesimo primo, die Martis ante festum Omnium sanctorum. » 30 octobre 1291. (*Chart. Univ.*, II, 575.)

Fol. LXXI v°. « Juramentum incipientium de artibus. Noverint universi quod anno Domini M° CC° nonagesimo, die sabbati post festum beati Dyonisii, nos magistri omnes... et nichilominus Facultati revelabit[1]. » 14 octobre 1290. (*Chart. Univ.*, II, 570.)

Fol. LXXII v°, on a ajouté : « Isti sunt articuli quos tenentur jurare bachelarii in Artibus incepturi in natione Normannorum, quando veniunt ad procuratorem nationis predicte. Primo quod servabunt statuta et libertates dicte nationis... fideliter adimplebunt. » (*Chart. Univ.*, II, 1185 (18).)

« Memorandum quod anno Domini M° CC° nonagesimo secundo, post Ascensionem Domini, procuratore tunc magistro R. Carpentario, computaverunt procuratores festi anni precedentis... et xviij. solidos, vij. denarios. »

N° 2693 du catalogue de la vente Chardin (1824). — Stein, *Bibliographie*, n° 2985.

XIV° siècle. Parchemin. 72 feuillets. 218 millimètres sur 152. Reliure en veau granité.

XIII. — Latin nouv. acq. 937.

(Phillipps 2863.)

STATUTS ET PRIVILÈGES DE LA FACULTÉ DE DROIT DE L'UNIVERSITÉ DE PARIS.

Ce volume, que M. P. Viollet qualifie de « livre par excellence de

---

1. On a ajouté au bas du feuillet LXXII : « Philippus, Dei gratia Francorum rex, preposito Parisiensi salutem. Cum Universitas, magistri et scolares Parisienses... Actum Parisius, die 25 martii, anno Domini M° CCC° duodecimo. » (*Chart. Univ.*, II, 700.)

la Faculté de Droit de Paris » (*Bibliothèque de l'École des Chartes* (1880), t. XLI, p. 152-153), se compose de quatre parties :

I. Fol. 1 à 7. « Officium defunctorum. Requiem eternam dona eis, Domine,... » ; avec musique notée.

II. Fol. 9 à 14. Calendrier à l'usage de la Faculté de Droit, avec quelques mentions d'obits et indications relatives aux cours de la Faculté. (Publié par M. Fournier, *Faculté de Décret*, I, p. 51-72.)

III et IV. Fol. 15-16 et 1 à 77. Statuts (fol. 1-58) et Privilèges (fol. 59-75 v°) de la Faculté de Droit.

Aux fol. 15-16 se trouve la table, intitulée : « Hic ponuntur per ordinem rubrice statutorum facultatis Decretorum Parisius, que infra habentur, et eciam in quoto folio, ut sic facilius inveniantur materie statutorum. » — L'indication des feuillets, annoncée, n'a pas été ajoutée à la suite de chaque titre.

Les statuts qui suivent (fol. i-lIIIj) ont été publiés par M. Fournier (*Faculté de Décret*, I, p. 73-126) d'après le présent manuscrit.

Voici le détail de toutes les pièces transcrites dans le volume :

Fol. 1. « Secuntur primo statuta concernentia principaliter scolares Parisius audientes in Jure canonico. Hec sunt statuta que debent legi per bidellum communem anno quolibet in principiis lectionum tam Decretalium quam Decretorum in facultate Decretorum Parisius. Primo statuendo decernimus nullum de cetero censendum scolarem facultatis Decretorum... providebit de doctore. »

Les feuillets IV et V, contenant les « Statuta tangencia presentatos ad lecturam Decretalium seu ad baccalariatum », manquaient déjà au xvie siècle, comme le constate une note marginale de la table (fol. 15) : « Hec folia sive pagellæ desunt ».

Fol. vj. « Sequuntur juramenta que debent prestare admissi ad gradum baccalariatus. Primo jurabitis reverenciam, obedienciam et honorem exibere decano... vel ejus effectu non utemini. »

Fol. viij v°. « Secuntur statuta tangencia baccalarios legentes. Primo quando fiunt misse communes doctorum ... spacio triginta sex mensium. Item et quia. »

Fol. xiij. « Statuta et juramenta concernentia legentes de mane. Primo jurabit non repetere aliquem scolarem... et cum librorum delatione. »

Fol. xv v°. « Statuta tangentia bedellum et subbedellum dicte Facultatis. Primo jurabit obedientiam, et reverentiam et honorem exibere decano... ratione sui officii teneantur. »

Fol. xviij. « Statuta tangentia alios bedellos et servitores. Primo jurabunt reverentiam, obedientiam et honorem impendere decano... quamdiu quaternarium durabit. »

Fol. xix. « Statuta tangentia clavigerum. Primo claviger habet se presentare Facultati... *Juramentum clavigeri*. Item primo jurabit... prout erit procedendum. »

Fol. xix v°. Statuta concernentia scolares et maxime baccalariorum volumina et eorum lecturas. Cum nos decanus et collegium Facultatis Decretorum...— *Statutum domini Alani cardinalis*. Primo statuimus et ordinamus cum existentibus peccatis... et de hoc fidem facere Facultati. »

Fol. xxij. « Statuta tangentia formam procedendi ad examen licenciandorum. Primo adveniente anno jubileo... — *Statuta tangentia formam examinis*. Item ad officium decani spectat... — *Statutum Facultatis juxta moderationem domini Alani legati*. Item quo ad consuetudinem de vino... reprobetur, proviso, etc. »

Fol. xxiij v°. « Juramenta volentium intrare examen magnarum cedularum. Primo ipsis baccalariis comparentibus... *Juramentum examinatorum*. Item eisdem injungitur quod satisfaciant... per facultatem ordinatis. »

Fol. xxiv v°. « Juramenta camere examinis licentiandorum. Primo ad officium decani spectat... per doctores debent respondere. »

Fol. xxv. « Statuta concernentia decanum circa examen licentie. Primo decani incumbit officio... quos et quot de baccalariis voluerit. — Quere formam procedendi ad examen licencie, fol. lij. »

Fol. xxv v°. « Juramenta que bis habent prestare licentiandi, videlicet in fine examinis post collationem domini decani, et secundo antequam presententur domino cancellario Parisiensi, seu antequam ducantur per Facultatem ad licentiam obtinendam, que si prestare noluerint et si in uno defecerint, nullo modo presententur domino cancellario Parisiensi pro dicta licentia obtinenda. Primo jurabitis exibere honorem, reverentiam et obedientiam decano... et hominibus reprobetur, proviso, etc. »

Fol. xxvij v°. « Statuta tangentia distributionem baccalariorum admissorum ad licentiam. Primo nullus doctor, etiam si de novo incipiat... doctori electio relinquatur. »

Fol. xxviij v°. « Statuta tangentia scolas. Primo nullus doctor regens Parisius in Decretis... nisi melius forum potuerint habere. »

Fol. xxx. « Concordia facta inter Facultatem Decretorum et decanum et capitulum ecclesie Parisiensis super lectura Decreti facienda in scolis capituli predicte ecclesie. Primo quod doctor Decretorum qui leget... prout infra plenius continetur. »

Fol. xxxj v°. « Juramenta prestanda per illos qui ad doctoratum recipiuntur. Primo in die presentacionis presentans se ante occasum solis... concernentia factum vesperiarum. »

Fol. xxxv. « Statuta circa formam incipiendi in Decretis pro gradu doctoratus adipiscendo. Primo quod in die vesperiarum doctor qui presidebit... debebitur Facultati. »

Fol. xxxvj. « Statuta et juramenta prestanda in collegio Facultatis Decretorum, concernentia doctores volentes regentiam incipere et eandem regentiam continuare. Nos decanus et collegium Facultatis Decretorum considerantes illud... quantum poterit, procurabit observari. »

Fol. xxxvij v°. « Statuta et juramenta doctorum admissorum ad resumptionem regentie, alioquin nullo modo sunt admittendi, si non velint jurare que secuntur. Primo si doctor vere regens ultra mensem fuerit absens... crediderit esse dignum. »

Fol. xxxix. « Statuta tangentia thesaurarium et receptorem Facultatis Decretorum. Primo jurabit suum officium fideliter et diligenter exercere... prout visum fuerit Facultati ordinandum. »

Fol. xlj v°. « Statuta tangentia decanum et ejus electionem, et eciam juramenta que ipse habet prestare in collegio doctorum, immediate quod ipse est electus, quolibet anno in manibus antiquioris doctoris regentis. Primo quo ad factum decani electio fiat prima missa... que tunc incumberent sigillanda. »

Fol. xlv. « Statuta actum regentie tangentia. Primo nullus potest repetere scolarem Facultatis Decretorum... magis floreant et accrescant. »

Fol. lij (cf. fol. xxv). « Forma procedendi post examen licentie. Primo sciendum est quod die examinis conclusi... vel majori parte et per juramentum. »

Fol. liij. « Immunitas lectionum iis qui per annos viginti assidui fuerunt in regentia. Fragilis hominum conditio, que majorem in dies sue inbecilitatis langorem experitur... sine quacunque alia supplicatione. »

Fol. 1. « *Inicium sancti Euvangelii secundum Johannem.* In principio erat Verbum et Verbum erat apud Deum... plenum gracie et veritatis. — *Secundum Matheum*. Cum natus esset Jhesus in Bethleem... reversi sunt in regionem suam. — *Secundum Lucam*. In illo tempore missus est angelus Gabriel a Deo in civitatem Galilee... fiat michi secundum verbum tuum. — *Secundum Marcum*. In illo tempore, recumbentibus undecim discipulis apparuit illis Jhesus... sermonem confirmante sequentibus signis. — *Secundum Johannem*. In illo tempore dixit Jhesus discipulis suis : Si quis diligit me, sermonen meum servabit... sicut mandatum dedit michi pater, sic facio. »

Fol. 3. « De juramento cancellarii Parisiensis. Omnes cancellarii Parisienses deinceps in constitutione sua jurabunt... districtius inhibemus. »

Fol. 3 v°. « Littere domini Honorii pape de reformatione pacis inter magistros, scolares et cancellarium Parisienses. Honorius... Si doctorum et discipulorum Parisiensium... Datum Rome, apud Sanctum Petrum, v. idus maii, pontificatus nostri anno tertio. » 11 mai 1219. (*Chart. Univ.*, I, 31.)

Fol. 5 v°. « Privilegium domini pape Gregorii noni de modo licentiandi in Theologia et Decretis. Gregorius... Quia ad hoc potissime vota nostra dirigimus... Datum Viterbii, vij. idus septembris, pontificatus nostri anno xj°. » 7 septembre 1238. (*Chart. Univ.*, I, 117.)

Fol. 6 v°. « Littere ejusdem pape destinate regi Francorum pro libertate scolarium observanda, et cum hoc de taxatione domorum ab ipso rege ad preces ipsius pape eisdem scolaribus indulgenda. Gregorius... Parens scientiarum Parisius... Datum Lateran(ens)i, viij. kalendas maii, pontificatus nostri anno quinto. » 14 avril 1231. (*Chart. Univ.*, I, 82.)

Fol. 7 v°. « Littere Gregorii pape noni super danda licentia a cancellario Parisiensi. Gregorius... Dilecti filii magistri et universitas scolarium ... Datum Asisii, nonis junii, pontificatus nostri anno secundo... » 5 juin 1228. (*Chart. Univ.*, I, 58.)

Fol. 8. « Privilegium ejusdem Gregorii pape de modo licentiandi in Theologia et Decretis, et cum hoc de statutis magistrorum et scolarium. Gregorius... Parens scientiarum Parisius... Datum Laterani, idus aprilis, pontificatus nostri anno quinto. » 13 avril 1233. (*Chart. Univ.*, I, 79.)

Fol. 10 v°. « Ut homines Sancti Marcelli Parisiensis astringantur per regale privilegium ad ea ad que cives Parisienses sunt

astricti. Gregorius... Cum non deterioris sed melioris conditionis... Datum Lateran(ens)i, ij. nonas maii, pontificatus nostri
anno quinto. » 6 mai 1231. (*Chart. Univ.*, 1, 92.)

Fol. 11. « Ut homines episcopi Parisiensis astringantur per
regale privilegium sicut cives Parisienses. Gregorius... Cum non
deterioris sed melioris conditionis... Datum Laterani, ij. nonas
maii, pontificatus nostri anno quinto. » 6 mai 1231. (*Chart. Univ.*,
1, 93.)

Ibid. « Ut homines de burgo Sancti Germani de Pratis
astringantur per regale privilegium sicut cives Parisienses. Gregorius... Cum non deterioris sed melioris conditionis... Datum
Laterani, ij. nonas maii, pontificatus nostri anno quinto. » 6 mai
1231. (*Chart. Univ.*, 1, 94.)

Fol. 11. v°. « Exortatio pape ad regem ut recipiat benigne
magistros Gauffridum Pictavensem et Willermum Altissiodo-
rensem ad regendum, nec credat detractoribus eorundem. Gregorius... Cum debeatur gratia gratiosis... Datum Laterani, ij.
nonas maii, pontificatus nostri anno quinto. » 6 mai 1231. (*Chart.
Univ.*, 1, 90.)

Fol. 12. « Exortatio pape ad reginam ut recipiat benigne
magistros Gaufridum Pictavensem et Willermum Antissiodoren-
sem ad regendum, nec credat detractoribus eorum. Gregorius...
Cum debeatur gratia gratiosis... Datum Laterani, ij. nonas maii,
pontificatus nostri anno quinto. » 6 mai 1231. (*Chart. Univ.*, 1, 91.)

Fol. 13. « Privilegium concessum magistris tempore discessio-
nis Parisius euntibus, Andegavis et Aurelianis. Gregorius... Cum
sicut nobis est pro certo relatum... Datum Laterani, iij. nonas
maii, pontificatus nostri anno quinto. » 5 mai 1231. (*Chart.
Univ.*, 1, 89.)

Fol. 13 v°. « Littera concessa tempore occisionis scolarium ab
illis de Sancto Marcello. Gregorius... Cum intersit rei publice ne
crimina... Datum Laterani, xii[i]j. kalendas·maii, pontificatus
nostri anno quinto. » 18 avril 1231. (*Chart. Univ.*, 1, 84.)

Ibid. « Littera concessa occasione domus sancti Thome de
Lupera. Gregorius... Cum, sicut intelleximus, dilectus noster A...
Datum Laterani, xiiij. kalendas maii, pontificatus nostri anno
quinto. » 18 avril 1231. (*Chart. Univ.*, 1, 83.)

Fol. 14. « Littera conservatoria, directa archiepiscopo, archidiacono et precentori Senonensibus, super taxatione domorum scola-

rium et religiosorum. Gregorius... Dilecti filii magistri et scolares Parisienses... Datum Viterbii, xvij. kalendas junii [julii], pontificatus nostri anno undecimo. » 15 juin 1237. (*Chart. Univ.*, I, 114.)

Fol. 14 v°. « Littera directa Meldensi et Ambianensi episcopis super quibusdam licentiis. Gregorius... Exposita nobis magistrorum et scolarium... Datum Viterbii, ij. nonas augusti, pontificatus nostri anno undecimo. » 4 août 1237. (*Chart. Univ.*, I, 115.)

Fol. 15 v°. « Littera concessa cuidam mercatori super mutuo facto Universitati Parisiensi. Gregorius... Dilectus filius Johannes de Gualfredo... Datum Viterbii, vj. idus augusti, pontificatus nostri anno undecimo. » 8 août 1237. (*Chart. Univ.*, I, 116.)

Fol. 15 *bis*. « Confirmatio compositionis facte inter Universitatem, ex parte una, et cancellarium et capitulum Parisiense, ex parte altera, super articulis infra scriptis. Innocentius... Ea que judicio vel concordia terminantur... Datum Lugduni, idus februarii, pontificatus nostri anno secundo. » 13 février 1245. (*Chart. Univ.*, I, 135.)

Fol. 16. « Privilegium domini pape ne alter alterius hospicium sive scolas alterius conducat. Innocentius... Quia non omnes Parisius ad studendum... Datum Lugduni, ij. nonas martii, pontificatus nostri anno secundo. » 6 mars 1245. (*Chart. Univ.*, I, 139.)

Ibid. « Privilegium domini pape super taxatione hospitiorum omnium et singulorum religiosorum, et de modo taxationis. Innocentius... Sua nobis dilecti filii magistri et scolares... Datum Lugduni, iij. nonas martii, pontificatus nostri anno secundo. » 5 mars 1245. (*Chart. Univ.*, I, 138.)

Fol. 16 v°. « Conservatio compositionis facte inter Universitatem, ex parte una, et cancellarium et capitulum Parisiense, ex altera, super articulis infra scriptis. Innocentius... Dilecti filii magistri et universitas scolarium... Datum Lugduni, vj. idus marcii, pontificatus nostri anno secundo. » 10 mars 1245. (*Chart. Univ.*, I, 140.)

Fol. 17. « Ne aliquis recipiat hospicia interdicta, vel scolas, nec eadem absque consensu habentis. Innocentius... Universitati vestre auctoritate presentium... Datum Lugduni, idus maii, pontificatus nostri anno secundo. » 15 mai 1245. (*Chart. Univ.*, I, 143.)

Fol. 17 v°. « De libertate servientum communium Universitatis, qui debent gaudere immunitatibus scolarium. Innocentius... Vestris supplicationibus inclinati... Datum Lugduni, iij. idus maii, pontificatus nostri anno secundo. » 13 mai 1245. (*Chart. Univ.*, I, 141.)

Ibid. « Ut magistri ac alii ad generalem congregationem veniant. Innocentius... Studii Parisiensis augmentum et plus... Datum Lugduni, xv. kalendas junii, pontificatus nostri anno secundo. » 18 mai 1245. (*Chart. Univ*, I, 144.)

Fol. 18. « Ut homines Sancti Germani de Pratis astringantur per regale privilegium sicut cives Parisienses. Innocentius... Cum non deterioris sed melioris conditionis... Datum Lugduni, vij. kalendas junii, pontificatus nostri anno tercio. » 26 juin 1246. (*Chart. Univ.*, I, 159.)

Fol. 18 v°. « Ut statuta Universitatis inviolabiliter observentur, que utilitati ac honori ejusdem congruere noscuntur. Innocentius... Quotiens pro communi utilitate... Datum Lugduni, vj. nonas marcii, pontificatus nostri anno quarto. » 2 mars 1247. (*Chart. Univ.*, I, 169.)

Ibid. « Conservatio illius privilegii ne aliquis eundo et redeundo Parisius causa studii pro pedagio aliquid solvere teneatur. Innocentius... Volentes dilectos filios universos magistros et scolares... Datum Perusii, nonas junii, pontificatus nostri anno nono. » 5 juin 1252. (*Chart. Univ.*, I, 212.)

Fol. 19. « Ne aliquis eundo [et] redeundo Parisius causa studii pro pedagio aliquid solvere teneatur. Innocentius... Volentes vos quiete libertatis prerogativa gaudere... Datum Perusii, nonas junii, pontificatus nostri anno nono. » 5 juin 1252. (*Chart. Univ.*, I, 211.)

Fol. 19 v°. « Ut cancellarius Parisiensis clericos arma portantes ter monitos, si se non correxerint, beneficiis universis privet et privatos denunciet. Innocentius... Ad aures nostras pervenit quod nonnulli scolares Parisius... Datum Perusii, viij. idus junii, pontificatus nostri anno nono. » 6 juin 1252. (*Chart. Univ.*, I, 213.)

Fol. 20. « Ut nullus in Universitatem, rectorem seu procuratores, [seu] quemquam alium, pro facto vel occasione ipsius Universitatis, excommunicationis, suspensionis seu interdicti sententiam audeat promulgare. Innocentius... Non decet nos vobis apostolicum negare favorem... Datum Perusii, kalendis junii, pontificatus nostri anno. » 1ᵉʳ juin 1250. (*Chart Univ.*, 1, 209.)

Fol. 20 v°. « Conservatio ejusdem privilegii, ut nullus in Universitatem, rectorem, procuratores, seu quemquam alium, pro facto vel occasione Universitatis audeat aliquam sententiam promulgare. Innocentius... Non decet nos dilectis filiis universis magistris et scolaribus... Datum Perusii, kalendis junii, pontificatus nostri anno nono. » 1ᵉʳ juin 1252. (*Chart. Univ.*, I, 210.)

Fol. 21. « Statutum ad quod bedelli Universitatis astringuntur. Hec sunt statuta que bedelli Universitatis Parisiensis... ad opus nationis sue. » (*Chart. Univ.*, 1, 369.)

Fol. 22. « Ut cancellarius Parisiensis astringat clericos seculares et religiosos ut taxentur eorum hospitia a clericis et burgensibus ad hoc electis. Innocentius... Dudum suggerentibus nobis dilectis filiis magistris... Datum Perusii, iij. kalendas junii, pontificatus nostri anno nono. » 30 mai 1252. (*Chart. Univ.*, I, 203.)

Fol. 22 v°. « Ut nullus possit trahi extra civitatem Parisiensem super questionibus intra eam exortis auctoritate pape vel legati ejus. Innocentius... Ut eo liberius vaccare litterarum studio valeatis... Datum Perusii, ij. kalendas junii, pontificatus nostri anno nono. » 31 mai 1252. (*Chart. Univ.*, 1, 207.)

Fol. 23. « Ut statuta et ordinationes Universitatis inviolabiliter observentur. Innocentius... Quotiens pro communi utilitate aliqua statuuntur... Datum Anagnie, iiij°. nonas junii [julii], pontificatus nostri anno duodecimo. » 2 juillet 1247. (*Chart Univ.*, I, 169.)

Fol. 23 v°. « Littera compulsoria super solutione bursarum scolarium auditorum in lite. Innocentius... Ex parte Universitatis magistrorum et scolarium... Datum Anagnie, ij. kalendas septembris, pontificatus nostri anno duodecimo. » 31 août 1254. (*Chart. Univ.*, I, 239.)

Fol. 24. « Privilegium seu reformatio Alexandri pape super statu Universitatis Parisiensis. Alexander... Quasi lignum vite in paradiso Dei... » [Datum Neapoli, xviij. kalendas maii, pontificatus nostri anno i.] 14 avril 1255. (*Chart. Univ.*, I, 247.)

Fol. 30 v°. « Conservatio privilegii ut nullus scolaris extra muros civitatis Parisiensis trahatur, etc. Innocentius... Ut eo liberius dilecti filii universi magistri... Datum Perusii, ij°. kalendas januarii [junii], pontificatus nostri anno nono. » 31 mai 1252. (*Chart. Univ.*, 1, 208.)

Fol. 31. [Conventio de usu sigilli facultatis Decretorum.] « Anno ab incarnatione Domini millesimo CC° LXX° primo. Cum Decretorum Facultas, sicut expediebat, variis urgentibus negociis... nisi ex precepto pape. » 1271-1272. (*Chart. Univ.*, 1, 446.)

Fol. 31 v°. [Declaratio Facultatis de sensu privilegii pontificalis.] « Anno M° CC° LXX° II°. Cum universitas magistrorum et scolarium ab actibus scolasticis... organa sua resumpserunt. » 1272. (*Chart. Univ.*, 1, 445.)

Fol. 32. [De modo legendi in Artibus et Theologia.] « R., servus crucis Christi, divina miseratione tituli Sancti Stephani in Celio monte presbiter cardinalis, apostolice sedis legatus... Noverint universi quod cum domini pape... Actum anno gratie M° CC° quintodecimo, mense augusto. » Août 1215. (*Chart. Univ.*, 1, 20.)

Fol. 33 v°. « Statutum circa stationarios seu librarios Universitatis Parisiensis. Universitas magistrorum et scolarium... Quoniam ager ille fructus uberes afferre nascitur... vj. idus decembris anno Domini millesimo CC° LXX° quinto. » 8 décembre 1275. (*Chart. Univ.*, 1, 462.)

Fol. 35. « Reformatio Symonis circa statum Universitatis Parisiensis. Symon... legatus... Per diligentis inquisitionis effectum debitum... Actum et datum in claustro ecclesie Parisiensis, in domo quam habitat magister Ansellus de Buciaco, canonicus Parisiensis, xj° kalendas julii, pontificatus domini Clementis pape quarti anno tercio. » 21 juin 1267. (*Chart. Univ.*, I, 415.)

Fol. 40. « Provisio Symonis legati circa admittendos ad licentiam in tribus facultatibus superioribus. Symon... legatus... Mentem nostram propensior cura... Datum apud Divionem, xiiij. kalendas novembris, pontificatus domini Nicolai pape iij. anno secundo. » 19 octobre 1279. (*Chart. Univ.*, 1, 493.)

Fol. 41 v°. [Consilium de admittendo Guidone de Gastina.] « Anno ab incarnatione Domini millesimo CC° LXX° secundo, die martis post Dominicam qua cantatur *Jubilate*, congregatis omnibus magistris... jusserunt conscribenda. Datum ut prius. » 17 mai 1272. (*Chart. Univ.*, I, 442.)

Fol. 42 v°. [Ordinatio contra Emmanuelem Cremonensem.]

« Anno Domini Mᵒ CCᵒ LXXᵒ VIᵒ, die Jovis post Brandones, fuit recitatum inter magistros Decretorum apud Sanctum Julianum... episcopo Parisiensi hoc sibi injungente. » 18 février 1277. (*Chart. Univ.*, I, 542.)

Fol. 43. « Carta quomodo populus Parisiensis debet jurare pro defensione scolarium et de juramento prepositi Parisiensis. In nomine... Ludovicus, Dei gratia Francorum rex. Noverint universi... In nomiue... Philippus, Dei gratia Francorum rex. Noverint universi... Actum apud Fontem Bliaudi, anno Dominice incarnationis Mᵒ CCᵒ XXIXᵒ. mense augusti, regni vero nostri anno tercio... Datum vacante cancellaria. » Août 1229. (*Chart. Univ.*, I, 66.)

Fol. 45. [Privilegium Ludovici regis de taxatione hospitiorum scolarium.] « Ludovicus, Dei gratia Francorum rex. Universis presentes litteras inspecturis salutem. Notum facimus quod nos Universitati scolarium Parisiensium appreciationem domorum usque ad septennium duximus concedendam. Actum Parisius, die Mercurii ante Brandones, anno Domini millesimo CCᵒ LXᵒ IXᵒ. » 26 février 1270. (*Chart. Univ.*, I, 429.)

Fol. 45 vᵒ. [Littera Ludovici regis ad præpositum Parisiensem de scolaribus.] « Ludovicus, Dei gratia Francorum rex, preposito Parisiensi salutem. Mandamus tibi quatinus scolares... Actum apud Asneres, anno Domini millesimo CCᵒ XXIIIIᵒ, mense marcio. » 1226-1270. (*Chart. Univ.*, I, 430.)

Ibid. [Ordinatio Universitatis de librariis.] « Universitas magistrorum et scolarium Parisiensium ad perpetuam rei memoriam. Quoniam ager ille fructus uberes afferre... Actum... in capitulo Fratrum Predicatorum..., vjᵒ idus decembris, anno Domini Mᵒ CCᵒ LXXᵒ quinto. » 8 décembre 1275. (*Chart. Univ.*, I, 462.)

Fol. 47. « Privilegium Innocentii pape concessum quod hospitalarii et alii monachi possint graduari in Decretis. Innocentius... Sincere devotionis affectus quem ad nos... Datum Avinione, viiij. kalendas martii, pontificatus nostri anno quarto. » 21 février 1356. (*Chart. Univ.*, III, 1230.)

Fol. 49. « Privilegium perpetuum super juramentis conservatoris et sigilliferi in curia conservationis et omnium aliorum officialium in curia predicta. Johannes... Parisiense studium quasi flumen Dei repletum aquis scientiarum... Datum Avinione, xj. kalendas julii, pontificatus nostri anno nono. » 21 juin 1325. (*Chart. Univ.*, II, 841.)

Fol. 50. « Conservatio privilegii predicti, directa abbati Sancti Dyonisii. Johannes... Injuncte nobis quamquam immeritis apostolice dignitatis... Datum Avinione, xj. kalendas julii, pontificatus nostri anno nono. » 21 juin 1325. (*Chart. Univ.*, II, 842.)

Fol. 51 v°. « Privilegium Innocentii super admittendis ad doctoratum in Facultate Decretorum. Innocentius... Vestre sincere devocionis affectus quem ad nos... Datum Avinione, xvj. kalendas februarii, pontificatus nostri anno vj°. » 17 janvier 1357. (*Faculté de Décret*, I, p. 19-20.)

Fol. 52. « Privilegium Philipi regis super immunitatem imposicionum magistrorum et scolarium Parisiensium occasione cujusdam pedagii vel impositionis. A tous ceulx qui ces lettres verront, Guillaume Gyrmont, garde de la prevosté de Paris... Philipus... Notum facimus universis... Datum apud Vincennas, anno Domini millesimo CCC° quadragesimo, mense januarii... Ce fut fait en jugement l'an et jour dessus diz. » [1340, mardi après le dimanche d'*Oculi*.] Janvier 1341. (*Chart. Univ.*, II, 1044.)

Fol. 53 v°. « Aliud privilegium Karoli V^{ti} super immunitate ipsorum magistrorum et scolarium et suppositorum Universitatis Parisiensis. Charles... Savoir faisons que nous meuz... Donné au bois de Vincenne, le xj^e jour de janvier l'an de grace mil CCC. IIII^{xx} et trois,... vérifiées par les gens, etc. » Janvier 1384. (*Chart. Univ.*, III, 1483.)

Fol. 56. « Reformatio Alani legati cardinalis super statu perpetuo Facultatis Decretorum. Universis presentes litteras inspecturis Henricus, Sancti Germani de Pratis extra muros Parisienses, et Petrus, Sancte Genovefe Parisiensis, Dei gratia, abbates... Litteras reverendissimi... Alani cardinali, et legati... Datum et actum Parisius, apud dictum monasterium Sancte Genovefe, sub anno incarnationis Dominice millesimo CCCC^{mo} quinquagesimo septimo, indictione sexta, die vero lune tricesima mensis januarii... requisitus et rogatus. P. Parvi Johannis. » (*Faculté de Décret*, I, 42-50.)

Fol. 66. « Littera Pii pape confirmatoria omnium et singulorum que fecit prefatus Alanus, durante sua legatione, pubblicata et registrata in curia Parlamenti. Karolus, Dei gratia Francorum rex... Notum facimus quod curia nostra Parlamenti... Pius... Licet ea que auctoritate summi pontificis... Datum Senis, anno

incarnationis Dominice millesimo quadringentesimo quinquagesimo octavo, duodecimo kalendas aprilis, pontificatus nostri anno
primo... Parisius, in Parlamento nostro, die vicesima prima aprilis, anno Domini millesimo quadringentesimo sexagesimo post
Pasca... Extractum a registris curie Parlamenti. Cheneteau. »
(Jourdain, *Index*, n° 1322, note.)

Fol. 70 v°. « Unio cappellanie Sancti Dyonisii in ecclesia Sancti
Ylarii, Parisius fundate, vulgariter Cappellania Facultatis Decretorum nuncupate, ad corpus ejusdem Facultatis Decretorum. Universis... Guillermus, miseratione divina episcopus Parisiensis...
Notum facimus quod ab anno citra... Datum anno Domini millesimo quadringentesimo sexagesimo primo, die vicesima sexta
mensis novembris... J. Hugonis. » (Jourdain, *Index*, n° 1340.)

Fol. 74 v°. [De eadem capellania Sancti Dionysii.] « Universis...
decanus et capitulum venerabilis ecclesie Parisiensis... Notum
facimus quod nos die date presentium... anno Domini millesimo
quadringentesimo sexagesimo primo, die decima quarta mensis
decembris; sic signatum : J. Bodin. » (*Ibid.*, note.)

Fol. 75. [De eadem capellania Sancti Dionysii.] « Universis...
Johannes de Courcellis, archidiaconus ecclesie Parisiensis de
Josayo... Notum facimus quod veneranda Decretorum Facultas...
Datum anno Domini millesimo quadringentesimo sexagesimo
primo, die decima sexta mensis decembris ; sic signatum :
J. Mouchardi. » (*Ibid.*, note.)

Fol. 76 v°-77, une main postérieure a transcrit l'acte suivant :

« Gervais Dodier, clavigier en la Faculté de Decret en l'Université de Paris, confesse avoir prins et retenu, du dix huitiesme jour
de juing mil IIII^c. IIII^xx et seize jusqu'à quatre vingtz et dix neuf
ans après,... de maistres Nicole d'Origny, à present doyen... d'icelle
Faculté,... une masure qui est près des escoles d'icelle Faculté...
Fait l'an mil quatre cens quatre vingtz dix sept, le vendredi ving
sixieme jour de janvier. Signé : Pinet et Belin. »

Une copie de ce volume forme le ms. 1021 (Hist. lat. 136) de la
bibliothèque de l'Arsenal. — Cf. Denifle et Chatelain, *Chartularium
Univ. Paris.*, I, xxxv.

XVe siècle. Parchemin. 16 et 77 feuillets. 222 millimètres sur 150.
Reliure ancienne en veau gaufré.

XIV. — Latin nouv. acq. 938.

(Phillipps 1321.)

CARTULAIRE DE L'ABBAYE DE PRÉMONTRÉ, AU DIOCÈSE DE LAON.

Cahier de huit feuillets, petit in-4°, seuls restes d'un cartulaire perdu de l'abbaye de Prémontré ; on y trouve la transcription de la fin de la charte 6 et des chartes 7 à 16 (partie) relatives aux possessions de l'abbaye à Valescourt (Oise). ainsi que l'indique du reste une rubrique « Walescours » dans la marge supérieure du premier et du dernier feuillet.

Voici ce qui subsiste du texte de la première charte :

[VI[a]]. «... ut igitur dicta compositio perpetuam obtineat firmitatem et omnis controversia super hoc deinceps sopiatur, presens scriptum emisimus sigillorum nostrorum impressionibus roboratum. Et ego Anselmus, Laudunensis episcopus, ad requisitionem partium eandem compositionem auctoritate pontificali confirmo. Actum Lauduni, anno Verbi incarnati M°. CC°. vigesimo II°., mense decembri. »

Chacune des chartes est précédée d'une rubrique, dont voici la transcription :

VII[a]. Karta Radulphi, domini Couciaci, de quadam compositione in territorio de Walescours. » (1189.)

VIII[a]. Karta episcopi Laudunensis de terra quam vendidit Gerardus Paillars ecclesie Premonstrati. » (Mai 1222.)

IX[a]. Karta Johannis, domini de Hussello, de resignatione modiagii. » (Mai 1224.)

X[a]. Karta Laudunensis episcopi de elemosina Guidonis de Moncellis [de] novem portionibus minute decime Veteris Moncelli. » (Avril 1219.)

XI[a]. Karta abbatis Fusniaci de quitatione quam fecit ecclesie Premonstratensi in territorio de Foukausies. » (Août 1231.)

XII[a]. Karta abbatis et prioris Sancti Quintini et Nicholai de Cambliaco de causa inter ecclesiam Premonstratensem et Thomam presbiterum de S[e]ont. » (Juin 1227.)

XIII[a]. Karta episcopi Laudunensis de compositione inter ecclesiam Premonstratensem et presbiterum de S[e]ont. » (Juillet 1227.)

XIIII[a]. Karta Conradi abbatis et conventus Premonstratensis ecclesie de elemosina presbiteri de Moncellis. » (Septembre 1231.) — A la suite, une charte d' « Anselmus, dominus Moncelli novi » (mai 1219).

XV[a]. Karta [Sansonis], archiepiscopi Remensis, de dono Guidonis de Chermisi et Hugonis Bouton. » (S. d., vers 1140-1161.)

XVI[a]. Karta [Joannis], abbatis Clarifontis, de compositione inter ecclesiam Premonstratensem et Robertum de Autmont. » — La copie de cette dernière charte s'arrête, quelques lignes avant la fin, à ces mots : « Quod ut ratum sit et ad memoriam perpetuo redu[catur]... » Jean Ier était abbé de Clairfontaine en 1160-1164.

Provient de A.-A. Monteil. — Stein, *Bibliographie*, n° 3088.

XIIIe siècle. Parchemin. 8 feuillets. 230 millimètres sur 155. Rel. en parchemin vert.

XV. — Latin nouv. acq. 939.

(Phillipps 2275.)

CARTULAIRE DE L'ÉGLISE DE REIMS.

Cet élégant petit volume est plutôt un formulaire qu'un cartulaire proprement dit de l'église de Reims; le copiste a omis en effet systématiquement les dates de la plupart des actes qu'il y a transcrits. Voici le détail des premières pièces du volume :

Fol. 1. « Carta domini pape pro prebendis forensibus, I[a]. Alexander... preposito, Fulconi decano et capitulo Remensis ecclesie... Pervenit ad nos quod bone memorie Sanson, quondam archiepiscopus,... Datum Anagnie, idibus julii. » (S. d.)

Ibid. Carta domini pape pro Waldenois et Cupileio, II[a]. Alexander... capitulo Remensis ecclesie... Commodis et profectibus ecclesie vestre... Datum Forentium (*sic*), xiij. kalendas julii. » (S. d.)

Fol. 1 v°. « Carta pro magistro scolarum, III[a]. Celestinus... Garnero, magistro scolarum Remensium. Cum a nobis petitur quod justum est et honestum... » (S. l., n. d.)

Fol. 2. « Carta domini pape [ut] instituantur novas leges, V[a]. Innocentius... clero et populo Remensi... Justicie et rationis ordo suadet... (S. l., n. d.)

Ibid. « Carta domini pape pro confirmatione rerum archiepiscoporum, vɪᵃ. Alexander... Eapropter, venerabilis in Christo frater archiepiscope,... » (S. l., n. d.)

Fol. 3. « Carta domini pape de prebendis forensibus, vɪɪᵃ. Alexander... Drogoni preposito, Fulconi decano, Gregorio cantori et capitulo Remensis ecclesie... Que a prelatis ecclesiarum... » (S. l., n. d.)

Ibid. « Carta super rebus Remensium archiepiscoporum, vɪɪɪᵃ. In nomine... Phylippus, Dei gratia, Francorum rex. Quoniam Remensem ecclesiam... Actum Viselaci, anno ab incarnatione Domini. » (S. d.)

Fol. 3 vᵒ. « Carta pro decimis pro via lherosolimitana, ɪxᵃ. Phylippus... karissimo avunculo suo W., eadem gratia, Remensi archiepiscopo... Cum ad restitutionem... » (S. l., n. d.)

Fol. 4. « Carta regis pro Tuseio, xᵃ. In nomine... Phylippus... Noverint universi presentes pariter et futuri quod cum Hugo, Chathalaunensis vice dominus, ecclesie Remensi... » (S. l., n. d.)

Fol. 6 vᵒ. « xvɪ. regis carta pro magistro scolarium. In nomine..., Phylippus... Noverint universi quod ex autentico... avunculi nostri Willelmi, Remensis archiepiscopi, didicimus quod cum capitulum Remense magistrum scolarum Remensium clerico suo Garnero... contulissent... » (S. l., n. d.)

Fol. 7. « xvɪɪᵃ. carta pro magistro scolarum. Guillelmus, Dei gratia, Remensis archiepiscopus, sancte Romane ecclesie tituli Sancte Sabine cardinalis,... » (S. l., n. d.)

Fol. 13 vᵒ. « Carta pro unctione et coronatione regis, xxvɪɪ. Guillelmus, Dei gratia, Remorum archiepiscopus, etc. Noverit universitas vestra... pro inunctione et coronatione domini et nepotis nostri karissimi regis Phylippi... »

Toutes les chartes de ce cartulaire, ou plutôt de ce formulaire, sont ainsi numérotées, de 1 à 168, jusqu'au fol. 52; à partir de ce feuillet la numérotation cesse, de même que la transcription des rubriques des chartes. Cependant, au fol. 66, on trouve une charte de Barthélemy, évêque de Paris, datée du mois de mai 1224, et, au fol. 66 vᵒ, des formules de serments prêtés par l'archevêque de Reims ou à l'archevêque de Reims, parmi lesquelles (fol. 68) la suivante : « Ego frater Nicholaus, monasterii Sancti Martini Sparnacensis ordinatus abbas, huic sancte Remensi ecclesie et reverendo patri ac domino Henrico, archiepiscopo, ac successoribus ejus, debitam reverentiam, subjectionem et obedientiam secundum statuta sanctorum et regulam beati Augustini me exhibiturum promitto et propria manu firmo. Actum anno Domini M° CC° XL° III°, mense februario ».

Fol. 68 v°. Convention entre les chanoines de Reims et le comte de Champagne, Eudes, au sujet de la terre du Val-de-Rognon (1025). Copie ajoutée en écriture cursive.

Fol. 75 « Quid, suscepta ampulla, agendum sit. Archiepiscopus dum cantatur tertia, facta aqua benedicta... »

Acquis par Th. Phillipps du libraire Baynes. — Stein, *Bibliographie*, n° 3168.

XIII° siècle. Parchemin. 75 feuillets, à 2 col 225 millimètres sur 160. Reliure en cuir de Russie.

XVI. — Latin nouv. acq. 940.
(Phillipps 17712.)

CARTULAIRE DE L'ABBAYE DE LA TRINITÉ DE VENDÔME.

Les deux feuillets seuls subsistant de ce cartulaire sont cotés ij° iiij^{xx} ij et ij° iiij^{xx} v; ils contiennent le texte de cinq pièces numérotées 823 (corrigé en 904), 824 (corrigé en 905), 828 (seconde partie), 829 et 830.

Fol. ij° iiij^{xx} ij. 823 (corr. 904). « De villa Marzini. Quoniam generatio generationi succedit..., tempore domni Bernonis abbatis..., presente Archembaldo priore et Berardo monacho... » (S. d.) (1085-1092)

Fol. ij° iiij^{xx} ij v°. 824 (corr. 905). « De auctoramento Goffridi Jordani. Auctorizavit et hoc Goffridus comes cognomine Jordanus, qui dicebatur de Prulliaco .. » (1086).

Fol. ij° iiij^{xx} v. [828]. « ... erat monachorum saisiverat, ad plenum satisfecit, se immerito calumpinam fecisse cognovit... Goffridus Tornebesfe. Actum est hoc xiiij. kalendas junii anno ab incarnatione Domini M. C. XL. VII., inditione decima. »

Ibid. 829. « Hac universalibus fidelibus tam presentibus quam futuris inscriptione notificamus quod Hilgotus de Caresmo... in presentia domni Roberti abbatis... Guillelmus de Sapalleio. » (S. d., vers 1144-1160.)

Fol. ij° iiij^{xx} v°. 830 « Notum fieri volumus omnibus tam presentibus quam futuris fidelibus quod Frodo, Vindocini incola..., in presentia domni Roberti abbatis,... Eschivardus. » (S. d., vers

1144-1160.) — Une main du xviie siècle a ajouté à propos de ce dernier acte : « Vide supra fol. iiij^{xx} xix verso, charta ccxlj, et fol. ij^c xlviij verso ».

Ces deux feuillets ont peut-être jadis été reliés à la fin du premier cartulaire. Cf. plus loin le ms. nouv. acq. lat. 1935. — Stein, *Bibliographie*, n° 4049.

XIIe siècle. Parchemin. 2 feuillets. 215 millimètres sur 105. Cartonné.

XVII-XX. — Latin nouv. acq. 941 à 944.

(Phillipps 2983 (1-3) et 13198.)

Comptes du chapitre de Langres.
(1284 1288.)

I (941). « Anno Domini M° CC° octogesimo quarto, in crastino beate Marie Magdalene, computavit Hugo de Gevreio, clericus, cum decano et capitulo Lingonensi. » (Fol. 1-12.)

II (942). Autre compte du même pour l'année 1285. (Fol. 13-26.)

III (943). Autre compte du même pour l'année 1287. (Fol. 35-46.)

IV (944). Autre compte du même pour l'année 1288. (Fol. 47-56.)

A la fin de ce dernier compte (fol. 56), on lit : « Caternus de Gevreyo, factus de anno Domini M° CC° octogesino octavo; (et une autre main a ajouté :) factus anno octuagesimo nono, in festo beati (*sic*) Marie Magdalene ».

Le compte de 1286, qui occupait les fol. 27 à 34, manque. — Voir plus loin, sous les n°^s 1943, 1944 et 2587, d'autres comptes du chapitre de Langres.

Ces trois volumes proviennent de A.-A. Monteil et ont été acquis à Paris, en 1824, du libraire Royez par Th. Phillipps.

XIIIe siècle. Parchemin. 4 volumes : 56 feuillets (moins les fol. 27 à 34). 235 millimètres sur 155 et 262 sur 190. Cartonnés.

XXI. — Latin nouv. acq. 945.

(Phillipps 12221 et 20681.)

Formules de profession des Chartreux
de Mont-Dieu, au diocèse de Reims.

Titre au verso du fol. 1 : « Instrumenta professionum religiosorum hujus Cartusiæ Montis Dei ».

Fol. 2 v°-3 v°. « Catalogus priorum Montis Dei, sub quibus sequentes professiones factæ fuerunt. » Depuis Geoffroi, premier prieur(1136), jusqu'au 71e prieur, Jean Jomart (1631), et continué, de diverses mains, jusqu'au 84e prieur, D. Philippe Platellet (23 septembre 1788).

Chaque formule de profession est tracée sur une feuille de parchemin, souvent avec des encadrements peints ; les plus anciennes remontent au xve siècle et la plus récente date de 1787.

« Newman, ex bibliotheca J. Wilkes, armigeri, 1847. »

XVe-XVIIIe siècle. Parchemin. 189 feuillets oblongs. 140 millimètres sur 220. Reliure ancienne, en velours.

XXII. — Latin nouv. acq. 946.
(Phillipps 2877.)

COUTUMIER DE L'ABBAYE DE SAINT-OUEN DE ROUEN.

Ce coutumier, compilé à la fin du xive siècle, peut être rapproché d'un autre coutumier conservé à la bibliothèque de Rouen sous le n° 390 (A. 499) et rédigé en 1315 sous l'abbé Jean III Roussel Marcd'argent.

On y remarquera (fol. 3-8) la copie d'une série de pièces relatives à la « presentatio consueta prioratus Beate Marie de Bello Monte in Algia, Lexoviensis diocesis », qui dépendait de l'abbaye de Saint-Ouen. A la fin de la copie de ces pièces, on lit (fol. 8) : « Explicit negocium quomodo frater Nicholaus Mulot, presbiter, monachus et professus monasterii Sancti Audoeni Rothomagensis, fuit promotus anno Domini M° CCC° sexagesimo primo ad prioratum Beate Marie de Bello Monte in Algia, Lexoviensis diocesis ».

Le présent coutumier relate le cérémonial observé à la réception de l'archevêque de Rouen dans l'église de l'abbaye de Saint-Ouen, lors de son avènement et après son décès (fol. 1-2) ; — pour l'élection de l'abbé de Saint-Ouen (fol. 8 et suiv.), pour ses funérailles (fol. 11 v° et suiv.), notamment au temps des abbés Jean I de Fontaines (1287), Jean III Roussel Marcd'argent (1339), Regnauld II du Quesnoy (1368), Arnauld de Breuil (1381) ; — les diverses cérémonies de la profession des moines (fol. 15 v° et suiv.), de la réception des moines fugitifs (fol. 23 et suiv.), etc. ;

— enfin les détails des processions et l'ordre des offices au cours de l'année (fol. 30 v° et suiv.).

XVe siècle. Parchemin. 40 feuillets. 170 millimètres sur 122. Rel. ancienne en veau noir gaufré.

XXII. — Latin. nouv. acq. 947.

(Phillipps 2169.)

RECUEIL HISTORIQUE SUR L'ABBAYE DE MARMOUTIER, PRINCIPALEMENT AU XVIe SIÈCLE.

Fol. 1. « Textus narrationis de commendatione Turonicæ provinciæ et de nominibus et actibus episcoporum civitatis Turonicæ, scilicet de nominibus et operibus abbatum Majoris Monasterii et de destructione et reædificatione ejusdem ecclesiæ, et quare dicitur Majus Monasterium. Andegavorum comites viribus et armis... » — Le récit s'arrête à l'incendie et à la chute de la tour où étaient les grosses cloches, le 9 mai 1591. Une note postérieure (fol. 47) mentionne la fonte de nouvelles cloches en 1608.

Fol. 47 v°. « In sacro-sanctam D. Martini ampullam et invictissimi Francorum regis Henrici 4., catholici nominis acerrimi vindicis, sacrum carmen ἐγκωμιαστικόν.

> Solveret e portu Martinus turbine mundi,
> Cum spoliis peteret victor onustus iter...

« Henrici 4., Francorum regis, peracta est unctio Carnuti, in majori æde D. Virginis, ejusdem urbis episcopo N. de Thou sacra obeunte, 3. calendas martii anni Domini 1594.

« Fratris Jacobi Dhuysseau, religiosi professi Majoris Monasterii.

« Ampullam detulerunt in unctionem Regis, frater Matheus Giron, sacrista, Jacobus Dhuysseau, chartharum custos, et Ysaias Jaulnay, 4. prior Majoris Monasterii religiosus. »

Fol. 49. « De miraculis editis a beato Bartholomeo, abbate hujus monasterii Majoris Monasterii. Johannes dictus Dolensis, Conburnii dominus, omnibus fidelibus salutem in Domino. Ego futurorum notitie declarare decrevi... »

Fol. 50 v°. « Tesmoignage de l'huile celeste envoyé à sainct Martin, evesque de Tours, gardé en la saincte ampoulle de l'abbaye de Marmoustier. » (Extraits de Sulpice Sévère, Fortunat et Alcuin.)

Fol. 51 v°. « Extraict des vers de Dom Richer, abbé de Sainct Martin de Tours, où il parle de la guerison du sainct par les mains de l'ange. » (Miracle de la sainte ampoulle.)

Fol. 52vo. « Tesmoignage comme un abbé de Maremoustier [Pierre Dupuy] a esté intendant général des finances du royaume de France et ce par ordonnance des trois Estats tenus à Paris l'an 1347 ; ...extraict des Annales de France. »

Fol. 55. Notes sur l'administration du monastère et sur les prieurés dépendant de Marmoutier.

Fol. 67 v°. Note, en écriture un peu postérieure, sur un missel, contenant les « Messes du temps », écrit et offert le 10 avril 1594 à l'abbaye par Toussaint Rapicault, pitancier et prieur de Torcé :

« Le xme apvril 1594, qui estoit le jour de Pasques, les venerables religieux de Mairemoutier estant en leur chapitre, heure accoustumée, frere Toussainct Rapicault, religieux pitancier et prieur de Torcé, ayant par cy devant faict et escript de sa propre main un graslier fort grand, où sont escriptes les Messes du temps, ainsi vulgairement apellé, l'ayant faict relier et ferrer à ses propres cousts et despens, l'a, en presence de beaucoup de religieux de ceste dite abbaye de Mairemoutier, mis sur le grand autel, et puis ayant rendu graces à nostre Seigneur, qui luy a donné le don de ce faire, l'a donné à ladite eglise, sans en demander aucun salaire. Dieu luy doient bonne vie et longue, avec paradis à la fin de ses jours et à tous gens de bien qui ayderont à remestre ceste pauvre maison tant ruynée. Faict par moy armaire, signé : R. Dugué, en la minute du registre duquel le present acte est extraict, contenant ledit livre cent quatres feuilletz, chescun feuillet d'une peau entiere.

R. Dugué. »

Fol. 68. « Tesmoignage de la vie et saincteté de sainct Leobard,... extraict de S. Gregoire de Tours... »

Fol. 72. Notes et extraits relatifs aux offices ecclésiastiques et aux différends entre les religieux de Marmoutier et les chanoines de Saint-Martin de Tours (1576-1725).

Il y a un recueil analogue et de même main aux fol. 296-343 du volume 15 de la Collection de Touraine ; une partie (fol. 1-37) en a été publiée par A. Salmon, *Recueil des chroniques de Touraine* (1854), p. 294-317 et 381-390. — Acquis du libraire Payne.

XVIe-XVIIIe siècle. Parchemin. 80 feuillets. 210 millimètres sur 140. Reliure en basane rouge gaufrée.

XXIV. — Latin nouv. acq. 948.

(Phillipps 6654 et 6945.)

Recueil des privilèges de l'Ordre des Minimes.

Copie authentique des bulles pontificales de Martin V, Clément VIII, Nicolas V, Sixte IV et Jules II en faveur des religieux Minimes, certifiées et collationnées, le 15 avril 1507, à la demande de Louis Justeau, commissaire général des Minimes en cour de Rome, par « Petrus Rosatus de Spoleto, publicus imperiali auctoritate necnon curie causarum cameræ apostolicæ notarius », avec la mention finale : « Gratis pro Deo. A[ntonius de Monte Dei], archiepiscopus Sypontinus, auditor ».

XVIe siècle. Parchemin. xxxvii feuillets. 250 millimètres sur 178. Cartonné.

XXV. — Latin nouv. acq. 949.

(Phillipps 16584.)

Redevances dues a François de Villeneuve, co-seigneur de Vence.

« Cartularium cavalcate et albergue, quas magnificus vir Franciscus de Villanova, condominus civitatis Vencie, habet seu percipit anno quolibet in dicta civitate, renovatum sive reformatum sub anno incarnationis Domini millesimo quadringentesimo quadragesimo primo ; in quo quidem cartulario scripta sunt nomina et cognomina personarum que tenentur ad solutionem dictarum cavalcate et albergue. »

XVe siècle. Parchemin. 4 feuillets. 205 millimètres sur 128. Cartonné.

XXVI. — Latin. nouv. acq. 950.

(Phillipps 10410.)

Spicilegium de vitis sanctorum, a D. Nicolao de Beaufort.

Titre sur le plat de la couverture : « Spicilegium de vitis sanctorum, a D. Nicolao de Beaufort, canonico S. Joannis Suessionensis, cum catalogo manuscriptorum quæ servabantur in bibliothecis Suessionensi, Remensi, in monasteriis Longipontis,

Orbacensi, Resbacenci, Igniacensi, Jotrensi, Branensi, Vallis
Secreti et Celestinorum Suessionensium, Parisiensium, anno 1590 ;
de quibus monumentis suum fecit Spicilegium, prælo commissum,
cum privilegio Senatus Bruxellensis, sed non absolutum. »

Fol 1. « Index librorum ms. quos variis locis perquisivit frater
Nicolaus Belfortius, ecclesiæ Sancti Joannis Suessionensis canonicus regularis ». — Manuscrits de Notre-Dame et des Célestins
de Soissons (fol. 1 v°), — des Célestins de Pierrefonds (fol. 6), —
des Célestins de Paris (fol. 7), — du monastère de Longpont
(fol. 7 v°), — du prieuré de Rebais (fol. 11), — de Jouarre (fol. 12),
— de l'abbaye de Val-Secret, ou de Château-Thierry (fol. 12 v°),
— de l'abbaye de Saint-Remi de Reims (fol. 14 et 20 v°), — de
l'église de Saint-Nicaise de Reims (fol. 18), — de l'église de Saint-
Denys de Reims (fol. 20), — de l'église de Saint-Symphorien de
Reims (fol. 20 v°).

Fol. 22. Copie du texte latin du traité, signé de Joachim Trognes,
imprimeur à Anvers, pour l'impression du *Spicilegium* de Nicolas
de Beaufort (21 avril 1598).

Fol. 22 v°. « Titulus operis, cum præfatione ad lectorem.
Supplementi ad Surianum illum de probatis sanctorum historiis
thesaurum, tomus primus, ex antiquis Franciæ potissimum
manuscriptis collectus, per fratrem Nicolaum Belfortium, ecclesiæ
S. Joannis Suessionensis canonicum regularem. » — Fol. 24.
« Index vitarum quæ hoc supplementi tomo primo comprehen-
duntur. »

Fol. 27. Copie de la correspondance de Nicolas de Beaufort,
avec le censeur de son livre Guillaume Fabritius, de Louvain, et
avec Aubert Le Mire, chanoine d'Anvers (1595-1618); suivie de
lettres de Michel Reidere, prieur de Raucloistre, de Walter Junius,
prêtre de Dordrecht, et de Jean Picard, chanoine de Saint-Victor
de Paris (1605 et 1606).

Fol. 44. « De sanctæ Restitutæ virginis passione, miraculis ita-
licis et translatione in Franciam libri tres; primum ac secundum
e vetusto codice ms. cenobii Branensis descripsit... frater Nicolaus Belfortius... »

Fol. 53. « Acta quædam SS. martyrum Crispini et Crispiniani,
ex scriptis gallicis domini Nicolai Spaulartii, qui in majori eorum
ecclesia monachus vivebat adhuc 1567; harum translationum una
fit x. maii, altera dominica prima novembris. »

Fol. 55. « Mirabilia quædam olim gesta, meritis sanctorum quiescentium in monasterio S. Medardi Suessionensis. » — Fol. 58. « Quomodo sacra corpora SS. Sebastiani, Gregorii et Medardi a furore Calvinistarum servata fuerint; ex scriptis gallicis domini Alexandri de Salnova, ecclesiæ Sancti Medardi Suessionensis monachi, latine redditis per fratrem N[icolaum] B[elfortium]. »

Fol. 60. « Vita S. Vulgisi presbyteri et confessoris, e vetustissimo antiphonario prioratus ejus apud Firmitatem Milonis exscripta. » (*AA. SS. Boll.*, octobr. I, 194). — Fol. 60 v°. « Exemplar fundationis prioratus S. Vulgisi confessoris apud Firmitatem Milonis. » (Donation, en présence de Lisiard, évêque de Soissons, par « Hugo Albus, dominus de Firmitate Milonis, et Helvidis uxor ipsius » de la chapelle de S. Vulgise à l'abbaye de S. Jean des Vignes de Soissons (1110).

Fol. 61 v°. « Ad vitam S. Nicasii episcopi et martyris notæ ab, amicis meis acceptæ. »

Fol. 62 v°. « Item ad vitam D. Agili, abbatis Resbacensis, notæ... »

Fol. 63. « Narratio stupendæ cujusdam rei... » Récit merveilleux d'une rencontre faite auprès de Vignolles (Aisne) par un Minime de Soissons, Pierre « Rheimssantius » et son compagnon, Michel « Berionneus », le 13 février 1598.

Fol. 65. Fragment d'un traité polémique contre les Protestants, par Nicolas de Beaufort (15 avril 1621); en français. Il ne subsiste de ce traité que les articles 54 à 103 et dernier.

XVII° siècle. Papier. 72 feuillets. 270 millimètres sur 175. Reliure en parchemin.

XXVII. — Latin nouv. acq. 951.

(Phillipps 6773.)

Notes de J. Sirmond sur Pomponius Mela.

« Annotationes in 3. Pomp[onii] Melæ lib[ros] de statu (*sic*) orbis, D° Sirmondo dictante, anno Domini 1586. »

Au fol. 1, la mention : « Paraphé au desir de l'arrest du 5 juillet 1763. Mesnil », et l'ancien n° 321. — C'est le n° DCXXIX du *Catalogus mss. codicum Collegii Claromontani* (Paris, 1764, in-8°), p. 237; puis n° 766 du catalogue de la vente Meerman (1824).

XVI° siècle. Papier. 322 feuillets. 220 millimètres sur 160. Reliure ancienne en maroquin rouge.

XXVIII. — Latin nouv. acq. **1921**.

(Phillipps 7404.)

Cartulaire de l'abbaye de Saint-Quentin de Beauvais.

La plupart des actes transcrits dans ce cartulaire datent de la
fin du xie et de la première moitié du xiie siècle. Ils émanent des
rois Philippe Ier et Louis VI; des papes Grégoire VII, Pascal II,
Calixte II, Honorius II et Innocent II; des archevêques de Reims
Raoul le Verd, Guillaume Ier de Champagne et Henri II de Dreux;
de Humbauld, archevêque de Lyon; des évêques de Beauvais
Geoffroi Ier, Pierre de Dammartin et Eudes II; de Godefroi et
Garin de Châtillon, évêques d'Amiens; de Lambert, évêque de
Noyon, de Hubert, évêque de Senlis, et de Philippe II de Pons et
Hatton, évêques de Troyes.

Fol. 1. « De prebenda quam habemus in ecclesia de Nigella. In
nomine sanctæ et individuæ Trinitatis. Notum sit omnibus orto-
doxis aecclesiæ filiis tam presentibus quam futuris, quod Ivo,
prelatus aecclesiæ Beati Quintini Belvacensis, petierit a domno
Gualchero, custode Nigellensis aecclesiae,... Recitatum publice
in capitulo Nigellense, vi. idus julii anno ab incarnatione
Domini... » (la date a été laissée en blanc; suivent les signatures).

Fol. 2 et 76. « Privilegium Honorii [II] pape de annualibus prebendarum Beati Petri. Honorius... Radulfo, abbati Sancti Quintini,... Oratio de puro corde procedens ad Deum... Data Laterani,
vi. idus maii. »

Fol. 2 v° et 27. « De Parco et de modio frumenti de molendinis
episcopi. Paschalis [II] ... Radulfo abbati et ceteris fratribus in
Belvacensi ecclesia Sancti Quintini... Venerabilis fratris nostri
Gaufridi, Belvacensis episcopi,... Data Laterani, pridie nonas
martii. »

Fol. 8. » Privilegium Philippi, Francorum regis. Instituta regia
de rebus aecclesiasticis... » (1079. — Publié par M. Prou, *Recueil
des actes de Philippe Ier*, n° XCIV, p. 242-245.)

Fol. 9 v°. Autre mandement de Philippe Ier (1089. — *Ibid.*,
n° CXIX, p. 302-304). — Fol. 10 v°. Fin d'une charte relative à
l'acte précédent (publiée *ibid.*, p. 302, note 1).

Fol. 10 v°. « Domni Gregorii VII. pape privilegium. G. dilecto
in Christo filio Ivoni, preposito æcclesiæ Sancti Quintini, site in

episcopatu Belvacensi, suisque successoribus regulariter promovendis. Supernæ miserationis respectu... Datum Lateranis, viii^{vo} kalendas decembris, per manus Petri, sanctæ Romanæ æcclesiæ presbiteri cardinalis ac bibliothecarii, anno xi. pontificatus domni Gregorii septimi pape, anno videlicet dominicæ incarnationis M. octogesimo III°, indictione vii. » (Jaffé, n° 5261.)

Fol. 31. « Preceptum Ludovici [VI] regis. Ego Ludovicus, Dei gratia Francorum rex. Constat apud omnes... Actum Compendii, in die sancto Pentecostes, in palatio, anno incarnati Verbi M° C° XI°, anno vero consecrationis nostræ iii°... Stephanus cancellarius relegendo subscripsit. »

Fol. 102. « Innocentius... Gaufrido, abbati æcclesiæ Beati Quintini Belvacensis,... Desiderium quod ad religionis propositum... Data Laterani per manum Gerardi, sanctæ Romanæ æcclesiæ presbiteri cardinalis ac bibliothecarii, iiii° idus mai, indictione vi., incarnationis Dominicæ anno M° C° XL° III°, pontificatus vero domni Innocenti II. pape anno xiiii°. »

Au fol. 20, on lit en rubrique la note suivante : « Annus ab incarnatione Domini millesimus centesimus V^{us}. Hoc anno electus est Radulfus in abbatem in capitulo Beati Quintini, in festivitate dedicationis ejusdem ecclesiæ, in presentia trium episcoporum Gaufridi Belvacensis, Ivonis Carnotensis, Walonis Parisiensis. »

Après le fol. 108 ont été ajoutées diverses pièces, parmi lesquelles :

Fol. 109 et 112 v°. « Aumentatio reddituum et terarum nostrarum in tempore Johannis abbatis intus et extra aquisitarum. »

Fol. 113 v°. Charte de Nicolas, abbé de Saint-Quentin de Beauvais (1187).

Fol. 114. Charte de Guillaume aux Blanches mains, achevêque de Reims (s. d.).

Fol. 115. Charte de « Hugo de Altoilo » et de sa femme « Hisenburge », donnant à Saint-Quentin de Beauvais le « mansionile Alberti ».

Au fol. 116, cette autre note relative à Ives de Chartres :

« Ipso etiam die Dominicæ incarnationis anno M ▨▨▨▨▨▨▨▨▨▨▨, pater Ivo, hujus sacratissimæ sedis antistes, vir magnæ religionis, ecclesiasticorum et secularium negotiorum prudentissimus, mitis affatu, patientia insignis, castitate pollens et tam in divinis quam in philosophia eruditissimus, qui sex pallia bona, et septem capas, et infulas tres et tapetia

tria decori hujus æcclesiæ contulit, librum Missalem, et Epistolarium,
et textum Evangeliorum, et unum Lectionarium matutinalem dedit, et
omnes argento paravit, pulpitum miri decori[s] construxit, scolas fecit,
domum episcopalem, quam vilem et ligneam, quam in obitu vel discessu
episcoporum quibusdam pravis consuetudinibus per violentiam Carno-
tensium comitum inductis ancillatam invenerat, spetiosam et lapideam a
fundamento refecit, et cum omnibus ad ipsam pertinentibus, sive mobi-
libus, sive immobilibus, ex ancilla liberam reddidit, libertatemque
ipsam a stipulatione privilegiorum et Romanæ sedis, et Regis et comitis,
quæ in archivis hujus æcclesiæ habentur, confirmavit. Terram etiam
quandam contiguam eidem domui ad amplitudinem ipsius domus a
vicedomino adquisivit et muro clausit; apud Pontem Godanum alias
domos ad usus episcopales ædificavit eandemque villam in multis
melioravit; abatiam Sancti Johannis ex seculari in regularem convertit,
instituit et auxit; consilio et auxilio ipsius monasterium infirmorum
apud Bellum Locum constitutum fuit; junioratus omnes hujus æcclesiæ
et precarias in communes redegit usus et eas in posterum personis dis-
tribui tam suo quam apostolico privilegio vetuit; angarias et injustas
exactiones et pravas servientium discursiones fieri per preposituras
eisdem privilegiis prohibuit; potestatem quam habebat dandæ prepo-
situræ de Ebrardi villa et cæteris ad eam pertinentibus huic capitulo
dedit; taxata sepeliendorum precia in toto hujus æcclesiæ episcopatu
cessare fecit; ad augmentandam tabulam altaris idem moriens centum
modios vini reliquit et in aliis pluribus huic æcclesiæ et clericis suis
multa bona fecit. » (Cf. *Gallia christiana*, IX, 818 et 711, et *Bibliothèque
de l'École des chartes*, LXVI (1905), p. 631-632).

Acquis par Th. Phillipps à Paris, en 1838. — Stein, *Bibliographie*, n° 416.

XIIe siècle. Parchemin. 116 feuillets. 290 millimètres sur 195. Reliure
en cuir de Russie.

XXIX. — Latin nouv. acq. 1922.

(Phillipps 86.)

CARTULAIRE « PHILIPARIE » DE BELVÈS, BIGARROQUE, ETC. (DORDOGNE).

Fol. 6. « In nomine omnipotentis Dei, Patris, Filii et Spiritus
sancti. Amen. Ex debilitate nature et memorie inventa fuit et est
per antiquos patres nostros predecessores scriptura, ut res memorie comendentur et conserventur successoribus. Igitur ego Guillermus de Philiparia, presbiter, cappellanus de Calculo et de

Doichaco, Sarlatensis diocesis, notarius auctoritatibus apposto-
lica, regia et domini Burdegalensis archiepiscopi publicus curie-
que officialatus Sarlatensis commissarius et juratus, oriundus
Burgi Sancti Anthonii de Stauro, Lemovicensis diocesis, et a
quinquaginta annis citra habitator loci de Bellovidere, attestor et
certiffico servire ecclesie metropolitane Burdegale in suis tempo-
ralitatibus, castellaniis et juridictionibus de Bellovidere, de Coza,
de Milhaco, de Bigarrupe et de Sancto Cipriano senescallie Petra-
goricensis et in pluribus aliis locis, tum vivente condam bone
memorie domini Petri Barlandi (*sic*), qui archiepiscopus fuit tempore meo usque ad annum quinquagesimum quintum... —
(Fol. 11.) Castellania de Bellovidere comprehendit ecclesias et
parrochias sequentes in toto vel in parte... — (Fol 16.) Sequitur de transactione facta inter condam dominum Arturum de
Montalbano, archiepiscopum, consules et habitantes de Bellovidere et totius castellanie... »

Fol. 244. « Table des titres et memoyres contenus en ce livre. »
Titres concernant Belver (fol. 1-107 v°); — Bigarrocque (fol. 108 v°-
191); — Coze (fol. 192-212); — Millac (fol. 213 v°-243). (xviiie
siècle.)

Fol. 247 v°. « Sciendum est quod presens repertorium sive terrarium est perfectum et fuit modo quo supra anno Domini millesimo quadringentesimo nonagesimo octavo et die vicesima
quarta mensis maii,... per dictum dominum Guillermum de Philiparia, procuratorem et servitorem dictorum condam dominorum archiepiscoporum,... dominus Philiparia, notarius auctoritate regia publicus... »

Au verso du dernier feuillet, on a ajouté au xviie ou xviiie siècle,
la note suivante : « Livre appelé *Philiparie* du nom d'un notaire,
signé au précédant feuillet, qui était un des trois qui collationna
et ramassa les titres et actes diferens contenus dans ledit livre. Il
est cotté + et placé cab. 6, étage 5, n° 1er ».

Provient de A.-A. Monteil.

XVe siècle. Parchemin. 248 feuillets. 265 millimètres sur 128. Reliure en
basane rouge.

XXX. — Latin nouv. acq. 1923.

(Phillipps 7405.)

CARTULAIRE DE LA COLLÉGIALE DE LA MADELEINE DE BESANÇON.

Le présent volume ne contient que des fragments de ce cartulaire, dont une double copie avait heureusement été faite au xviiie siècle pour Droz, conseiller au parlement de Besançon ; l'une de ces copies se trouve à la bibliothèque de Besançon, collection Droz, n° 40 ; l'autre est aujourd'hui conservée à la Bibliothèque nationale et occupe les fol. 1 à 459 du ms. 876 de la Collection Moreau. Voici le détail des fragments subsistant de ce cartulaire :

Fol. 1-2. Partie du répertoire des pièces transcrites dans le cartulaire : « Secundus numerus », chartes I à LVI ; [« Tertius numerus »], chartes LXI à IIII^{xx} ; « Quartus numerus », chartes I à X ; avec mentions de quatre actes ajoutés au xive siècle (cf. fol. 417 de la copie de Droz).

Fol. 3. « Ce sont les choses, que li englise de la Magdeleine de Besenceon ai en l'englise d'ayssans... » (Incomplet de la fin.)

Fol. 4-5.   Actes 4 à 8 (incompl. des débuts et fin) du *I^{us} numerus*.

Fol. 6.   — 19 à 21   —   —

Fol. 7.   — 30 à 37   —   —

Fol. 8-11.   — 39 à 48   —   —

Fol. 12.   — 52 à 55   —   —

Fol. 13. Partie du codicille de Guillaume de Preelles (1316,; cf. fol. 389 v°-391 v° de la copie.

Fol. 14. Formule de serment du doyen de la Collégiale.

Fol. 15. Partie de l'accord entre l'archevêque Vital et le chapitre (1314) ; copie de 1433 ; cf. fol. 391 v° et suiv. de la copie.

Fol. 16.   Actes 36 et 37 (incomplets des débuts et fin) du *II^{us} numerus*.

Fol. 17.   — 49 et 50   —   —

Fol. 18-19.   — 24 à 31   —   —

Fol. 20.   — 37 à 39   —   —

Fol. 21.   — 47 à 49   —   —

Fol. 22.   — 65 à 68   —   —

Fol. 23.   — 69 et 70   —   —

Fol. 24. Actes 77 à 80 et 1 du *III*us *numerus*.
Fol. 25. — 40 à 47 — —
Fol. 26. — 5 à 10 — —
Fol. 27. — 78 à 80 et 1 du *IV*us *numerus*.
Fol. 28. — 5 à 10 — —
Fol. 29-30. — 15 à 17, du *III*us *numerus*.
Fol. 31-32. Statuts de la Collégiale, art. 8 à 28; au fol. 32 v°, for-
mule de serment des chanoines.

Un autre cartulaire de la même Collégiale, datant de la fin du
xiii° siècle, est conservé à la bibliothèque de Besançon, ms. 726.

Acquis par Th. Phillipps à Paris, en 1838. — Stein, *Bibliographie*, n° 467.

XIII° et XV° siècles. Parchemin. 32 feuillets, à 2 col. 298 millimètres sur
218. Reliure en cuir de Russie.

XXXI. — Latin nouv. acq. 1924.

(Phillipps 79 et 809.)

Cartulaire de la seigneurie de Mallet, en Auvergne.

Fol. 1-10. Table des 200 pièces du cartulaire (1284-1344).

La première pièce porte le titre suivant : « Hec est littera per-
mutacionis facte inter dominum priorem Chantoioli, ex una parte,
et dominum Armandum de Castronovo, milite, ex altera, de omnibus illis que idem dominus prior habebat in parrochiis de Meleto,
de Favayrolis, de Bornoncles, de Chalier, de Manhac, de Mauri-
nis, de Calidis aquis, de Sariis; in qua littera continentur con-
sensus et assensus domini abbatis et conventus Case Dei... »
(3 juin 1338).

Fol. 203. « Terrarium domini de Meleto de terris, proprietati-
bus et possessionibus, que sibi evenerunt per permutacionem
quam fecit cum domino priore Chantoioli. »

Il y a quelques actes en français et plusieurs en provençal. —
Le premier feuillet de la table a été refait au xviii° siècle.

N° 507 de la vente Chardin (1824). — Stein, *Bibliographie,*
n° 803.

XIV° siècle. Parchemin. 10 et 209 feuillets. 280 millimètres sur 190.
Reliure en veau fauve, aux emblèmes de d'Aguesseau.

XXXII. — Latin nouv. acq. 1925.

(Phillipps 9411.)

CARTULAIRE DE L'HÔTEL-DIEU DE COUTANCES.

Copies, collationnées le 10 juillet 1460, par Étienne Jourdain, tabellion à Coutances, de 32 chartes relatives à l'Hôtel-Dieu de Coutances (1211-1408).

On a joint en tête la nomination de Thomas Drappeau, comme « greffier des aides et subsides de Beaulieu-sur-Maroeil », dans l'élection de Fontenay-le-Comte (14 avril 1588).

Sur d'autres cartulaires du même Hôtel-Dieu, il faut consulter l'*Essai historique sur l'Hôtel-Dieu de Coutances*, de M. Paul Le Cacheux (Paris, 1899, in-8), p. XLI.

Nᵒ 168 du catalogue Thorpe (1836). — Stein, *Bibliographie*, n° 1087.

XVᵉ siècle. Parchemin. III feuillets et 28 pages. 280 millimètres sur 225. Reliure en cuir de Russie.

XXXIII. — Latin nouv. acq. 1926.

(Phillipps 2991.)

RÉPERTOIRE DES ARCHIVES DU CHAPITRE DE LANGRES.

Ce Répertoire donne les titres des pièces, sans mentionner leurs dates, et les énumère sous les rubriques suivantes :

Fol. 1. « Littere privilegiorum, statutorum novorum et antiquorum, et confirmationum eorumdem. »

Fol. 10 v°. « Littere feudorum, recognitionum juris ecclesie Lingonensis et alienationum non faciendarum. »

Fol. 18 v°. « Littere donationum, quittationum, concessionum et cessionum. »

Fol. 42 v°. « Littere conventionum, compositionum, compromissionum et admodiationum. »

Fol. 66 v°. « Littere emptionum, acquisitorum et gaigeriarum. »

Fol. 90 v°. « Littere consuetudinum ecclesie et civitatis Lingonensis. »

Fol. 92 v°. « Littere feudorum, recognitionum, juris ecclesie Lingonensis in terra Divionensi. »

Fol. 94 v°. « Littere donationum, quittationum, concessionum
et cessionum in terra Divionensi. »

Fol. 98 v°. « Littere compositionum, compromissionum et admodiationum in terra Divionensi. »

Fol. 105 v°. « Littere emptionum, acquisitorum et gaigeriarum
in terra Divionensi. »

Plusieurs pages ont été laissées en blanc à la suite de chacune
de ces parties du Répertoire et on y a ajouté, à la fin du xiii° et
au début du xiv° siècle, différentes autres mentions de chartes
ainsi que la transcription de quelques actes, deux entre autres
(fol. 59-61) de Marguerite, reine de Navarre et comtesse de Champagne, en français (juillet 1255), et de Thibaut, roi de Navarre et
comte de Champagne, en latin (juillet 1239).

La rédaction primitive de ce Répertoire est peu postérieure sans
doute à l'année 1281, inscrite à la première page, de première
main : « Divisiones prebendarum facte anno Domini M° CC° octogesimo primo ». — Stein, *Bibliographie*, n° 1856.

XIII° et XIV° siècles. Parchemin. 113 feuillets. 325 millimètres sur 235.
Reliure en maroquin bleu.

XXXIV. — Latin nouv. acq. 1927.

(Phillipps 68.)

Cartulaire de l'abbaye de Saint-Vincent de Laon.

Le cartulaire commence au fol. lxxxx par les derniers mots
d'une charte de 1293 : « ... ces presentes lettres scellées dou seel
devant dit, sauf le droit le Roy et l'autruy, qui furent faictes en
l'an de grace mil CC. quatre vins et treze, ou moys de janvier ». —
Suit le texte d'une autre charte de 1342, avec l'intitulé : « De
ce que Alars de Valenciennes nous doit xliiij. sols parisis sur sa
maison en la rue Saint-Martin chacun an ».

Les chartes sont rangées sous les différentes rubriques suivantes :

« Cens et chappons appartenans au chef de l'eglise » (fol. 103).
— « Admortissemens de aucunes possessions de nostre eglise »
(fol. 111). — « Chartres de nos appartenances à Thierigny »
(fol. 151). — « Chartres de maisons, vignes, rentes et autres
choses appartenans à nous à Bruyeres » (fol. 160 v°), — « Cha-

mouille » (fol. 166 v°), — « Chievregny » (fol. 174 v°), — « la Boue et Vailly » (fol. 184), — « Mons » (fol. 198), — « Bautor » (fol. 239 v°), — « Besny » (fol. 246 v°), — « Bucy » (fol. 205 v°), — « les Sars » (fol. 213), — « Mussencourt et Andelain » (fol. 226 v°), — « Monciaux et Pescilly » (fol. 252 v°), — « le Sart » (fol. 256), — « Meschume » (fol. 266), — « Villers le Secq et la Frete » (fol. 273), — « Sany et Pierrepont » (fol. 282), — « Hatencourt » (fol. 292), « Erlons » (fol. 296), — « Dormicourt » (fol. 315 v°), — « Lambrecis » (fol. 324), — « Humecourt » (fol. 334 v°).

Fol. 338 v°. « Carte communes archiepiscoporum. » — Fol. 348 v°. « Carte communes Galteri, Laudunensis episcopi, ad ecclesiam nostram pertinentes; » — « Rogeri » (fol. 352), — « Alberti » (fol. 355). — Fol. 356 v°. « Carte communes curie Laudunensis. » — Fol. 361. « Carte communes abbatum et conventuum. » — Fol. 366. « Carte communes militum. » — Fol. 377. « Carta communis capituli Laudunensis et Sancti Petri in foro. » — Fol. 382. « Carte communes vicedomini Laudunensis. » — Fol. 387 v°. « Chartres communes dou Borgne de Cramailles. »

Les chartes transcrites dans le cartulaire appartiennent aux années 1116-1491. — Les feuillets 231-250 ont été placés par le relieur après le fol. 200.

Provient de A.-A. Monteil. — Stein, *Bibliographie*, n° 1870.

XVe siècle. Parchemin. Feuillets lxxxx à ccclxxxx. 360 millimètres sur 275. Reliure en veau vert gaufré.

XXXV. — Nouv. acq. lat. 1928.

(Phillipps 22882.)

CARTULAIRES DE LA CATHÉDRALE DE NOYON.

Il ne subsiste plus de ce cartulaire qu'un cahier de huit feuillets, coté « iiij » en haut du premier feuillet et qui contient la copie des six actes suivants :

1 (fol. 1). Accord entre le chapitre de la cathédrale et l'abbé de Saint-Éloi de Noyon au sujet du corps et des reliques de S. Éloi (vers 1330) ; incomplet du début : « ... pro se et successoribus suis nomineque dicti monasterii sui... »

2 (fol. 2 v°). Accord entre le chapitre de la cathédrale et Raoul Flament, seigneur de Chauny (février 1330 [1331]). — En français.

3 (fol. 4). Lettre de Jean Blondel, bailli de Vermandois, donnant main-levée de la saisie des biens du bâtard Nicaise de Roucourt, sis dans la justice du chapitre de Noyon (Saint-Quentin, 18 février 1329 [1330]). — En français.

4 (fol. 5). Accord entre le chapitre de la cathédrale et l'hôpital de Noyon au sujet des obsèques de Simon de Pomponne, curé de Saint-Christophe de Noyon (14 janvier 1330 [1331]).

5 (fol. 6 v°). Vidimus par l'official de Noyon de lettres de Foucaud, évêque de Noyon, relatives à la juridiction du doyen et du chapitre de Noyelles (septembre 1328).

6 (fol. 8 v°). Début d'un acte, dont il ne reste que ce qui suit : « Datum per copiam sub sigillo curie Noviomensis. Anno Domini M° trecentesimo vicesimo octavo, die Veneris in crastino festi beati Michaelis archangeli. Universis presentes litteras inspecturis Arnulphus decanus et capitulum ecclesie [Noviomensis]... »

Stein, *Bibliographie*, n° 2780.

XIV⁰ siècle. Parchemin. 8 feuillets, à 2 col. 330 sur 220 millimètres. Cartonné.

XXXVI. — Nouv. acq. lat. 1929.

(Phillipps 85.)

CARTULAIRE DE L'ABBAYE DE SAINT-PIERRE DE PRÉAUX, AU DIOCÈSE DE LISIEUX.

Fol. I-IX. Table des 361 premières chartes transcrites dans le cartulaire (fol. 1-96), précédé de ce titre : « Hic annotantur per capitula confirmationes et karte hujus libri, ut facilius reperiantur ».

Fol. XII. « Ensuit la confirmation d'Alexandre pape sur toutes les libertez que les moynes de Preaulx ont aux eglises, rentes et aultres chozes, ainsy qu'ilz sont contenuz au privilege d'Adrian pape et aux lettres des dons desdictz moynes. » — C'est la traduction abrégée de la bulle d'Alexandre III, du 12 avril 1179 (Jaffé, n° 13381), transcrite au début du cartulaire.

Fol. XIII. Notice de dons faits par différents personnages à l'abbaye de Préaux. « Honffre de Vielles, fondateur dudit monastere, a donné tout ce qu'il avoit... »

Fol. 1. Confirmatio Alexandri [III] pape super cunctis libertatibus, quas monachi de Pratellis habent tam in ecclesiis quam in redditibus aliis, sicut in privilegio Adriani pape et in cartis donatorum

dictorum monachorum continetur. Alexander... Henrico, abbati monasterii Sancti Petri de Pratellis. Monet nos apostolice sedis, cui licet immeriti presidemus, auctoritas... premia eterne pacis inveniant. Amen. »

Fol. 4 v°. « Confirmatio Innocentii [III] pape super ecclesiis de Hyspania, de Sellis, de Pratellis, de Tustinvilla, de Sancto Germano, de Sancto Audoeno Pontis Audomari, cum decimis et proventibus et fructibus eorum. Innocentius... O[sberno] abbati et conventui Sancti Petri de Pratellis... Cum a nobis petitur quod justum est... Datum Laterani, iiij^to kalendas februarii, pontificatus nostri anno secundo. » (29 janvier 1200.)

Fol. 4 v°. Six bulles du pape Honorius III, datées deux du « xii kal. octobris, anno nono » (20 sept. 1224), trois autres des « xv. kal. januarii », « idibus julii, anno sexto », et « xii. kal. februarii anno sexto » (15 décembre 1221, 15 juillet et 21 janvier 1222), la dernière du « xii. kal. decembris, anno quinto. » (20 nov. 1220.)

Fol. 6 v°. « Confirmatio Alexandri [III] pape super ecclesia de Brotona cum universis beneficiis a Roberto, comite de Mellent, predicte ecclesie indultis... Alexander... Juste petentium desideriis dignum est.... Carta data Harene (*sic*), per manum magistri Graciani, iiij^to kalendas marcii. »

Fol. 7. « Confirmatio Celestini [III] pape super beneficio quod Robertus, comes Mellenti, contulit ecclesie Pratellensi apud Sanctum Egidium de Ponte Audomari. Celestinus... Osberno abbati et conventui de Pratellis... Quociens a nobis petitur quod justum est... Datum Rome, apud Sanctum Petrum, iiij^to idus maii, pontificatus nostri anno quarto. » (12 mai 1194.)

Fol. 17 v°. Actes des rois d'Angleterre Henri II (n^os xliij à liij), et Richard Cœur-de-Lion (n° liiij), de Louis VIII, roi de France (n° lv), etc.

A partir du fol. 104 v°, la plupart des actes transcrits dans le cartulaire sont en français et datent des xive et xve siècles.

Voir un autre cartulaire de Saint-Pierre de Préaux, du xiiie-xve s., décrit dans l'*Inventaire sommaire des archives départementales de l'Eure* (1893), série H, n° 711, p. 123-129. — Stein, *Bibliographie*, n° 3084.

XVe siècle. Papier. xiv et 204 feuillets. 290 millimètres sur 210. Reliure ancienne en peau blanche.

XXXVII. — Latin nouv. acq. 1930.

(Phillipps 70.)

CARTULAIRE OU *Livre noir*, DE L'ABBAYE
DE SAINT-FLORENT-LÈS-SAUMUR.

Fol. 1. Titre du cartulaire : « In hoc corpore continentur antiquorum præcepta regum Ludovici, Pipini, Karoli Calvi de abbatia Sancti Florentii Glomnensis coenobii, seu de alio coenobio quod constructum est in loco, qui dicitur Salmurus, a Teutbaldo comite.

« In nomine Domini... Hludovicus... Si erga loca divinis cultibus mancipata... Data pridie kalendas julias, anno Christo propitio XI., indictione xii. Actum Compendio palatio regio, in Dei nomine feliciter. Amen. » (*Recueil des historiens de France*, t. VI, p. 537-538.)

Fol. 1 v°. « Praeceptum regis Karoli ad Didonem abbatem de villa Nimiaco sitam super Sartam fluvium. In nomine sanctae et individuae Trinitatis. Karolus, gratia Dei, rex. Quia laudabilis conditor universitatis rerum... Data x. kalendas augusti, indictione xi., in anno VIIII. regni Karoli gloriosissimi regis. Actum in villa Puteata, non longe a civitate Claremonte, in Dei nomine feliciter. Amen. *Amen* (notes tiron.). » (*Recueil des historiens*, t. VIII, p. 495.)

Fol. 2 v°. « Praeceptum Karoli gloriosissimi regis inter Didonem abbatem et Gaubertum. In nomine sanctae et individuae Trinitatis. Karolus, gratia Dei, rex. Si ea quae fideles regni nostri... Data xviii. kalendas [augusti], anno X., indictione iii., regnante Karolo glorioso rege. Actum Bituricas civitate, in Dei nomine feliciter. Amen. *Amen* (notes tiron.). » (*Recueil des historiens*, t. VIII, p. 504.)

Fol. 3. « Praeceptum regis Karoli de Poziaco. In nomine sanctae et individuæ Trinitatis. Karolus, gratia Dei, rex. Si precibus sacerdotum quas pro suis... Data idibus junii, anno V., indictione vi., regnante Karolo gloriosissimo rege. Actum in monasterio Sancti Benedicti, in Dei nomine feliciter. Amen. *Amen* (notes tiron.). » (*Revue de Bretagne* (1891), t. VI, p. 98-99.)

Fol. 3 v° . « Praeceptum Pipini, regis Aquitanorum. Pipinus, divina ordinante majestatis gratia, Aquitanorum rex. Cum petitionibus fidelium nostrorum ... Data vi. kalendas junii, indictione x., anno VIII. regnante Pipino inclito rege. Actum Floriniaco villa super Carum sita, in generali placito, in Dei nomine feliciter. Amen. *Amen* (notes tiron.). » (*Recueil des historiens*, t. VIII, p. 360-361.)

Fol. 5. « Præceptum regis Karoli, ubi abbatiam Sancti Florentii ab omni publica exactione secundum decretum regum antecessorum suorum omnimodis absolutam esse constituit. In nomine sanctae et individuæ Trinitatis. Karolus, gratia Dei, rex. Cum regni nostri quietem... Data mense junii, vi. idus ejusdem, anno VIIII. Karoli gloriosissimi regis. Actum in loco qui dicitur Vetus Pictavus, in Dei nomine feliciter. Amen. *Amen* (notes tiron.). » (*Recueil des historiens*, t. VIII, p. 501-502.)

Fol. 5 v°. « Versiculi de eversione monasterii Sancti Florentii.

    « Dulces modos et carmina prebe, lyra Treicia,

    « Commota quis cacumina planxere yperborea... »

Trente-neuf strophes, maintes fois publiées depuis Mabillon et en dernier lieu par Duemmler, *Poetae latini aevi Carolini*, t. II (1884), p. 146-149.

Fol. 8. « Praeceptum inclyti regis Karoli ad Hecfridum abbatem, ubi ei largitur cellulam sancti Gundulfi ad transferendum in ea corpus sancti Florentii. In nomine sanctae et individuae Trinitatis. Karolus, gratia Dei, rex. Quicquid pro utilitate ac necessitate... ab eodem Hecfredo... » Incomplet; une note du xviie siècle, au bas de la page, dit : « Deest finis; vide in *Libro rubeo*, f. 21 verso, col. 2. » (*Recueil des historiens*, t. VIII, p. 597.)

Fol. 9 et suiv. Cinq chartes de Hardouin, archevêque de Tours (968-375). La première de ces chartes (novembre 968) est incomplète du début; toutes les souscriptions sont accompagnées de notes tironiennes. Deux autres chartes de Hardouin, également avec notes tironiennes, sont plus loin aux fol. 17 et 35 v°. — Au fol. 22 est la bulle du pape Jean VIII pour Saint-Florent (Jaffé, n° 3941); puis, aux fol. 102 et 72 v°, deux bulles de Pascal II (Jaffé, n° 6040) et Calixte II (Jaffé, n° 6949).

On remarquera encore des chartes du légat Richard, évêque d'Albano (fol. 101 v°), de Joseph, archevêque de Tours (fol. 36), des évêques d'Angers Rainaud (fol. 23, 24 v° et 25) et Eusèbe Brunon (fol. 95), de Guillaume, évêque d'Angoulême (fol. 49), de Guillaume Gilbert de Ragioles, évêque de Poitiers (fol. 114 v°), de

Gautier, évêque de Rennes (fol. 61), de Raimond II, évêque de
Bazas (fol. 75 et 88 v°), de Jean de Coutances, évêque de Worcester (fol. 34), de plusieurs abbés de Saint-Florent et de Pétro-
nille, abbesse de Sainte-Croix de Poitiers (fol. 42).

A côté de ces chartes on en notera d'autres encore de Guillaume le Conquérant, duc de Normandie (fol. 74), d'Alain Fergent
et de Conan III, ducs de Bretagne (fol. 60-62), des comtes d'Anjou,
Foulques III Nerra (fol. 26 v° et 28), Geoffroi II Martel (fol. 57),
Geoffroy III le Barbu et Foulques IV le Rechin (fol. 76, 96, 97 et
105 v°), etc.

Fol. 82-83. « Hæc sunt nomina quorundam abbatum hujus loci
defunctorum. Maurontius; hic fuit tempore Childeberti regis...
—... anni CLXXX et III. Sigo. » (1055). Publié par Marchegay,
Chroniques des églises d'Anjou (1869), p. 197-200.

Fol. 141. La dernière pièce du cartulaire, copiée postérieurement, est une charte de Henri II, roi d'Angleterre, confirmant
en faveur des moines de Saint-Florent la moitié de la foire de
Saumur (1159).

C'est le plus ancien des cartulaires de Saint-Florent-lès-Saumur,
transcrit sans doute entre les années 1040-1060, avec quelques
additions postérieures, et contenant le texte de 290 chartes, de
824 à 1060 environ, dont plusieurs avec notes tironiennes. On
conserve, aux archives départementales de Maine-et-Loire, trois
autres cartulaires de Saint-Florent : le *Livre blanc* (1ʳᵉ moitié
du xii siècle), le *Livre d'argent* (seconde moitié du xiiᵉ siècle) et
le *Livre rouge* (xiiiᵉ siècle). Cf. les articles consacrés à ce cartulaire,
ou *Livre noir*, par P. Marchegay dans les *Archives d'Anjou* (1843),
t. I, p. 227-292, dans la *Bibliothèque de l'École des chartes*, 4ᵉ série,
t. I (1855), p. 127-131, et différentes publications du même auteur,
indiquées par U. Chevalier, *Répertoire... Topo-bibliographie*, col.
2694, ainsi que l'*Étude sur quelques documents angevins*, de
A. Giry, dans les *Mémoires de l'Académie des Inscriptions* (1900),
t. XXXVI, 2ᵉ partie, p. 222 et suiv., et les *Notices bibliographiques...
de l'époque carolingienne*, du même (1901), p. 61-64.

Acquis par Th. Phillipps du libraire Royez, à Paris, vers 1822.
— Stein, *Bibliographie*, n° 3404.

XIᵉ et XIIᵉ siècles. Parchemin. 141 feuillets, à 2 col. 315 millimètres sur 235.
Reliure en maroquin rouge gaufré.

XXXVIII. — Latin nouv. acq. 1931.

(Phillipps 10470.)

PRIVILÈGES DE L'ABBAYE DE SAINT-FLORENT-LÈS-SAUMUR.

Fol. 1 v°. « Privilegium Johannis [XVIII.] pape de abbatia
Sancti Florencii ejusque possessionibus contentum. Johannes...
Roberto venerabili abbati... Convenit apostolico moderamini...
[S. l., n. d.]. Scriptum per manus Georgii, notarii ac scriniarii
sancte Romane ecclesie, in mense aprili, indictione secunda. »
(Jaffé, n° 3941.)

Fol. 3. « Privilegium Ludovici [Pii] imperatoris de ecclesia
Sancti Florencii veteris ejusque possessionibus. In nomine
Domini... Ludovicus... Si erga loca divinis cultibus mancipata...
Datum pridie kalendas julii, anno Chisto propicio XI., indic-
tione xii. Actum Compendio, palacio regio, in Dei nomine feliciter.
Amen. » (*Recueil des historiens de France*, t. VI, p. 537-538.)

Fol. 3 v°. « Privilegium Karoli Magni [Karlomanni] de ecclesia
Sancti Gundulphi. In nomine Domini Dei eterni et salvatoris Jhesu
Christi. Karlomagnus, Dei gratia, rex. Quicquid pro utilitate aut
necessitate... Datum nonis junii, anno tercio regni Karoli Magni,
indictione xiiiª. Actum apud Paliniacum, feliciter. Amen. »
(*Recueil des historiens de France*, t. IX, p. 422-423.) Cf. plus loin,
fol. 10 v°.

Fol. 5. « Privilegium Karoli [Calvi] de ecclesia Sancti Florencii
veteris. In nomine sancte et individue Trinitatis. Karolus, Dei
gracia, rex. Cum regni nostri quietem... Data mense junii, vi.
idus ejusdem, anno VIIII. Karoli gloriosissimi regis. Actum in
loco qui dicitur Vetus Pictavis, in Dei nomine feliciter. Amen. »
(*Recueil des historiens de France*, t. VIII, p. 501-502)

Fol. 6. « Privilegium Pipini regis de Sancto Florentio veteri.
Pipinus, divina ordinante majestatis gratia, Aquitanorum rex.
Cum peticionibus fidelium nostrorum... Data vi° kalendas junii,
indictione x., anno VIII., regnante Pipino, inclito rege. Actum Floriniaco villa super Cuarum sita, in generali placito. In Dei nomine
feliciter. Amen. » (*Recueil des historiens de France*, t. VIII, p. 360-
361.)

Fol. 7 v°. « Privilegium Karoli regis de Pociaco. In nomine sancte
et individue Trinitatis. Karolus, Dei gracia, rex. Si precibus

sacerdotum quas pro suis... Dat[a] idus junii, anno V°, indictione vi, regnaute Karolo gloriosissimo rege. Actum in monasterio Sancti Benedicti. In Dei nomine feliciter. Amen. »

Fol. 8 v°. « Privilegium Karoli regis de villa que Mimacus dicitur et villa Johannis. In nomine sancte et individue Trinitalis. Karolus, gracia Dei, rex. Quia laudabilis conditor universitatis rerum... Dat[a] x. kalendas augusti, indictione xi., in anno VIIII. regni Karoli gloriosissimi regis. Actum in villa Puteaca, non longe a civitate Claremonte. In Dei nomine feliciter. Amen. » (*Recueil des historiens*, t. VIII, p. 495.)

Fol. 9 v°. « Privilegium Karoli regis de quadam commutatione inter nos et Gaubertum. In Dei nomine, sancte et individue Trinitatis. Karolus, Dei gracia, rex. Si ea que fideles regni nostri... Dat[a] xix. kalendas augusti, anno X., indictione iii., regnante Karolo glorioso rege. Actum Bituricas civitate. In Dei nomine feliciter. Amen. » (Avec additions, dans le *Recueil des historiens de France*, t. VIII, p. 504.)

Fol. 10 v°. « Privilegium Karoli regis de Sancto Gundulpho. In nomine sancte et individue Trinitatis. Karolus, Dei gracia, rex. Quicquid pro utilitate ac necessitate servorum Dei... Dat[a] xvii. kalendas febroarii, indictione xiii., anno XXVI°, regnante Karolo rege glori[o]sissimo. Actum Silvanectis civitate. In Dei nomine feliciter. Amen. » (*Recueil des historiens de France*, t. VIII, p. 597-598.) Cf. plus haut fol. 3 v°.

Sur le recto du premier feuillet, au milieu de la page, on lit le titre : « Privilegium hujus monasterii ».

Il faut rapprocher cette copie non encore signalée de neuf des anciens privilèges de Saint-Florent des deux rouleaux de privilèges, l'un contenant six documents de mêmes dates extrêmes (824-1004) et l'autre vingt-et-un documents (966-1150), conservés aujourd'hui à Angers, aux archives départementales de Maine-et-Loire. Cf. les articles de A. Giry cités plus haut.

Acquis par Th. Phillipps à la vente de la bibliothèque Sidney.

XVe siècle. Papier. 11 feuillets. 280 millimètres sur 200. Reliure en veau grenat gaufré.

XXXIX. — Latin nouv. acq. 1932.

(Phillipps 21188.)

CARTULAIRE DE L'ABBAYE DE SAVIGNY, AU DIOCÈSE DE LYON.

Copie moderne du ms. 392 du fonds Coste de la bibliothèque de Lyon, qui est lui-même une copie, faite au xvi⁰ siècle, du cartulaire original perdu.

Il y a une autre copie, du xvii⁰ siècle, de ce même cartulaire sous le n⁰ 10035 des mss. du fonds latin de la Bibliothèque nationale.

La présente copie a fait partie de la bibliothèque Yemeniz, n⁰ 3359 du catalogue de vente (1867). — Stein, *Bibliographie*, n⁰ 3631.

XIX⁰ siècle. Papier. 221 feuillets. 350 millimètres sur 220. Demi-reliure.

XL. — Latin nouv. acq. 1933.

(Phillipps 7410.)

CARTULAIRE DU PRIEURÉ DE SAINT-MAURICE DE SENLIS.

Chartes de Louis VII (Luchaire, n⁰ 90), S. Louis, Philippe IV le Bel, Charles IV le Bel et Philippe V de Valois; bulles des papes Innocent IV, Clément IV et Honorius IV; etc. (1141-1337.)

A la fin, est ajoutée une copie de l'aveu suivant : « C'est le fief que je Jehan de Crappain, escuier, tieng et advoe à tenir à cause de damoiselle Marie ma femme, jadiz fille de defunct Jehan Le Maire de Senecourt, de religieus et honestes personnes le prieur et couvent de Saint Maurice de Senlis » (23 janvier 1364 [1365]).

Suit, aux deux dernières pages, une table des pièces du cartulaire, dressée au xvii⁰ siècle. — Plusieurs chartes sont en français.

Acquis par Th. Phillipps à Paris, en 1838. — Stein, *Bibliographie*, n⁰ 3661.

XIV⁰ siècle. Parchemin. LXXXIX pages. 290 millimètres sur 210. Reliure en cuir de Russie.

XLI. — Latin nouv. acq. 1934.

(Phillipps 2973.)

Cartulaire de la commanderie des Templiers de Sommereux (Oise).

Fol. i-iii. Table, dressée au xvᵉ siècle : « S'ensuivent les coppies des chartres des donations et acquisitions faittes à la commanderie de Sommereux, selon le registre ancien où sont enregistrées les chartres des acquestz d'icelle et aussy de celle de Milly soubz Clermont en Biauvoysin, pour sçavoir plus tost trouver ce qu'on y vueilt voir, par les nombres qui y sont mis chacun eu teste. »

Fol. 1. La première partie du cartulaire débute par une charte de Raoul, comte de Clermont (1168). — Les chartes de cette première partie sont comprises entre les années 1150-1262.

Fol. 30. Notes ajoutées postérieurement : « Anno Domini Mᵒ CCᵒ septuagesimo nono. Ce sunt les courtius de Sonmereus, qui doivent dime à la maison. » — Fol. 30 vᵒ. « Anno Domini Mᵒ CCᵒ IIIIˣˣᵉ. Ce sunt les rentes que l'on doit à la maison de Sonmereux. » — « C'est le nombre des prez que sont appartenant à l'Ospital de Milly soubz Clermont en Biauvoysin. » — Fol. 31. « Che sont les fiefs appartenant à la maison de l'Ospital de Milly, membre de la baillie de Sonmereux. »

Fol. 33. Seconde partie du cartulaire, débutant par deux actes du roi Louis VII (vers 11.0 et 1150). — Les chartes de cette seconde partie sont comprises entre les années 1150-1258.

Fol. 69. Bulles des papes Innocent IV, Alexandre IV et Grégoire IX en faveur des Templiers de Sommereux (1227-1258).

Fol. 76. Notes ajoutées postérieurement : « Veez ci les appendances de Neuilli. » — Fol. 76 vᵒ. « Anno Domini Mᵒ CCᵒ octogesimo septimo, ad festum beati Remigii annuatim. Ce sunt les masures que li maistres de Sonmereux a baillés à cens. »

Le dernier feuillet 77 est formé par un fragment de rouleau des morts ; le recto a été soigneusement gratté, mais au verso on lit encore : « Titulus Beate Marie de Brolio,... Die Veneris post Ascensionem Domini anno Domini Mᵒ CCᵒ LXᵒ primo, fuit rotulus iste apud nos. — Titulus Beate Marie de Strata,... Die Veneris post

Ascensionem Domini... Titulus Beate Marie de Jos[a]phat,...
Vigilia Pentecostes... » (1261).

Provient de A.-A. Monteil. — Stein, *Bibliographie*, n° 3739.

XIII° siècle. Parchemin. 77 feuillets. 285 millimètres sur 190. Reliure en
maroquin rouge gaufré.

XLII. — Latin nouv. acq. 1935

(Phillipps 2970.)

PREMIER CARTULAIRE DE L'ABBAYE DE LA TRINITÉ
DE VENDÔME.

Fol. 1-4 v° et 5 v°, col. 1. Table, avec incipits de 549 actes
transcrits dans le cartulaire. — La numérotation primitive s'arrête au n° [ccc]ccvii.

Fol. 4 v°-8 v°. Copies de pièces, datées de 1040 à 1101, ajoutées
postérieurement à la rédaction première du cartulaire sur des
feuillets laissés en blanc à la suite de la table et cotés j à iiij.
Ces chartes ont reçu, au xvii° siècle, une numérotation de 1 à 10.

Fol. 9-40 v°. Partie du premier cartulaire de l'abbaye de la Trinité, composée de cinq cahiers comprenant les feuillets cotés xxj
à lij, au xvi° siècle, et les chartes, toutes antérieures à 1070, numérotées anciennement lx à cliiii, ou 62 à 161 de la numérotation
du xvii° siècle. — Le cartulaire complet devait contenir environ
250 feuillets; cf. l'article de P. Marchegay dans la *Bibliothèque de
l'École des chartes* (1855), p. 137.

M. l'abbé Mettais a longuement décrit ce premier cartulaire
dans son *Cartulaire de l'abbaye cardinale de la Trinité de Vendôme*,
t. I (1893), p. xvi-xxiv, et t. V (1904), p. xlviii et suiv. Dans ce
dernier volume il a reproduit, avec les numéros et dates des
pièces publiées par lui, la table des 549 chartes du premier cartulaire (p. xlix-lii et liv-lxxxvi, et dans le même volume (p. liii-
liv) il a donné le détail de 10 pièces transcrites postérieurement à
la suite de la table. Enfin, aux pages lxxxix-xcii, il a imprimé de
même la nomenclature, avec renvois aux n°s de son édition, des
pièces 808-903, conservées aujourd'hui dans le ms. n. a. lat. 1936
(Phillipps 2971), et aussi (p. xcii) des 5 pièces (904, 905 et 828-
830 *bis* du ms. n. a. lat. 940 (Phillipps 17712).

Provient de A.-A. Monteil. — Stein, *Bibliographie*, n° 4047.

XIe siècle. Parchemin. 40 feuillets, à 2 col. 280 millimètres sur 230. Reliure en maroquin rouge gaufré.

XLIII. — Latin nouv. acq. 1936.

(Phillipps 2971.)

SECOND CARTULAIRE
DE L'ABBAYE DE LA TRINITÉ DE VENDÔME.

Partie du second cartulaire de l'abbaye de la Trinité de Vendôme, comprenant seulement les feuillets anciennement cotés ii^clj à ii^ciiii^{xx}j (moins le feuillet ii^clxxviij) et les chartes numérotées 808 à 867 et 874 à 903.

Fol. 1. « De libertate rerum nostrarum que in pago Pictavensi et Sanctinico sitæ sunt. In nomine sancte et individue Trinitatis, Ludovicus, rex Francorum et dux Aquitanorum. Regie liberalitatis interesse dinoscimus... Actum publice Parisius, anno ab incarnatione Domini M°C°XL°VI°, regni vero nostri X°... Data per manum Cadurci cancellarii. Ego Alienordis regina laudavi hoc et sigillum meum cum sigillo domini regis apposui. » (Luchaire, *Actes de Louis VII*, n° 173.)

Fol. 1 v°. Bulle du pape Eugène III (1er mai 1147). — Fol. 2, 2 v° et 3 v°. Chartes de Geoffroy Plantagenet, duc de Normandie et comte d'Anjou (1147). — Fol. 4 v° et 10. Chartes de Thibaut IV, comte de Blois (1148). — Fol. 3 v°-8. Chartes de Geoffroi II de Lèves, évêque de Chartres (1146), — de Hugues III d'Amiens (1145), — de Philippe de Harcourt, évêque de Bayeux (1145), — etc.

Les pièces copiées dans la première partie du présent cartulaire (fol. 1-20) sont datées de 1140 à 1152, sauf une (n° 843) de 1081-1098, et une autre (n° 818), copiée postérieurement au fol. 7 v° et datée de 1227. — Les deux fol. 21 et 22 (anc. ii^clxxj et ii^clxxij) sont d'une main postérieure et différente de celle qui précède et contiennent la copie d'une série de pièces non datées ; de même les huit derniers feuillets 23 à 30 (anc. ii^clxxiiij-ii^clxxxj) ont été copiés au xiiie siècle et contiennent des actes datés de 1190 à 1199.

Provient de A.-A. Monteil. — Stein, *Bibliographie*, n° 4048.

XIIe et XIIIe siècles. Parchemin. 30 feuillets. 255 millimètres sur 170 et 235 sur 155 (fol. 23-30). Reliure en basane racinée.

XLIV. — Latin nouv. acq. 1937.

(Phillipps 7426.)

PROCÈS DE JEAN DE BÉZIERS,
SEIGNEUR DE VÉNÉJAN, GARD (1532).

Procédure, incomplète du début et de la fin, produite devant la sénéchaussée de Beaucaire, contre le procureur du roi, pour défendre les droits de Jean de Béziers, « seigneur de Vénéjan, Saint-Nazaire et de Luetz », en 1532.

On y trouve la copie d'un certain nombre d'actes de Philippe le Bel. — Provient de A.-A. Monteil.

XVIᵉ siècle. Papier. Feuillets xlix à ccxvi. 290 millimètres sur 200. Reliure en basane granitée.

XLV. — Latin nouv. acq. 1938.

(Phillipps 6654 et 6946.)

PRIVILÈGES DES MINIMES DU PLESSIS-LÈS-TOURS (1497).

Vidimus par l'official de Tours des privilèges concédés par les papes aux religieux Minimes, daté du 27 juin 1497.

Fol. 12. « Iste sunt speciales gratie et magne, nuper concesse sanctissime religioni Ordinis fratrum heremitarum Sancti Augustini a magno et summo pontifice domino Sixto IIII., contente in suo auctentico et plumbato privilegio. »

Acquis par Th. Phillipps du libraire Payne.

XVᵉ siècle. Parchemin. 14 feuillets. 330 millimètres sur 310. Demireliure.

XLVI. — Latin nouv. acq. 1939.

(Phillipps 4263.)

COPIES DE PIÈCES DU PREMIER CARTULAIRE
DE L'ABBAYE DE LA TRINITÉ DE VENDÔME (1032-1087).

Fol. 1. Liste chronologique d'actes ou pièces de 1040 à 1515.

Fol. 3. Nomenclature chronologique des bulles de papes, depuis Clément II (1047), jusqu'à Pie IV (1560-1565). — Cf. plus loin le ms. nouv. acq. lat. 2415.

Fol. 7. Copie de pièces du premier cartulaire (n. a. lat. 1935), rangées par ordre chronologique, de 1032 à 1087.

XVIIᵉ siècle. Papier. 56 feuillets. 310 millimètres sur 190. Cartonné.

XLVII. — Latin nouv. acq. 1940.

(Phillipps 1028.)

FORMULAIRE D'ACTES DES ROIS D'ARAGON, ALPHONSE IV ET PÈDRE IV.

Titre : « Adsit principio sancta Maria meo. — Presens huic operi sit gratia Pneumatis almi. — Me juvet et faciat implere quod utile fiat.

« In hac parte sunt compilate plures forme cartarum et litterarum regiarum diversarum racionum et contractuum, et specialiter de stilu curie. »

Les actes nombreux et variés, transcrits dans ce formulaire, ne portent d'ordinaire aucun nom de destinataire, ni aucune date, et émanent la plupart des rois d'Aragon Alphonse IV (1327-1336) et Pèdre IV (1336-1387). On y remarquera encore les copies d'actes suivants :

Fol. 73 vᵒ. Acte de Philippe VI de Valois. « Promotio ad comitis dignitatem. Philippus, Dei gratia, Francorum rex. Ut ordo dignitatum congrua dispositione servetur... Dat. in domo de Becoysel, viijᵃ die junii anno Domini millesimo trecentesimo quadragesimo primo. »

Fol. 82. « Infeudacio regni Majoricensis. Noverint universi quod mota lite inter nos Petrum, Dei gratia, regem Aragonie, et Jacobum, per eandem gratiam, regem Majorice, super regno Majoricensi... Acta sunt hec omnia suprascripta in claustro domus fratrum Predicatorum Perpiniani, xiij. kalendas febroarii anno Domini Mᵒ CCᵒ LXXᵒ VIIᵒ. »

Fol. 100 vᵒ. Bulle du pape Clément VI. « Clemens, episcopus, servus servorum Dei, dilecto filio nobili Jacobo, nato clare memorie Alfonsi, regis Aragonie, comiti Urgellensi, salutem et apostolicam benedictionem. Cum carissimos in Christo filios nostros Petrum Aragonie, germanum tuum, et Jacobum, Majorice reges... Dat. apud Villam novam, Avinionensis diocesis, septimo idus augusti, pontifficatus nostri anno primo. » (7 août 1342.)

Fol. 126 v°. Acte d'Édouard III d'Angleterre. « Sanctissimo in Christo patri et domino domino Clementi, digna Dei providentia, sacrosancte Romane et universalis ecclesie summo pontifici, Eduardus, ejusdem gratia, rex Ffrancie et Anglie, et dominus Hibernie, devota pedum oscula beatorum. Pensata sedis apostolice clementia... Dat. apud Viscon., die... septembris, anno regni nostri Ffrancie iiij°, regni vero Anglie xviij°, anno Domini millesimo CCC° XL° III°. »

Fol. 137 v°. « Petrus, Dei gratia, rex Aragonum, etc. ffidelibus nostris administratoribus reddituum et jurium nostrorum insule Sardinie.... Datum Calat., sub nostro sigillo secreto, xuj. die januarii, anno a nativitate Domini M° CCC° L° IX°. »

Fol. 142. « Instauracio cause. Petrus, etc. fideli nostro t[ali] judici ad causam subscriptam assignato... Datum Barchinone, xix. die junii, anno a nativitate Domini millesimo CCC° LX° quinto. »

Fol. 151. « Nos Petrus, Dey gracia, rex Aragonie, Valencie, Majorice, Sardinie et Corsice, comesque Barchinone, Rosilionis et Ceritanie... Datum Barchinone, decima die ffebroarii, anno a nativitate Domini M° CCC° octuagesimo sexto. »

En haut du fol. 1, l'ex-libris « Collegii Agen[nensis] Societ[atis] Jesu ». — Au xviii° siècle on a mis également la mention erronée, répétée au dos de la reliure : « Marculphi formulae Ms. xv. s. »

XIV°-XV° siècle. Papier. 156 feuillets. 275 millimètres sur 210. Reliure en veau raciné.

XLVIII. — Latin nouv. acq. 1941.

(Phillipps 2992.)

PRIVILÈGES DE L'ORDRE DE SAINT-ANTOINE DE VIENNOIS.

Fol. 1. Vidimus par l'official de Troyes des privilèges accordés par les papes à l'Ordre de Saint-Antoine de Viennois (1297-1486), daté du 27 septembre 1516.

Fol. 26. Copies, du xvii° siècle, de bulles de papes (1411-1597) et de lettres des rois de France en faveur de l'Ordre (1395-1609).

Fol. 59 v°. « Religionis Sancti Anthonii Viennensis sacræ reformationis liber, » et « Approbation du roy [Louis XIII] sur les decretz et la reforme » (1477-1619).

Ancienne cote : « B E. n. 12. » — Provient de A.-A. Monteil.
— Stein, *Bibliographie*, n° 3301.

XVIe et XVIIe siècles. Parchemin. 69 feuillets. 330 millimètres sur 240.
Reliure en veau vert.

XLIX. — Latin nouv. acq. 1942.

(Phillipps 7407.)

BULLAIRE DE L'ORDRE DES CARMES.

Vidimus par « Antonius de Monte,... Camere apostolice generalis
auditor », de différentes bulles de papes en faveur de l'Ordre des
Carmes, daté de 1507.

Acquis par Th. Phillipps du libraire Moore, de Paris, en 1838.

XVIe siècle. Parchemin. 78 feuillets. 280 millimètres sur 300. Reliure en
veau rouge.

L-LI. — Latin nouv. acq. 1943 et 1944.

(Phillipps 13196 et 13197.)

COMPTES DU CHAPITRE DE LANGRES (1281 1282).

I (1943). « Incipit compotus domini Thierrici de Esprerio, canonici et camerarii Lingonensis, de redditibus et exitibus camere
Lingonensis, de anno Domini M° CC° octogesimo primo. » (1281.)

II (1944). Autre compte du même, de 1282.

Cf. sous les numéros 941 à 944 et 2587 des nouvelles acquitions
du fonds latin, d'autres comptes du chapitre de Langres, provenant aussi de A.-A. Monteil. — Acquis par Th. Phillipps, ainsi
que les mss. nouv. acq. lat. 941-944, du libraire Royez, de Paris,
en 1824.

XIIIe siècle. Parchemin. 19 et 18 feuillets, à 2 col. 340 millimètres sur
250 et 330 sur 235. Cartonnés.

LII. — Latin nouv. acq. 1945.

(Phillipps 2996.)

COMPTES DE L'ÉVÊCHÉ DE LANGRES (1378).

Titre : « Compoti reddituum terre episcopatus Lingonensis,

facti Lingonis, in et pro termino festi Nativitatis beati Johannis Baptiste anno Domini currente millesimo trecentesimo septuagesimo octavo, nomine et ad opus reverendi in Christo patris et domini Bernardi de Turre, Dei et apostolice sedis gratia, episcopi et ducis Lingonensis... »

Provient de A.-A. Monteil.

XIVe siècle. Parchemin. 28 feuillets, à 2 col. 340 millimètres sur 260. Cartonné.

LIII. — Latin nouv. acq. 1946.

(Phillipps 8920.)

TAILLES DU COMTÉ DE NEVERS ET DE L'ÉGLISE DE TROYES
(1343 et 1499).

Fol. 1. Tailles de différentes prévôtés, etc. du comté de Nevers, en 1343 : « de Prignyaco in Vallibus » (fol. 1), — « de Germignyaco super Ligerim » (fol. 28 v°) ; — « de Fonceranis » (fol. 34 v°) ; — « de Capella Valeree » (fol. 52 v°) ; — « de Garignyaco » (fol. 56) ; — « de Savingniaco » (fol. 58 v°) ; — « de Bello Monte Ferrerarium, de Sauvagiis, de Sancto Albino, de Franayo, de Prinniaco et pertinenciis » (fol. 68 v°) ; — « de Sancto Patricio Castro, de Vendegon et de Limony » (fol. 76).

Fol. 80. « C'est la taille des hommes et femmes de la mairie des Noes, appartenant à Messieurs doyen et chapitre de l'eglise de Troyes,... imposée le seizieme jour de decembre l'an mil quatre cens quatre vingts et dix neuf... »

Provient de A.-A. Monteil. — N° 477 du catalogue Thorpe (1836).

XIVe et XVe siècles. Parchemin et papier. 95 feuillets. 310 millimètres sur 200 et 340 sur 260. Reliure en basane bleue.

LIV-LXVIII. — Latin nouv. acq. 1947-1961.

(Phillipps 8872, 8569 et 10207.)

COMPTES DE L'ÉGLISE DE TROYES, etc.
(1293-1433).

I (1947). Années 1293-1294. — « Compotus magne camere Sancti Stephani Trecensis,... a crastino nativitatis beati Johannis, anno nonagesimo tertio usque ad aliud crastinum ejusdem nativitatis, anno revoluto. » — Parchemin et papier. 33 feuillets, à 2 col. 320 millimètres sur 250.

II (1948). Années 1307-1308. — « Hic est compotus Domus Dei Sancti Nicholay Trecensis,... a festo beati Gregorii, quod fuit anno trecentesimo septimo, usque ad idem festum, quod fuit anno trecentesimo octavo, per annum. » — Parchemin. 5 feuillets, à 2 col. 310 millimètres sur 220.

III-IV (1949-1950). Années 1333-1340. — « Compotus fabrice Trecensis ecclesie,... a festo beatorum apostolorum Petri et Pauli, quod fuit anno M° CCC° tricessimo tertio, usque ad idem festum, quod fuit anno M° CCC° XXX° quarto » ; et autres comptes des années 1334-1335, 1335-1336, 1336 1337, 1337-1338, 1338-1339, 1339-1340. — Parchemin. 21 et 8 feuillets, à 2 col. et à longues lignes. 305 millimètres sur 240. (Le compte de 1339-1340 forme à lui seul le n° 1950.)

V (1951). Années 1365-1367. — « Compotus celerarii ecclesie Trecensis,... a festo nativitatis beati Johannis Baptiste anni LXV^{ti} usque ad iddem festum anni LXVI^{ti} .» — Fol. 14. Autre compte de 1366-1367. — Parchemin. 29 feuillets, à 2 col. 295 millimètres sur 220.

VI (1952). Années 1367-1369. — « Compotus censuum ecclesie Trecensis,... a festo Nativitatis beati Johannis Baptiste anni millesimi CCCLXVII^{mi} usque ad idem festum beati Johannis Baptiste exclusive anni millesimi CCCLX. octavi. » — Fol. 9. Autre compte de 1368-1369.— Parchemin. 16 feuillets. 300 millimètres sur 250 et 230.

VII (1953). Années 1368-1369. — « Compotus celerii ecclesie Trecensis,... a festo Nativitatis beati Johannis Baptiste anni Domini millesimi CCCⁱ LXVIII^{mi} usque ad idem festum LXIX^{mi}. » — Parchemin. 16 feuillets, à 2 col. 310 millimètres sur 250.

VIII (1954). Années 1371-1372. — « Compotus censuum ecclesie Trecensis,... a festo Nativitatis beati Johannis Baptiste anni LXXI. usque ad idem festum exclusive anni millesimi CCCLXXII. » — Parchemin. 4 feuillets. 295 millimètres sur 210.

IX (1955). Années 1372-1373. — « Compotus fabrice ecclesie Sancti Stephani Trecensis,... a prima die julii anni Domini millesimi CCC^{mi} septuagesimi secundi usque ad eamdem diem anni revoluti. » — Fol. 25. Autre compte, incomplet du début et de la

fin. — Parchemin. 32 feuillets. 305 millimètres sur 260 et 330 sur
260.

X (1956). Années 1373-1374. — « Compotus censuum ecclesie
Trecensis,... a festo Nativitatis beati Johannis Baptiste anni LXXIII
usque ad idem festum exclusive anni millesimi CCCLXXIIII. »
— Parchemin. 6 feuillets. 305 millimètres sur 218.

XI (1957). — Années 1384-1385. — « Compotus camerarum de
Essartis et de Pontibus super Sequanam,... Sancti Stephani Trecensis,.. a festo Nativitatis beati Johannis Baptiste anni millesimi
trecentesimi octuagesimi quarti usque ad illud festum anni
millesimi CCC^{mi} octuagesimi quinti. » — Parchemin. 10 feuillets.
290 millimètres sur 230.

XII (1958). Années 1402-1404. — « C'est le compte des cham-
briers de Giffaumont, Varimmullier et Lacicourt, avec leurs
appartenances,... de l'église Saint-Estienne de Troyes,... à la
St Jehan Baptiste l'an mil CCCC et deux, et est ce compte pour
le second an, qui finera à la St Jehan inclus l'an mil IIII^c et
quatre. » — Parchemin. vij feuillets. 300 millimètres sur 210.

XIII (1959). Années 1432-1433. — « C'est le compte du celier
de l'eglise de Troyes,... commençant à la Nativité saint Jehan
Baptiste exclus mil quatre cens trente et deux et fenissant audit
jour inclus quatre cens trente et trois. » — Parchemin. 18 feuillets. 325 millimètres sur 250.

XIV (1960). « Census Trecensis ecclesie, recepti apud Ecche-
villy in festo sancti Remigii et aliis terminis per anni circulum,...
anno Domini M° CCC° sexto decimo. » Différents comptes de
l'année 1316. — Parchemin. 74 feuillets. 335 millimètres sur 265.

XV (1961). « Census minuti Trecensis ecclesie, recepti Trecis in
festo beati Remigii,... anno Domini millesimo CCC° quadragesimo sexto. » — Fol. 63. « Recepta census Testardi de Maignillo,
soluti Trecis die festi beati Remigii in octobri,... anno Domini
M° CCC° LII°. » — Fol. 105. « Census minuti Trecensis ecclesie..,
anno Domini millesimo CCC^{mo} quinquagesimo secundo... » —
Fol. 165. « Recepta census soluti apud Eschevilleyum..., anno
Domini millesimo trecentesimo quinquagesimo secundo. » —
Fol. 225. Autre compte, incomplet du début et commençant au
fol. xlix. — Parchemin. 239 feuillets. 330 millimètres sur 260.

Cf. d'autres comptes de l'église de Troyes, des xive et xve siècles,
sous les numéros 9095-9119 du fonds latin, 2416 et 2417 des nou-

velles acquisitions du fonds latin et 21233-21234 des nouv. acq.
du fonds français. Il y en a d'autres à Londres, au British
Museum, addit. ms. 15803-15811 et 37676. Sur tous ces comptes de
Troyes il faut consulter l'introduction de M. Fr. André au tome II
de l'inventaire de la série G des archives départementales de
l'Aube (Troyes, 1896, in-4°).

N° 1299 du catalogue Thorpe (1836).

XIIIe et XIVe siècles. Parchemin. Quinze volumes. Reliure en veau fauve
et en veau violet gaufré.

LXIX. — Latin nouv. acq. 1962.

(Phillipps 16578.)

OBITUAIRE DE L'ÉGLISE D'ASPRIÈRES (AVEYRON).

Cet obituaire, rédigé au xve siècle, porte des mentions successivement ajoutées jusqu'en 1629 ; il est incomplet du début et de
la fin et commence au 11 juillet pour finir au 6 novembre. Une
foliotation du xvie ou xviie siècle, à l'angle gauche supérieur de
chaque feuillet, porte les numéros xv à xxiiij, xxxj et xxxij.

XVe-XVIIe siècle. Parchemin. 12 feuillets. 298 millimètres sur 220. Cartonné.

LXX. — Latin nouv. acq. 1963.

(Phillipps 8076.)

MARTYROLOGE D'ADON DE VIENNE
ET OBITUAIRE DU PRIEURÉ DE CASSAN,
au diocèse de Béziers.

Fol. 2. Préface d'Adon. « Ado peccator lectori salutem. Ne putes
me in hoc opere in vacuum laborasse... »

Fol. 2 v°. Tableau du cycle de dix-neuf ans.

Fol. 3. Calendrier, avec obits ajoutés peu postérieurement dans
le prieuré de Cassan, Ordre de S. Augustin, au diocèse de Béziers.
Cf. A. Molinier, *Obituaires*, n° 616.

A la suite (fol. 14), note sur la consécration de l'église de Cassan,
le 6 octobre 1115, et sur les reliques qui y étaient conservées :

« Anno Dominicæ incarnationis millesimo centesimo quinto decimo, II.
nonas octobris, congregata innumera multitudine sexus utriusque apud

villam Catiani, omnipotentis ac benignissimi Dei annuente clementia, consecrata est ejusdem loci æcclesia. Cui consecrationi interfuerunt archiepiscopi sive episcopi : Ricardus, Narbonensis archiepiscopus, et Ato, Arelatensis archiepiscopus, et Arnaldus, episcopus Biterrensis, et Gualterus, Magalonensis episcopus, et Raimundus, episcopus Barbastrensis, et Bernardus, Agatensis episcopus, et Johannes, episcopus Nemausensis, et Arnaldus, Charcassonensis episcopus. Auctore ergo Deo et domino nostro Jhesu Christo, consecraverunt ipsam æcclesiam et altare majus in honore sanctæ Dei genitricis Mariæ perpetuæ virginis, sanctique Johannis Babtistæ. Altare vero S. Michaelis consecravit predictus Barbastrensis episcopus in honore et memoria ipsius beatissimi archangeli ac sancti Augustini. Alterum quoque Magalonensis prefatus epicopus in honore beatorum apostolorum Petri et Pauli, Andreæ et Jacobi, et sanctæ Fidis virginis, in cujus festivitate hec dedicatio celebrabatur.

« Preterea heæ sunt reliquiæ quæ in altari beatæ Mariæ continentur : de ligno Dominicæ crucis, de spongia quæ ori ejus apposita est, et de panibus propositionum, et ipsius virginis Mariæ, de sepulcro Domini, et beati Petri, principis apostolorum, et beati Pauli, doctoris gentium, beati Andreæ, et beati Jacobi apostoli, et S. Mathei, et sanctorum Innocentum, sancti Stephani prothomartiris, S. Laurentii, S. Saturnini martiris, beati Dionisii episcopi martiris, S. Petri exorcistæ, S. Felicis martiris, S. Valentini martiris, et beati Albani martiris, beati Sebastiani martiris, beati Martini episcoi et confessoris, beati Germani, Autisiodorensis episcopi, S. Amancii, S. Desiderii, et beati Medardi, et S. Exsuperii, Tolosane urbis episcopi, sanctæ Christinæ virginis, et aliæ reliquiæ quæ fuerunt allatæ a transmarinis partibus, et aliorum sanctorum.

« In altari beati Michaelis continentur reliquiæ S. Johannis Babtistæ et S. Hyrenei, Lugdunensis episcopi et martiris, S. Nazarii martiris, sanctorum martirum Johannis et Pauli, et S. Tirsi martiris, et S. Projecti martiris, S. Felicis martiris, S. Ciriaci martiris, S. Maximini martiris, S. Eusebii episcopi, S. Marani confessoris et aliorum sanctorum.

« In altari beati Petri continentur reliquiæ ipsius beati Petri et Pauli apostolorum, et beati Romani martiris, et sepulcri Domini et aliorum sanctorum. »

On a ajouté, peu postérieurement, au bas du même feuillet la liste suivante de reliques conservées dans l'église de Cassan :

« De capillis sancti Petri, sancti Valentini, sancti Irenei, de sindone munda, sancti Lupercii, sancti Mauricii, et de sanguine Innocentium, de lapidibus sancti Stephani, sancti Nicolai, sancti Germani, sancti Maximi, sancti Veri.

« In cruce, quam a transmarinis partibus Guillelmus Anglicus atulit, continentur de ligno Domini, de sepulcro, et de loco nativitatis ejus, de loco calvariæ, de lapide revoluto, de sepulcro beate Marie, de monte Sinai. »

Fol. 14 v°. « Quo genere vel cultu sancti martyres venerandi sunt, ex libris beati Augustini. Populus cristianus memorias martirum... »

Fol. 16. « Ymnus sancti Ambrosii in laudem sanctorum martyrum. Aeterna Christi munera... » (Chevalier, n° 598.)

Ibid. « Incipit libellus de festivitatibus sanctorum apostolorum et reliquorum, cui discipuli aut vicini successoresque ipsorum apostolorum fuerunt. III. kal. julii, Rome, natale beatorum apostolorum Petri et Pauli...— ... necessarium putat. Finit de his qui ante Domini nativitatem fuerunt et in presencia natum eum viderunt. »

Fol. 37. Note sur les différentes suites d'années depuis la création du monde.

Fol. 37 v°. Martyrologe d'Adon de Vienne. (Migne, *Patrol. lat.*, t. CXXIII, col. 201-420.) — A la fin, la prière d'Adon, en vers : « Christe, precor, veniam segni des mitis alumno... » (Migne, *Patr. lat.*, *ibid.*, col. 419.)

Fol. 223. « Indiculum de sanctis Yspanie trucidatis apud Sigiricum Arrianum. Per idem tempus quatuor Hyspanie viri... »

Fol. 223. Notes sur les papes. « Petrus apostolus ordinavit duos episcopos Linum et Cletum... — ... XLI. Sancti Sergii pape, qui sedit annos tredecim Rome ; hic invenit mire magnitudinis porcionem... »

Cf. D. Henri Quentin, *Martyrologes historiques* (1908), p. 465-470. — N° 89 de la vente Mac-Carthy (1831) et n° 104 des manuscrits de la vente Heber (1836).

XIIe siècle. Parchemin. 225 feuillets. 312 millimètres sur 208. Reliure en veau raciné.

LXXI. — Latin nouv. acq. 1964.

(Phillipps 2865.)

OBITUAIRE DE L'ABBAYE DE SAINT-QUENTIN-EN-VERMANDOIS, AU DIOCÈSE DE NOYON.

Début : « Dies obituum januarii. Prima. Eadem die obiit Matheus de Macellis, qui dedit nobis i. modium frumenti quotannis apud Wassi... » — L'obituaire est incomplet du dernier feuillet et se termine au 22 décembre.

On lit au haut du premier feuillet, en écriture du xviiie siècle, la mention : « Pièce unique ; cotte dix-sept ».

Acquis par Th. Phillipps du libraire Royez, de Paris.

XIVe siècle. Parchemin. 39 feuillets, à 2 col. 300 millimètres sur 240. Reliure en veau gaufré.

LXXII. — Latin nouv. acq. 1965.

(Phillipps 16895.)

LIBER ARGENTEUS DE SAINT-AMÉ DE DOUAI.

Fol. 1-4 v° (ancien fol. 9, 11, 14 et 16). Notes historiques du xiiie siècle, relatives la plupart à la Collégiale de Saint-Amé de Douai, et listes de reliques conservées dans la même église. Ces textes ont été publiés en 1879 par G. Waitz, sous le titre de *Notae S. Amati Duacensis,* dans les *Monumenta Germaniae historica,* Scriptores, t. XXIV, p. 28-31.

Fol. 5 (ancien fol. 26). Fragment de la vie de S. Amé : « ... magnum propalaretur meritum multis ex tunc manifestum. Cunctis denique diversorii congruenter dispensatis... — ... Rictrudis, cum natabus duabus, in utrisque etiam grex geminus, celsis illustris virtutibus. Tantis... » — Cf. Ghesquière, *Acta sanctorum Belgii selecta* (Bruxellis, 1787, 4°), t. IV, p. 552.

Fol. 6 (ancien fol. 31). « Incipit vita sancti Mauronti abbatis. Verum quoniam in precedentibus beati viri Mauronti facta est mentio, non ab re videtur breviter quid narrandum de eo. Hic, ut prelatum est... — ... humilitatis exemplum, non superbo scemate, id est... » — Cette vie de S. Mauront forme une partie de la vie de Ste Rictrude, abbesse de Marchiennes, et le présent fragment est publié par Ghesquière, *ibid.,* p. 498-499.

Fol. 7 et suivants (anciens fol. 42, etc.). Fragments du *Liber argenteus* de Saint-Amé de Douai, dont il ne subsiste plus, outre ceux qui viennent d'être énumérés, que les feuillets suivants, dont voici la concordance avec la foliotation actuelle du volume :

Ancienne foliotation.	Nouvelle foliotation.	Ancienne foliotation.	Nouvelle foliotation.	Ancienne foliotation.	Nouvelle foliotation.
42 à 47	7 à 12	64 à 88	18 à 42	112	55
57	13	91	43	114	56
59	14	94	44	115	57
60	15	98	45	117	58
61	16	99	46	130	59
62	17	103 à 110	47 à 54	140	60
				148	61

Les titres suivants se lisent encore dans ce qui subsiste du
Liber argenteus :

Fol. 7. « Sermo beati Augustini episcopi de natali Domini.
Vos, inquam, convenio, o Judæi,... (Migne, *Patr. lat.*, XCV, 1470.)

Fol. 12. « Omelia lectionis ejusdem [S. Gregorii Magni]. Quia,
largiente Domino, missarum sollemnia... » (Migne, *Patr. lat.*,
LXXVI, 1103.)

Fol. 14. [S. Gregorii Magni homilia.] « Multis vobis lectionibus,
fratres karissimi, per dictatum... » (Migne, *Patr. lat.*, LXXVI,
1189.)

Fol. 24, au bas, on a ajouté l'hymne : « Cum rex gloriæ Christus
infernum debellaturus », noté en neumes. (Chevalier, *Repertorium*, n° 4103.)

Fol. 25 v°. « Sermo beati Augustini episcopi in dedicatione templi. Recte festa æcclesiæ colunt qui se æcclesiæ filios esse cognos-
cunt... » (Migne, *Patr. lat.*, XXXIX, 2171.)

Fol. 28. « Sermo sancti Augustini episcopi. Quotienscumque,
fratres karissimi, altaris vel templi festivitatem colimus... » (Migne,
Patr. lat., XXXIX, 2166.)

Fol. 29 v°. « Omelia venerabilis Bedæ presbiteri de eadem lectione. Quia propitia divinitate, fratres karissimi, sollempnia dedicationis æcclesiæ... » (Migne, *Patr. lat.*, XCIV, 433.)

Fol. 35. « Omelia venerabilis Bede presbiteri de eadem lectione.
Audivimus ex lectione euvangelica, fratres karissimi, quia facta
sunt encenia... » (Migne, *Patr. lat.*, LVII, 907.)

Fol. 39. « Omelia venerabilis Bedæ presbiteri de eadem lectione.
Quæ inpossibilia sunt apud homines, possibilia sunt apud Deum.
Ecce enim camelus... » (Migne, *Patr. lat.*, XCIV, 439.)

Fol. 41 v°. « Sermo [S. Augustini] in Assumptione sanctæ Ma-

riae . Adest nobis, dilectissimi fratres, dies valde venerabilis... »
(Migne, *Patr. lat.*, XXXIX, 2130.)

Fol. 45. « Sermo beati Fulgentii episcopi de Epiphania Domini.
Nostis, fratres karissimi, quia dies iste qui nobis in honorem
Domini... » (Migne, *Patr. lat.*, LXV, 732.)

Fol. 47. « Sermo beati Augustini episcopi de eadem die. Intel-
ligere possumus, fratres karissimi, quantam gratiam Christo
Domino debeamus... » (Migne, *Patr. lat.*, XXXIX, 2011.)

Fol. 48 v°. « Sermo beati Maximi episcopi de Epiphaniorum die.
In hac, dilectissimi, celebritate sicut relatu... » (Migne, *Patr. lat.*,
LVII, 272.)

Fol. 51 v°. « Omelia beati Gregorii papæ de eadem lectione. Sicut
in lectione evangelica, fratres, audistis cæli rege nato... » (Migne,
Patr. lat., LXXVI, 1110.)

Fol. 58 v°. « Item sermo [S. Augustini] de eadem die. Hodie,
dilectissimi, omnium sanctorum sub una sollemnitate celebra-
mus... » (Migne, *Patr. lat.*, XXXIX, 2135.)

Fol. 59-61. Prières du canon de la messe, etc., parmi lesquelles
on remarque des invocations à S. Césaire et à S. Laurent.

Au verso, resté blanc, du fol. 45, on a transcrit au xiv° siècle,
une formule de serment des chanoines de Saint-Amé de Douai, intitulée : « Juramentum a novis capellanis prestandum » ; et au
verso du dernier feuillet 61 est ajoutée la liste suivante des
chanoines à la fin du xvi° siècle :

Anno 1596.

Mons. nostre M° Mathias Bossemius, prepositus.
M. M°. Baltasart Seulin, licentié, doien.
M. M°. Robert de Monchi, chantre.
M. M°. Baulduin Crouta, tresorier.
M. M°. Anthoine Du Four, escolatre.
M. M°. Martin Sercot.
M. M°. Jacques Du Croquet, licentié.
M. M°. Anthoine Richebé, licentié.
M. M°. Bartholomi Pierre, docteur.
M. M°. Jehan Vierendeel, licentié.
M. M°. Charle Le Josne.
M. M°. Baulduin Rithovius, docteur.
M. M°. Louis Fervacque.
M. M°. Estienne Coproit, bachelier.

M. Mᵒ. Jacques Hacqueni, licentié.
M. Mᵉ. Jean Huberti.
M. Mᵒ. Franchois Goetalz, docteur.
M. Mᶜ. Franchois Puessius, licencié.
M. Mᵉ. Jan Le Roi.
M. Mᵉ. Mathias Du Verliet.
M. Mᶜ. Lambert de Witte.
M. le reverendissime evesque de Bolongne.
    La prebende des enfans de choeur.
Messire Pierre Du Mont. ⎰
                 semi.
Messire Jean Omont.   ⎱

Cf. sur le *Liber argenteus* de Saint-Amé de Douai, Dehaisnes, *Histoire de l'art dans la Flandre, l'Artois et le Hainaut* (1886, in-4°), p. 212 ; et du même, *Documents*, etc., p. 541 et suiv., notamment p. 545, note 2. Cf. aussi Stein, *Bibliographie*, n° 1221.

XIIᵉ siècle. Parchemin. 61 feuillets. 290 millimètres sur 180. Reliure moderne en veau fauve gaufré.

LXXIII. — Latin nouv. acq. 1966.

(Phillipps 11882.)

COMPTE DU CHAPITRE DE TROYES POUR ECHENILLY (1294).

Ce compte est précédé du titre suivant : « Census situs apud Eschenilli, solvendus in festo beati Remigii et aliis diversis terminis per ordinem pro ut patebit in sequentibus, receptus per Jacobum de Baaton, canonicum Trecensem, in anno nonagesimo quarto. — Census in festo beati Remigii. Abbatissa et conventus de Pratis, pro terris, pratis, ortis, domibus et aliis possessionibus suis... »

Provient de A.-A. Monteil.

XIIᵉ siècle. Parchemin. 12 feuillets. 310 millimètres sur 225. Cartonné.

LXXIV. — Latin nouv. acq. 1967.

(Phillipps 3709.)

CENOMANIA, DE D. DENIS BRIANT.

Titre : « Cenomania, de episcopis Cenomanensibus: item de abbatiis, de comitibus Cenomanicæ regionis. — Referuntur ex antiquioribus seu ex chartis precipue manuscriptis, examinantur et illustrantur quæ ad historiam ejusdem regionis ecclesiasticam et civilem pertinent. »

L'histoire des évêques du Mans s'arrête à Michel-Joseph de Pidoll (1802).

Page 321. « Genealogia comitum Cænomanensium » et p. 323, liste des « Comites Cenomanenses ».

Page 329. « De abbatiis et abbatibus. Abbatia S. Petri de Cultura; — Ebronium (p. 340); — B. M. de Bello Loco (p. 344); — S. Carilephi (p. 347); — Persenia (p. 370); — S. Juliani de Prato (p. 372) ; — B. M. de Virginitate (p. 388) ; — de Estivallo in Carnetâ (p. 389) ; — B. M. de Bono Loco (p. 391), de Spallo (L'Epau) (p. 393) ; — B. M. de Campaniâ (p. 395); — B. M. de Tyronello (p. 396). — de Claromonte (p. 397); — de Bellâ Brancâ (p. 398); — S. Georgii de Nemore, seu de Bosco (p. 399); — de Longiledo, seu de Lonleïo (p. 400); — de Pellicia (p. 402); — S. Laurentii de Vado Alneti (p. 402); — B. M. de Vadatio (Vaaz) (p. 403); — Sancti Vincentii (p. 405). »

Page 409. « Decani Cenomanenses. »

Page 413. « Tabula alphabetica. »

Ms. autographe; sur le plat intérieur de la reliure, au début du volume, on lit : « Dédié à S. A. R. Mgr. le Dauphin par Germain Simier, relieur au Mans, le 18 mai 1827. »

Acquis par Th. Phillipps du libraire Allard, de Paris.

XIXᵉ siècle. Papier. 424 pages. 290 millimètres sur 178. Reliure en maroquin brun, doublée de maroquin et soie verts, avec dentelles.

LXXV. — Latin nouv. acq. 1968.

(Phillipps 1968.)

PREMIER REGISTRE DU PARLEMENT DE POITIERS.
(1418-1419.)

Titre : « Registrum presentacionum curie et jurisdicionis superioris regni Francie, nuper per serenissimum et potentissimum principem dominum Karolum, illustrissimi regis Francorum filium, Dalphinum Viennensem, ducem Biturie et Turonie, comitem Pictavie, et ipsius domini nostri Regis in toto suo regno locumtenentem generalem, certis, justis et legitimis causis, lacius in quibusdam litteris, super hoc confectis, contentis, in civitate Pictaviensi teneri ordinate. »

Suit le texte des lettres de Charles VI, datées de Niort (21 septembre 1418), et la table des « présentations » des 1, 2 et 3 décembre 1418; 2, 3 et 4 janvier; 3, 4 et 5 février; 1, 2 et 3, 15, 16 et 17 mars ; 1, 2 et 3 avril 1418 [1419]; 2, 3 et 4, 15, 16 et 17 mai 1419.

Fol. 115. « Presentaciones extraordinarie Curie superioris domini nostri Regis Pictavis institute, incipientes xvᵃ die mensis novembris anno Domini millesimo quadringentesimo decimo octavo, et in dicta curia recepte anno et diebus infrascriptis. » (15 novembre 1418-20 septembre 1419.)

Nᵛ 1102 du catalogue Thorpe (1836).

XVᵉ siècle. Parchemin. 176 feuillets. 350 millimètres sur 270. Reliure en parchemin vert, aux armes (enlevées) et aux emblèmes de D'Aguesseau.

LXXVI. — Latin nouv. acq. 1969.

(Phillipps 202.)

REGISTRE DES FONDATIONS
DE L'ÉGLISE COLLÉGIALE DE SAINT-PIERRE DE SAUMUR.

Titre : « Continet hoc præsens Calendarium omnes et singulas servitiorum fundationes, quæ cunctis diebus per recursum cujuslibet anni, in perpetuum, ad laudem præpotentissimi Dei, in ecclesia parrochiali et collegiata Beati Petri de Salmuro, a dominis rectore, capellanis et sacristâ capituli præfatæ ecclesiæ pro animabus fundatorum celebrari debent. »

Avec additions du xviiiᵉ siècle.

XVIᵉ-XVIIᵉ siècle. Parchemin. 52 feuillets. 350 millimètres sur 270. Reliure en veau fauve gaufré.

LXXVII. — Latin nouv. acq. 1970.

(Phillipps 13833.)

HISTOIRE DU PARLEMENT DE TOULOUSE,
PAR GUILLAUME BARDIN.

Titre : « Historia chronologica Parlamentorum patriæ Occitanæ, et diversorum conventuum trium ordinum dictæ patriæ, ut et aliarum rerum memorabilium in eadem provincia gestarum, scripta per me Guillelmum Bardinum, consiliarium clericum in Parlamento Tholosæ, filium quondam magisti Petri Bardini, etiam consiliarii laici in eodem Parlamento, tam verbis meis quam notis et memorialibus meis et alienis, desumptis ex registris Parlamentariis, archivis senescalliarium, ecclesiarum et civitatum, et instrumentis notariorum ac diversis notulis proborum virorum, ex romancio in latinum per me translatis. » — (1031-1454).

Publié au tome IV de l'*Histoire générale du Languedoc*, de D. Vaissete, et nouv. édit., t. X, preuves, p. 1-78.

XVIIIe siècle. Papier. 98 pages. 280 millimètres sur 210. Reliure en veau granité.

LXXVIII. — Latin nouv. acq. 1971.
(Phillipps 1333.)

CHARTES DE LA COMMANDERIE DES TEMPLIERS
ET HOSPITALIERS DE BEAUVAIS-EN-GATINAIS (1246-1597).

Vingt-six chartes, des années 1246 à 1597, concernant différentes donations à Ormoy, Tourny, Offerville, la Mothe, la Brosse-sur-Héricy, Corbeil, avec trois aveux de terres sises à Tourny et appartenant à la commanderie de Bourgoult.

On y remarque une charte de Philippe V le Long (mars 1317), et parmi les chartes françaises la plus ancienne est datée de 1265. — Provient de A.-A. Monteil.

XIIIe-XVIe siècle. Parchemin. 26 pièces, montées in-4°. Rel. veau raciné.

LXXIX. — Latin nouv. acq. 1972.
(Phillipps 4410.)

COMPTE DE L'AUMÔNE
DE LA CATHÉDRALE DE CHARTRES (1333-1334).

Titre : « Compotus redditus per Guidonem Succorum, presbiterum et fratrem domus Elemosine Beate Marie Carnotensis, de receptis et misiis reddituum dicte domus, deputatum a venerabilibus et discretis viris dominis suis dominis decano et capitulo Carnotensi, a vigilia Pasche, que fuit anno Domini millesimo trecentesimo tricesimo tercio (*corr.* quinto) usque ad vigiliam Pa[s]che anno trecentesimo tricesimo quarto (*corr.* quinto). »

Provient du libraire Royez et de A.-A. Monteil.

XIVe siècle. Parchemin. Rouleau, formant 18 feuillets, montés in-fol. Demi-rel.

LXXX. — Latin nouv. acq. 1973.

(Phillipps 13855.)

Statuts du chapitre
de l'église de Saint-Étienne de Troyes (1374).

Grande charte, débutant pas ces mots : « Universis presentes litteras inspecturis Johannes Buridan, decanus, Johannes Benedicti, prepositus, ... totumque capitulum ecclesie Sancti Stephani Trecensis, salutem et sinceram in Domino caritatem. Cupientes ecclesie nostre predicte... anno Domini millesimo trecentesimo septuagesimo quarto, in crastino anniversarii bone memorie comitis Henrici, fundatoris ecclesie nostre predicte, prout moris est congregati... ut status ecclesie nostre in melius reformetur,... aliqua nova statuta seu novas constituciones statutis prioribus agregare de assensu omnium... statuimus capitula que sequntur... »

Copie contemporaine. — Provient du libraire Royez et de A.-A. Monteil.

XIV° siècle. Parchemin. Pièce mesurant 1^m,57 sur 65 centimètres, dans un étui en basane rouge.

LXXXI. — Latin nouv. acq. 2412.

Cartulaire de l'abbaye de la Trinité de Fécamp,
au diocèse de Rouen.

Ce cartulaire débute par la charte de « fondation de l'abbaye saincte Trinité de Fescamp, faicte par Richard, duc de Normandie » (1027), et se termine par une vente faite par Guillaume le Corveisier à l'abbaye de Fécamp de sa terre « ad Campos » dans la paroisse de la Gaillarde (février 1254).

460 actes, la plupart du XIIIe siècle. — C'est une copie du cartulaire de la Trinité de Fécamp, aujourd'hui conservé sous le n° 1207 (Y. 210) des manuscrits de la bibliothèque de Rouen.

N° 50 du catalogue de vente de la bibliothèque du marquis Le Ver (1866). — Stein, *Bibliographie*, n° 1311.

XVIe siècle. Papier. 430 pages. 425 millimètres sur 280. Reliure en veau noir.

LXXXII. — Latin nouv. acq. 2413.

(Phillipps 4372.)

CARTULAIRE DES HOSPITALIERS DE LA BAILLIE DE FIEFFES, AU DIOCÈSE D'AMIENS.

Titre : « Ci après s'ensuit la copie des chartres et letres de la baillie de Fieffes, tant en latin comme en françois, touchant justice et seignourie ; toutes icelles chartres extraittes et coppiées hors des raoules et coffres de cheans, depuis le premier jour de septembre l'an mill quatre cens et noeuf derrainnement passé et mis par ordre de ville en ville, lesquellez a fait extraire frere Jehan de Fontainnes, commis des dictes baillies, et en a baillé la coppie à mons^r le prieur frere Regnault de Giresme, pour lors prieur de France. » (1393-1403.)

Les chartes de ce cartulaire sont datées de 1195 à 1412 (additions).

Provient du libraire Royez et de A.-A. Monteil. — Stein, *Bibliographie*, n° 1319.

XVe siècle. Parchemin. 45 feuillets. 358 millimètres sur 255. Reliure en maroquin rouge gaufré.

LXXXIII. — Latin nouv. acq. 2414.

(Phillipps 67.)

GRAND CARTULAIRE DE L'ABBAYE DE FONTEVRAUD.

Dans son état actuel le Grand Cartulaire de l'abbaye de Fontevraud se compose de 136 feuillets, numérotés au XVIe siècle de vj^{xx}xvj à xiij^{xx}ix, et contient la copie de 361 chartes, cotées par le P. Lardier, au XVIIe siècle, 572 à 915, avec le titre de la 916e.

Fol. 1 (vj^{xx}xvj). « [Carta] Philipi, fratris Bartholomei de Bise, et Fillete, matris Philipi, de concordia molendini de Asneriis. Tempore labente labitur ipsa fides, eapropter ego Petronilla, prima de Fonte Ebraudi abbatissa... » — (Cahiers XVIII à XXI.)

Fol. 30 (viij^{xx}iv). « Carta calumpnie Bospotet. Omnibus tam futuris quam presentibus... notum esse volumus quod Sanctæ Mariæ monachabus de Fonte Evraudi ego Bospotet... » — (Cahiers I à XIIII.)

Fol. 78 (ccxij). « Incipiunt karte Turonenses. Karta Guillelmi Redoeii. Dum unusquisque graviter se peccatis adgravatum... Ego Paganus de Mirabello... »

Fol. 92 (xj^{xx}v). « Incipiunt carte Fulconis, comitis Andegavensis. Karissimis nimirum filiis ego Fulco comes commonitus (*sic*) junior, Fulconis comitis... »

Fol. 132 (xiij^{xx}v). « Incipiunt carte Pictavenses. Cum Dominus omnipotens in Evangelio suo... Ego Girardus de Podio Brunello et Aldeardis uxor... »

Fol. 136 v°, titre seul de la dernière charte, dont le texte manque : « Don[atio] Haimerici Flocelli in Gaina de Vinea Bertrandi. »

On y a joint, sur 10 feuillets de papier de même format, une « copie des dix-huit pages qui existent aux Archives de Maine-et-Loire », offerte à sir Thomas Phillipps par « P. Marchegay, 1850 » (37 chartes). — Voir sur ce cartulaire les mémoires de P. Marchegay, dans les *Archives d'Anjou* (1843), t. I, p. 210-214, et dans la *Bibliothèque de l'École des chartes* (1855), p. 125-127. — Stein, *Bibliographie*, n° 1390.

XIIe-XIVe siècle. Parchemin. 136 feuillets. 390 millimètres sur 270. Demi-reliure en maroquin bleu gaufré.

LXXXIV. — Latin nouv. acq. 2415.

(Phillipps 4264.)

COPIES DE BULLES DE PAPES, TIRÉES DU CHARTRIER DE L'ABBAYE DE LA TRINITÉ DE VENDÔME (1047-1493).

Copies de bulles de papes en faveur de l'abbaye de la Trinité de Vendôme, depuis Clément II (1047) jusqu'à Alexandre VI (1493). — En tête, copie du privilège de Thierry, évêque de Chartres (1040).

Avec ce dernier volume tous les anciens cartulaires et copies de cartulaires de l'abbaye de la Trinité de Vendôme se trouvent désormais conservés à la Bibliothèque nationale, comme le montre le tableau suivant :

Phillipps.	Bibl. nat.	Stein, *Bibl.*	Métais, *Cart.*
Nos 2970	n. a. lat. 1935	Nos 4047	T. 1, p. xvi
2971	— 1936	4048	— xxiv
17712	— 940	4049	— xxix
4263	— 1939	"	— xxx
4264	— 2415	»	— xxxi
25058 (ou 25025)	n. a. fr. 20225	4053	— xxxi

Acquis par Th. Phillipps du libraire Thorpe.

XVIIe siècle. Papier. 132 feuillets. 390 millimètres sur 245. Cartonné.

LXXXV et LXXXVI. — Latin nouv. acq. **2416** et **2417**.

(Phillipps 10407 et 10408.)

COMPTES DE L'ÉGLISE DE TROYES (1327-1414).

I (2416). Années 1327-1414. — « Compotus camere ecclesie Trecensis, ... a festo beatorum apostolorum Petri et Pauli anni Domini millesimi CCC^{mi} sexagesimi tertii usque ad iddem festum anni revoluti millesimi trecentesimi sexagesimi quarti. » — Fol. 35. « Compotus camere Trecensis ecclesie, ... anno Domini millesimo trecentesimo vicesimo septimo usque ad idem festum anno revoluto. » — Fol. 51. « C'est le compte de la grant chambre de l'église de Troyes, ... dès la feste de saint Pierre et Pol l'an mil IIII^c XIII jusques à la dite feste l'an revolu mil IIII^c quatorze. »

II (2417). Années 1373-1374. — « Compotus celerarii ecclesie Trecensis, ... a festo Nativitatis beati Johannis Baptiste anni Domini millesimi trecentesimi septuagesimi tercii usque ad idem festum anni revoluti millesimi trecentesimi septuagesimi quarti. »

Voir d'autres comptes de l'église de Troyes sous les n°s 9095-9119 et nouv. acq. 1947-1961 du fonds latin, 21233 et 21234 des nouv. acq. du fonds français. — Il y en a d'autres à Londres, au British Museum, addit. mss. 15803-15811 et 37676.

XIVe et XVe siècles. Parchemin. 92 et 14 feuillets, à 2 col. 420 millimètres sur 320 et 470 sur 310. Cartonnés.

LXXXVII. — Latin nouv. acq. **2418**.

(Phillipps 3002.)

CONFIRMATION PAR L'EMPEREUR MATTHIAS
DES PRIVILÈGES DE L'ÉGLISE DE BESANÇON.

Diplôme de l'empereur Matthias, confirmant les privilèges octroyés au chapitre de la cathédrale de Besançon par ses prédécesseurs Rodolphe II (1586), Wenceslas (1399), Charles-Quint (1521), Frédéric 1 Barberousse (1157), Frédéric II (1248), daté de Vienne, 23 janvier 1613. Expédition originale signée ; le sceau manque.

Provient de A.-A. Monteil.

XVIIe siècle. Parchemin. 10 feuillets. 355 millimètres sur 310. Demi-reliure.

LXXXVIII. — Latin nouv. acq. **2419**.

(Phillipps 1332.)

TERRIER DE CAUJAC (HAUTE-GARONNE).

Aveux rendus par différents habitants de Caujac (Haute-Garonne) « Petro Lamforti, domino loci de Borriana » (1460).

Vingt-huit aveux, de même date. — Provient de A.-.A Monteil.

XVe siècle. Parchemin. 41 feuillets. 350 millimètres sur 270. Reliure en parchemin.

LXXXIX. — Latin nouv. acq. **2420**.

(Phillipps 11918.)

« RECONNAISSANCES » DE LA SEIGNEURIE DU CHAYLARD
(LOZÈRE).

Titre : « Sequuntur recognitiones nobilis viri Johannis Puelli, domini de Cayllario, ut domini reydotalis nobilis Anne de Cayllario, domine de Cayllario, facte anno Domini millesimo quingentesimo decimo quarto... » — Incomplet de la fin.

Au fol. préliminaire : « La tabble des recognoyssances du Chaylard, receues par Me Pierre Tournier ».

XVIe siècle. Papier. 89 feuillets. 425 millimètres sur 298. Demi-reliure.

XC. — Latin nouv. acq. 2421.

(Phillipps 867.)

« LIBER LIBERTATUM PRO PATRIA DALPHINATUS. »

Titre : « In nomine Domini nostri Jhesu Christi fuit editus presens liber ad informandum patriam et subditos Dalphinatus, ac alios quorum interest, de literis infrascripti tenoris concessis patrie et subditis Dalphinatus, de et super pactionibus habitis in translatione Dalphinatus, facta per illustrem principem dominum Humbertum, condam Dalphinum Viennensen, in serenissimum principem dominum Philippum, condam Francorum regem, et dominum Karolum, primogenitum domini Johannis, ipsius domini Philipi regis primogeniti, et super concessione et confirmacione libertatum, franchisiarum, immunitatum et aliarum declaracionum factarum dictis patrie et subditis Dalphinatus. » (1381.)

Texte différent de celui du ms. latin 9908. — N° 2566 de la vente Chardin (1824).

XIV° siècle. Parchemin. v et cviii feuillets. 360 millimètres sur 250. Reliure en velours vert.

XCI. — Latin nouv. acq. 2422.

(Phillipps 10471.)

CÉRÉMONIAL DE L'ABBAYE DE SAINT FLORENT-LÈS-SAUMUR.

Début : « Dominica prima de Adventu Domini, sabbato ante vesperas, ornentur cuncta altaria ... » — Fin « ... similiter fiat pro monacho ad succurendum. »

Fol. 45. « Incipit prologus de eversione Glomnensis monasterii. Licet omnipotentis Dei judicia... — ... cujus anima requiescat in pace. Amen. » (Les dernières pages ont été suppléées au xviiᵉ siècle.) C'est l'*Historia monasterii S. Florentii Salmuriensis*, publiée par Martène, *Veterum scriptorum amplissima collectio* (1729), t. V, col. 1083-1140.

Fol. 69. « De sancto Florentio lectio prima. Interea haud procul Condatensem vicum... »; copie tirée d'un Lectionnaire de Cormery, avec lettre d'envoi de F. G. Grignon à Dom P. Chevillard, prieur de Saint-Florent-lès-Saumur (10 janvier 1700).

Acquis par Th. Phillipps à la vente de la bibliothèque Sidney.

XVIe siècle. Parchemin. 71 feuillets, à 2 col. 370 millimètres sur 260. Reliure en veau violet gaufré.

XCII. — Latin nouv. acq. 2423.

(Phillipps 2834.)

HISTOIRE DE SAINT-MARTIN DE TOURS, PAR RAOUL MONSNYER.

Ce volume comprend un feuillet de préface et les pages 1-206 (moins les pages 197-200) de la *Celeberrimæ S[ti] Martini Turonensis ecclesiæ... historia generalis*, de R. Monsnyer, imprimée in-folio.

Exemplaire avec quelques notes mss., portant au bas du premier feuillet la signature de Baluze : « Stephanus Baluzius Tutelensis », et avec l'ex-libris gravé de Secousse (n° 5142 de son catalogue de vente, 1755).

XVIIIe siècle. Papier. II et 206 pages (moins les pages 197-200). 380 millimètres sur 250. Reliure en veau granité.

XCIII. — Latin nouv. acq. 2586.

(Phillipps 6955.)

COMPTE DU GRENETIER DE L'ÉGLISE SAINT-SAUVEUR
DE BLOIS. (1417-1418.)

Titre : « Compotus Johannis Delet, clerici, grenetarii ecclesie Sancti Salvatoris Blesensis, de recepta granorum venientium apud Blesas,... a vigilia beatorum Jacobi et Christophori anni Domini millesimi quadringentesimi decimi septimi inclusive, usque ad dictam vigiliam anni ejusdem Domini millesimi CCCC[mi] decimi octavi exclusive, et de eo quod debuit dominus Raginaldus Charruyer, dicte ecclesie canonicus et ultimo grenetarius, de fine compoti sui anni precedentis. »

Acquis par Th. Phillipps du libraire Rodd.

XVe siècle. Parchemin. 17 feuillets, à 2 col. 520 millimètres sur 370. Cartonné.

XCIV. — Latin nouv. acq. 2587.

(Phillipps 2990.)

COMPTE DU CHAPITRE DE LANGRES (1326).

Titre : « Compotus venerabilis viri domini Raymbaudi de Sca-
rampis, canonici et camerarii ecclesie Lingonensis, de redditibus
et exitibus camere Lingonensis de anno Domini millesimo trecentesimo vicesimo sexto. »

Cf. sous les numéros 941 à 944, et 1943-1944 des nouvelles
acquisitions du fonds latin, d'autres comptes du chapitre de
Langres, provenant aussi de A.-A. Monteil.

XIVᵉ siècle. Parchemin. 18 feuillets, à 2 col. 570 sur 375 millimètres.
Cartonné.

XCV. — Lat. nouv. acq. 2588.

(Phillipps 17809, 18676, 19860, 19977, 21382, 22309, 23112 à 23115,
24807, 25098, 25104, 25674, 27015, 27928, 32384, 33812 et 34609.)

RECUEIL DE CHARTES ORIGINALES DE DIVERS ABBAYES, ETC.
(1069-1300).

1. Autorisation par l'évêque du Mans, Ernaud, à l'abbaye de
Saint-Martin de Tours, de posséder des biens dans son diocèse
(1069); avec les signatures d'Ernaud et de l'archevêque de Tours,
Raoul Iᵉʳ de Langeais. — 2. Donation par Robert de Sablé à
l'abbaye de Saint-Martin de Tours, avec confirmation du roi Philippe Iᵉʳ (vers 1080). Cyrographe. — 3. « Carta inter domnum
Hugonem, Cluniacensem abbatem, et Gaufredum de Sinemuro pro
Marciniaco » (1102). — 4. Charte en faveur de l'abbaye de Flo-
renne, au diocèse de Liège (1125). — 5. Vidimus d'une charte de
Guarin, évêque d'Amiens (1135). — 6. Charte de H[ugues I], abbé de
Saint-Epvre (1157). — 7. Grande bulle du pape Alexandre III pour
l'abbaye de Sauve-Majeure, au diocèse de Bordeaux (13 juin 1164).
— 8. Grande bulle du pape Alexandre III pour l'abbaye de Liques,
au diocèse de Boulogne (25 oct. 1164; Jaffé, nᵒ 11075). — 9. Grande
bulle du pape Alexandre III pour l'abbaye de Cormeilles, au diocèse de Lisieux (27 avril 1169. — Don de M. le comte d'Albon). —
10. Charte de Didier, évêque de Térouanne, pour l'abbé de Liques

(1170). — 11. Charte de « Humbaldus, doyen du chapitre de Saint-Étienne de Bourges, pour le prieuré des religieuses « de Ursan ». — 12. Bulle du pape Alexandre III pour l'abbaye de l'Aumône, au diocèse de Chartres (11 nov. vers 1173). — 13. Bulle du pape Alexandre III pour l'abbaye de Sauve-Majeure, au diocèse de Bordeaux (18 octobre 1159-1181). — 14. Charte de « Frumaldus », évêque d'Arras (1181). — 15. Charte d'Adémar de Carbonel, évêque de Saintes, pour l'abbaye de Sauve-Majeure (1167-1188). — 16. Charte de Hélie I de Malemort, archevêque de Bordeaux, réglant un différend entre les Templiers et l'abbaye de Sauve-Majeure (1196). — 17. Donation par Philippe « de Alneto » à l'abbaye des Vaux-de-Cernay, au diocèse de Paris (s. d.). — 18. Testament de Jean « Cruels » de Lens (s. d.). — 19. Charte de Guillaume Ier de Donjon, archevêque de Bourges, pour l'abbaye des Pierres (1205). — 20-21. Donation par Garin « de Post boscum » à l'abbaye de l'Aumône, au diocèse de Chartres (1216). — 22. Donation par Gérard, « dominus de Bohaing », à l'abbaye de Saint-Père de Chartres (1219). — 23. Charte de l'officialité de Bourges pour l'abbaye de Puy-Ferrand (1219). — 24. Charte de Eude, abbé d'Essomes (1219). — 25. Copie d'une « transaction entre la comtesse d'Auge et le roy de France Philippe »-Auguste (1219). — 26. Vente d'une dîme à Robert, comte de Dreux (1222). — 27. Échange de Jean de Courgenay avec les moines de Vauluisant, au diocèse de Sens (1224). — 28. « Vidimus [1331] d'une transaction entre le s^r de Montagu et le prieur de l'Isle d'Aix, près La Rochelle » (1226). — 29. Procès-verbal adressé au pape Grégoire IX par l'abbé de Prully, au diocèse de Sens, et Jean de Chartres, chanoine d'Auxerre, au sujet d'un différend entre le chapitre de Notre-Dame de Paris et Thibault, comte de Champagne (1229). — 30. Charte de Jean, abbé de Homecourt, au diocèse de Cambrai (1230). — 31. Charte de l'officialité de Reims pour l'abbaye d'Igny (1231). — 32. Charte de « Ursio de Melleio, dominus Fracte Vallis » (1232). — 33. Charte de l'officialité de Chartres pour les chanoines de Saint-André de Chartres (1232). — 34. Charte de Mathilde de Chaumont-sur-Loire, confirmant une donation de son oncle, Guillaume d'Amboise, à l'abbaye de l'Aumône (1234). — 35. Charte de « Hemericus, decanus Christianitatis » de Provins, pour l'église de Saint-Laurent de Charmoy, en Champagne (1235). — 36. Charte d'André « de Poiviler », approuvant une vente faite par Guy de « Post boscum » à l'abbaye de l'Aumône (1235[1236]). — 37. Charte de Jean, abbé de Saint-Martin d'Épernay pour l'abbaye d'Igny (1235). — 38. Charte d'Adam de Borron pour l'abbaye des Vaux-de-Cernay (1236). — 39. Charte de Eudes, « miles de Monasteriis » pour les Trinitaires de Cerfroid (1237[1238]). — 40. Charte de « Tristannus Biseou » pour l'abbaye de l'Aumône (1239). — 41. Charte de l'officialité de Meaux pour l'église de Cerfroid (1240). — 42. Charte de R[amnulfe], abbé de Sauve-Majeure, au sujet du transfert d'une femme du prieuré de Semoy dans l'hôpital de la Madeleine près Orléans (vers 1248). — 43. Charte de l'officialité de Meaux pour l'église de Cerfroid (1243). — 44. Quittance de Philippe de Nanteuil pour les Trinitaires de Cerfroid (1243). — 45. Approbation par le même d'une vente faite aux mêmes Trinitaires par Guillaume « Crollarz de Brumeto » (1243). — 46. Charte de « Fulco de Memilone » pour l'abbaye de l'Aumône (1245). — 47. Bulle du pape Innocent IV confirmant les privilèges de l'Ordre de Cîteaux (23 mai 1245). — 48. Charte de l'officialité de Nevers relative à une vente faite au chapitre de Nevers (1249). — 49. Vidimus (en 1251) par Guillaume II de la Tour, archevêque de Besançon, et B[oniface]. abbé de Cîteaux, d'une bulle du pape Innocent IV en faveur des religieux de Cîteaux (15 juillet 1245). — 50. Bulle du pape Innocent IV, exemptant les Chartreux du subside du 20e pour la Terre Sainte (13 février 1253). — 51. Bulle du pape Alexandre IV confirmant les privilèges de l'Ordre de Cîteaux (4 juin 1257). — 52. Charte de Henri Ier, roi de Navarre, comte de Champagne et de Brie, pour les religieuses de la Barre, près Château-Thierry (1257). — 53. Charte de l'officialité d'Amiens pour l'abbaye de Saint-Riquier (1258). — 54. Charte de l'officialité de Sens, vidimant (en 1365) un vidimus (de 1258 [1259]) d'un acte de Gautier III Cornut, archevêque de Sens, en faveur des chanoines de Notre-Dame-du-Val de Provins (1224). — 55. Charte de l'officialité d'Orléans en faveur des religieuses de l'hôpital [de la Madeleine] près Orléans (1258 [1259]). — 56. Charte (en français) de Thibault V, roi de Navarre, comte de Champagne et de Brie, en faveur de l'abbaye de Chezy (1259). — 57. Accord (en français) par devant Thibaut V entre « Jehanz Britauz, sires de Nangis », et « les oirs dou bois de Romuroi et de Noogis » (1259). — 58. Charte de Philippe, abbé de Vertus, etc. pour les religieuses de La

7

Barre, près Château-Thierry (1259[1260]). — 59. Reconnaissance
par l'abbaye de Saint-Martin de Tournay d'une redevance due
à la cathédrale de Laon (1260). — 60. Vente par Henri Tirart
à Garin de Gournay (1260). — 61. Charte (en français) de « Ne-
velons, sires de Chaverci » pour l'abbaye de Saint-Remy, près
Villers-Cotterets (1263). — 62. Charte de l'officialité de Metz pour
l'abbaye de Justemont (1266). — 63. Charte de l'officialité de Chartres pour le prieuré de Saint-Denys de Nogent-le-Rotrou (1268).
— 64. Charte (en français) de Thibaut V, roi de Navarre, comte
de Champagne et de Brie, en faveur de l'abbaye de Chezy (1269
[1270]). — 65. Donation par « Jehans, dis sires d'Audenarde et
sires de Rosoy », et « Mahaut, vidamesse d'Amiens, dame de Pin-
kegni », à leur fille Catherine, « nonain de Moustereul en Teraisse »
(1270). Cf. n° 88. — 66. Vente par Robert de Gournai à Garin de
Gournai (1271). — 67-68. Chartes de l'officialité de Noyon et du
curé de Vendeuil, réglant un différend entre le prieur et les
marguilliers de Vendeuil au sujet de tentures funèbres (1272). —
69. Charte de J., archiprêtre de Civray et de Gençay? (1273). — 70.
Procès de la comtesse de Nevers contre le chapitre de la même
ville (1273). — 71. Accord entre Archambaud, abbé de Villeloup,
au diocèse de Tours, et les Chartreux du Liget (1274). — 72. Charte
de l'officialité d'Orléans pour le chapitre de la même ville (1275).
— 73. Charte du roi Philippe III sanctionnant un legs de 15 livres
tournois de rente sur la prévôté de la Rochelle, fait par son oncle,
Alphonse, comte de Poitiers et de Toulouse, à l'Ordre des Trinitaires
(1275). — 74. Vente par J[ean], abbé de Saint-Marien d'Auxerre,
à l'abbé de Val-Secret de cens sis à Montmirail (1275). — 75. Charte
de Roger « de Brucia, miles, dominus de Sancta Severa, » pour
l'abbaye des Pierres, au diocèse de Bourges (1276). — 76. Hommage par devant Gui de Rumilly, archidiacre de Bayeux et chanoine de Laon, rendu à Guillaume II de Châtillon, évêque de Laon,
par Mathilde, fille de Oudard d'Aunay, pour Athis près Laon (1279).
— 77. Vente par M[aurice], abbé de Liessies, au prieur du Val-des-
Écoliers d'une rente assise à Bruyères en Laonnois (1280). — 78-79.
Chartes de l'officialité de Paris au sujet de vignes, sises à Villejuif,
appartenant aux Trinitaires de Paris (1283). — 80. Association
spirituelle entre les abbayes de Jandures, Ordre de Prémontré, au
diocèse de Toul, et de Saint-Jean de Laon (1284). — 81. Vente
par Guillaume Pinel d'une terre, sise à Franqueville, à l'abbaye de

Sainte-Catherine-du-Mont, près Rouen (1285). — 82. Charte du chapitre de Nevers relative à ses statuts (1285-[1286]). — 83. Accord (en français) par Nicolas, de Hermentières et Robert Grenier, d'un différend, au sujet du moulin de « Boucet », entre le prieuré de Coincy et Étienne « dou Boisson » (1289). — 84. Charte de l'officialité de Bourges pour l'abbaye de Saint-Sulpice de Bourges (1289).— 85. Quittance de Raynaud « Bulgarelli » d'Anagni, chanoine de Messine, « collector censuum » du Saint-Siège, pour l'abbaye de Maillezais (1291). — 86. Charte de Matthieu, abbé de Honnecourt, au diocèse de Cambrai, approuvant la cession d'une rente faite par l'abbaye de Val-Secret à l'abbaye de Clairefontaine (1292 [1293]). — 87. Charte de l'officialité de Soissons pour l'abbaye de Cerfroid (1293). — 88. Charte (en français) de Jean d'Avesnes, comte de Hainaut, relative à la donation, portée plus haut sous le nᵒ 65 (1295 [1296]). — 89. Testament de Oudard de Vaudencourt (1297). —90. Charte (en français) de la prévôté de Pierrefonds concernant la vente d'une vigne à Soissons (1297). — 91. Vidimus par l'officialité de Coutances d'une charte de l'abbé de Saint-Sauveur-le-Vicomte (1297-1298). — 92. Charte (en français) de Jean de Saint-Verin, bailli de Vitry-le-François, relative à différentes redevances sises à Bassu (1298). — 93. Confirmation par le roi Philippe le Bel, d'une donation (en français) faite aux Cordelières de Saint-Marcel-lez-Paris, par Blanche, reine de Navarre, comtesse de Champagne et de Brie (1299). — 94. Aveu (en français) de « damoiselle Ysabiaux de Chassemy, rendu pour le fief de la Forte Maison au comte de Roucy et de Braine (s. d.). — 95-98. Enquête sur la juridiction à laquelle devait être soumis un faux monnayeur, enfermé dans la prison du chapitre de Térouanne et réclamé par le prévôt du comte d'Artois (s. d.).

Aucune de ces pièces originales n'est présentement accompagnée ou n'a conservé de sceau.

XIᵉ-XIIIᵉ siècle. Parchemin. 98 pièces de divers formats, montées in-folio. Demi-reliure.

XCVI. — Latin nouv. acq. 2589.

(Phillipps 16539, 19977 et 22309.)

CHARTES DES ÉVÊQUES, DU CHAPITRE ET DE L'OFFICIALITÉ DE LAON. (1132-1294.)

On y remarque plusieurs chartes originales des évêques de Laon : 1 et 1 *bis*. Barthélemy de Vir (1131 et 1143). — 2. Roger de Rosoi (1177). — 19. Anselme de Mauni (1233). — 33. Garnier (1241). — 45 et 58. Itier de Mauni (1249 et 1256). — 85. Guillaume de Châtillon (1281).

Très nombreuses chartes de l'officialité de Laon, depuis 1186.

Enfin diverses chartes de : 4. G. Erail, maître du Temple (1194). — 45. Raoul, sire de Couci (1248). — 82. Accord des abbés de Prémontré du diocèse avec le chapitre de Laon (1278). — 94. Vidimus par Pierre de Remi, prévôt de Laon, d'une ordonnance de Philippe de Beaumanoir, bailli de Vermandois, visant des lettres du roi Philippe le Bel et enjoignant la saisie des biens du sire de Châtillon sis à Laon (1290).

Fol. 96-98. Chartes du chapitre de Rozoy-sur-Serre (1214-1265).

XIIe et XIIIe siècles. Parchemin. 98 pièces de divers formats, montées in-folio. Demi-reliure.

XCVII. — Latin nouv. acq. 2590.

(Phillipps 23112 à 23115, 24807, 25098, 25104, 25674, 27671, 27926, 27928, 28926, 32384 et 33758.)

CHARTES DE DIVERSES ABBAYES ET HÔPITAUX DU DIOCÈSE DE LAON. (1143-1297.)

I. — *Abbaye de Boheries* (1188-1223). — 4 et 5. Chartes de Roger de Rosoi, évêque de Laon (1198 et 1199). — 7. Charte de Jean de Béthune, évêque de Cambrai (1216). — 8. Charte d'Anselme de Mauni, évêque de Laon (1218). — Pièces 1 à 9.

II. — *Abbaye de Foigny* (1143-1284). — 10-12. Trois chartes de Barthélemy de Vir, évêque de Laon (1143 et s. d.). — 13 et 14. Chartes de Gautier II de Mortagne (s. d. et 1171). — 15 et 16. Chartes de Roger de Rosoi (1179 et 1185). — 18 et 19. Chartes de Renaud de Surdelle, évêque de Laon (1209). — 25. Bulle du pape

Innocent IV (31 août 1245). — 32. Bulle du pape Clément IV (12
juin 1265). — 35. Charte du roi Philippe III (1276). — Pièces 10
à 36.

III. — *Abbaye de Prémontré* (1237-1266). — 37. Charte de Simon
de Vermandois, évêque de Noyon (1137). — 37 *bis.* Charte de Gautier de Mortagne, évêque de Laon (1162). — 42. Charte de Renaud
de Surdelle, évêque de Laon (1208). — 47. Charte de Haimond de
Provins, évêque de Soissons (1215). — 48. Charte du roi Philippe-
Auguste (1216). — 58. Charte de Gui de Château-Porcien, évêque
de Soissons (1248). — 61. Charte d'Itier de Mauni, évêque de Laon
(1252). — Pièces 37 à 67.

IV. — *Abbaye de Saint-Vincent-de-Laon* (1219-1255). — 68.
Charte d' « Ingelrannus », abbé de Saint-Vincent (1219) ; avec
vidimus de 1270 (fol. 69). — 70 et 71. Bulle du pape Honorius III
(20 juillet 1221); double exemplaire. — 74. Accord entre les abbayes
de Saint-Quentin-en-l'Ile et de Saint-Vincent, au sujet de Villiers-
le-Sec (1255[1256]). — Pièces 68 à 74.

V. — *Abbayes diverses, couvents, hôpitaux* (1170-1297). —
75-77. *Abbaye de Cuissy* (1237-1276). — 77 *bis* et *ter. Abbaye de
Nogent-sous-Coucy* (1239-1286[7]). — 78. *Abbaye de Saint-Jean-
de-Laon* (1293). — 79. *Abbaye de Saint-Nicolas-au-Bois* (1207). —
80, 80 *bis* et *ter. Abbaye du Sauvoir* (1240-1255). — 81-85. *Abbaye
de Vauclair* (vers 1170-1262). — 81. Charte de Barthélemy de Mont-
cornet, évêque de Beauvais (vers 1170). — 82. Charte de Roger
de Rosoi, évêque de Laon (1196). — 85. Testament de Godin de
Marval (s. d.). — 86-96. *Prieuré de Saint-Nicolas-du-Val-des-Éco-
liers*, à Laon (1272-1297). — 86-87. Charte du roi Louis IX (1255)
et vidimus (1266). — 97-98. *Chartreux du Val-Saint-Pierre.* Deux
bulles du pape Jean XXI (1276). — 99. *Hôpital de Saint-Julien*, de
Laon (1243). — 100-101. *Hôpital de Saint-Nicolas*, de Laon (1235-
1239).

XIIe et XIIIe siècles. Parchemin. 101 pièces de divers formats, montées
in-folio. Demi-reliure.

XCVIII. — Latin nouv. acq. 2591.

(Phillipps 18676, 19977, 22309, 23112, 231114, 23115, 24807, 25098, 25104, 25674, 27015, 27926, 27928 et 32384.)

CHARTES DE DIVERSES ÉGLISES ET ABBAYES DE SOISSONS, NOYON, SAINT-QUENTIN ET SENLIS. (1015-1297.)

I. — *Cathédrale de Soissons*, etc. (1139-1296). — 1. Charte de Gosselin de Vierzi, évêque de Soissons (1139). — 2. Charte de Nivelon de Cherisi, évêque de Soissons (1189). — 3. Charte de A[lix], dame de Couci (1210). — 7. Vidimus du testament de « Jehans de Lagrange, escuiers » (1265). — 10. Ordonnance du roi Philippe III le Hardi (août 1280). — 11-16. Chartes de l'officialité de Soissons pour l'église de Notre-Dame-des-Vignes, de Soissons (1239[1240]-1263). — 17-18. Chartes de l'église des SS. Gervais et Protais, de Soissons (1295-1315). — Pièces 1 à 18.

II. — *Abbaye du Charme-aux-Nonnains* (1184-1290). — 19. Charte de Marie, comtesse de Troyes (1184). — 20. Charte de Nivelon de Cherisi, évêque de Soissons (1184). — 21. Charte de Jean de Montmirail (1202). — 22. Charte de Blanche, comtesse de Troyes (1214). — 23. Charte de Guillaume de Joinville, archevêque de Reims (1220). — 24. Charte de Jacques de Basoches, évêque de Soissons (1225). — Pièces 19 à 27.

III. — *Abbaye de Saint-Jean-des-Vignes de Soissons* (xii⁰ et xiii⁰ siècles). — 28. Charte de Manassé, évêque de Soissons (vers 1105). — 29. Charte de Lisiard de Crépi, évêque de Soissons (1110). — 30. Charte de Nivelon de Cherisi, évêque de Soissons (1197). — Pièces 28 à 33.

IV. — *Abbaye du Val-Secret* (1144-1290). — 34. Charte de Simon de Vermandois, évêque de Noyon (1144). — 36 et 39. Chartes de Jean de Montmirail (1207 et 1229). — 38. Charte de Gérard de Fontaines, partant à la croisade contre les Albigeois (1226). — 40. Charte de l'abbé de Chesi (1233). — 43 et 51. Chartes d'abbés de Saint-Nicolas-des-Prés de Ribemont (1255 et 1260). — 44. Charte du maître et des frères de l'hôpital de Croulebarbe, près Provins (1245 [1246]). — 53. Charte du roi Philippe IV le Bel (août 1290). — Pièces 34 à 53.

V. — *Abbayes diverses et hôpitaux du diocèse de Soissons* (1205-1297). — 54-55. *Abbaye de la Barre* (1249-1287). — 55 *bis-quater.*

Abbaye de Clairefontaine (XIIIe siècle). — 55 *bis* et *ter*. Serments des abbés Jean et Gilles. — 56-57. *Abbaye de Saint-Yved-de-Braine* (1213-1283). — 57. Vidimus par Milon de Basoches, évêque de Soissons, de lettres de Robert, comte de Dreux (1275). — 58-60. *Abbaye de Longpont* (1273-1280). — 62-64. *Abbaye de Notre-Dame de Soissons* (1215-1277). — 62. Charte de Haimard de Provins, évêque de Soissons (1215). — 65-67. *Abbaye de Saint-Crépin-le-Grand de Soissons* (1287-1297). — 68-70. *Abbaye de Saint-Médard de Soissons* (1228-1258). — 69. Bulle du pape Grégoire IX (27 juillet 1237). — 71-74. Hôpitaux de *Braine* (1213), de *Notre-Dame-aux-Nonnains* (1281 et 1296), et de *Saint-Vaast de Soissons*. Charte de Gui, archevêque de Reims et légat du Saint-Siège (1205). — Pièces 54 à 74.

VI. — *Église de Saint-Quentin* (1015-1295). — 75-77. Trois vidimus, le premier de 1336 et les deux autres de 1374, d'une charte de Richard II, duc de Normandie (1015). — 78. Charte de Ratbod II, évêque de Noyon (1086). — 80. Charte de Simon de Vermandois, évêque de Noyon (1124). — 81. Charte de Raoul, comte de Vermandois (s. d.). — 83. Charte de Philippe d'Alsace, comte de Flandre (1176). — 84. Bulle du pape Alexandre III (Anagni, 29 mai 1160-1180). — 88 et 91. Chartes d'Étienne de Nemours, évêque de Noyon (1208 et 1220). — 100. Bulle du pape Alexandre IV (10 avril 1255). — 102. Bulle du pape Clément IV (21 décembre 1267). — Pièces 75 à 111.

VII. — *Abbayes, etc. du diocèse de Noyon* (1186-1294). — 112. *Abbaye de Biache*, près Péronne (1271[1272]). — 113-115. *Abbaye de Fervaques* (1255-1294). — 116. *Abbaye de Saint-Eloi-Fontaine* (1251). — 117. *Abbaye de Saint-Quentin-en-Vermandois*. Charte de l'abbé Baudouin (1186). — 118. *Abbaye de Saint-Quentin-en-l'Ile* (1272[1273]). — 119. *Trinitaires de Saint-Julien*, à Saint-Quentin (1258). — 120. *Prieuré de Vendeuil* (1272). — Pièces 112 à 120.

VIII. — *Chapitre et abbaye de Saint-Rémi de Senlis* (1232-1285). — 121. Charte d'Adam de Chambli, évêque de Senlis (1232). — Pièces 121 à 123.

XIe-XIIIe siècle. Parchemin. 123 pièces de divers formats, montées in-folio. Demi-reliure.

XCIX. — Latin nouv. acq. 2592.
(Phillipps 8606.)
CHARTES DIVERSES, LA PLUPART DU DIOCÈSE DE NEVERS.
(1190-1510.)

On y remarque : 1. Charte de Pierre et Agnès, comtes de Nevers (1190). — 4. Bulle du pape Innocent III pour l'abbaye de Fontaine-le-Comte, au diocèse de Poitiers (4 mars 1206). — 5. Charte de l'abbaye de Baugerais, au diocèse de Tours (1212). — 6. Charte de Guillaume de Saint-Lazare, évêque de Nevers (1218). — 7. Charte de l'abbaye de Saint-Martin de Tours (1220[1221]). — 8. Charte de l'abbaye de Bourgmoyen, au diocèse de Blois (1220). — 9. Bulle du pape Honorius III pour l'église de Nevers (10 décembre 1221). — 10. Charte de l'officialité de Noyon (1225). — 11. Charte de l'officialité de Saint-Quentin (1225). — 12 et 13. Chartes de Renaud de Nevers, évêque de Nevers (1225-1227). — 16. Charte de l'abbaye de Saint-Jean-lès-Compiègne (1337). — 19. Charte de l'officialité de Meaux (1241). — 20. Charte de l'officialité de Langres (1242). — 22 et 23. Chartes de l'officialité de Paris (1245 [1246]). — 26-29 et 66. Chartes de l'abbaye de Baugerais, au diocèse de Tours (1246-1274). — 33. Vidimus (1296) d'une charte du roi Louis IX pour l'abbaye de Saint-Jean-lès-Compiègne (1258 [1259]). — 35. Bulle du pape Alexandre IV pour l'église de Nevers (30 avril 1258). — 36. Charte de Guillaume, vicomte de Melun, et de sa mère pour l'abbaye de Saint-Martin-de-Champeaux-en-Brie (1259). — 37. Charte de l'officialité de Paris (1259). — 50. Charte de Pierre de Charny, archevêque de Sens (1270). — 83, 88 93, 113 etc. Chartes de l'abbaye de Saint-Jean-lès-Compiègne (1286-1483). — 84 et 118. Testaments d' « Ysabeaus La Corüere » et de « Margrite Li Aisie » de Tournay (1282 et 1304). — 114. Charte de l'officialité de Soissons (1301). — 122. Charte de Tournay (1339). — 124. Charte du chapitre de Saint-Guillaume de Mortain (1380). — 128. Charte du couvent des Célestins de Rouen (1462). — 131. Bulle du pape Alexandre VI, nommant à un prieuré de l'Ordre de Grandmont au diocèse de Nevers (27 février 1503). — 132. Bulle du pape Jules II, réunissant un prieuré à l'abbaye de Saint-Martin de Nevers (1er septembre 1510).

No 339 du catalogue Thorpe (1836).

XIIe-XVIe siècle. Parchemin. 132 pièces de divers formats, montées in-folio. Reliure en cuir de Russie.

C. — Latin nouv. acq. 2593.

(Phillipps 16716-16718.)

TROIS ROULEAUX DES ABBAYES D'AUCHY ET DE SAINT-BERTIN.
(1403-1414.)

I. (Fol. 1-14.) Procès-verbal de l'élection de Pierre Bourgois, comme abbé d'Auchy-les-Moines. (1403.)

II. (Fol. 15-17.) Accord entre l'abbaye de Saint-Bertin et l'abbaye d'Auchy. (1414.)

III. (Fol. 18-28.) Fragment (articles 102 à 201) d'un mémoire, en français, pour défendre les prétentions de l'abbaye de Saint-Bertin sur la terre d'Arques, en Normandie (s. d.).

Au verso du fol. 18, on lit : « Brought from Calais, by E. S. Curling ».

XVᵉ siècle. Parchemin. 28 feuillets, montés in-folio. Demi-reliure.

MANUSCRITS FRANÇAIS

CI. — Français nouv. acq. **10666.**

(Phillipps 17585.)

ORDONNANCES DE VISITES DE L'ABBAYE D'AUBERIVE,
au diocèse de Langres. (1622-1624.)

Ordonnances de Denys Largentier, abbé de Clairvaux, après sa
visite de l'abbaye de Notre-Dame d'Auberive, diocèse de Langres
(8 mars 1622 et 18 juillet 1624).

Original, signé.

XVIIe siècle. Parchemin. 5 feuillets. 280 millimètres sur 230. Cartonné.

CII. — Français nouv. acq. **10667.**

(Phillipps 3682.)

FONDATION DU COLLÈGE DE NOTRE-DAME DU BROC,
au diocèse de Clermont. (1546-1554.)

Fol. 1-14. « Inventaire sive repertoire sommairement faict et extraict d'une partie de ce qu'est contenu en septante ung articles
que y a en la fundacion du coliege de Nostre Dame du Broc, datée
du iije et xve avril mil cinq cens quarante six, et confirmé, ap-
preuvé et auctorisé par R. P. en Dieu monseigneur de Clermont. »
On a ajouté : « et aussi par le pape Pol thiers de ce nom. » —
Table des **71** articles, auxquels ont été jointes d'autres pièces.

Fol. 19. Dessin à la plume, représentant le fondateur du collège,
Jacques Pardinel, chantre de la cathédrale de Rodez, agenouillé
devant la Vierge, et S. Jacques debout derrière de lui. Au-dessous
de ce dessin, on lit le titre, en latin, de l'acte de fondation : « Fundatio collegii ecclesie Beate Marie de Broco, cum confirmatione
reverendi in Christo patris domini episcopi Claromontensis, fun-

dati per egregium virum dominum Jacobum Pardinel, sancte sedis
apostolice prothonotarium cantoremque Ruthene ac priorem
sanctorum Ypoliti et Germani de Ceyraco, Ruthenensis dyocesis,
diebus tertia ac xvª aprilis anno ab incarnatione Domini millesimo
quingentesimo quadragesimo sexto... »

Les feuillets 208-211, en papier, ajoutés, avec la mention « cus-
todiatur », sont relatifs à la copie, notation et reliure des livres
d'offices du collège de Notre-Dame du Broc (1552-1554).

Ce volume, qui porte, au fol. 2, le timbre de la bibliothèque de
Lamoignon, a figuré sous le nᵘ 2748, au catalogue de la vente
faite par le libraire Mérigot (1800), et Th. Phillipps l'a acquis du
libraire Allard, de Paris. — Il y a un autre exemplaire, incomplet
de ce même Inventaire sous le nᵒ 770 des manuscrits de la bibliothèque de Clermont-Ferrand.

XVIᵉ siècle. Parchemin. 240 feuillets. 215 millimètres sur 150. Reliure
ancienne en veau brun gaufré, avec traces de fermoirs.

CIII. — Français nouv. acq. 10668.

(Phillipps 296.)

AVEU DES FIEFS DE LA COLLÉGIALE DE CRAON.
(1658.)

Titre : « Aveu, dénombrement et déclaration des fiefs, seigneuries, cens et autres droits de l'église collégiale de la ville de Craon,
fait par les vénérables chanoines et chapitre, le 22 mai 1539, à
Monseigneur François de la Trémoille, baron de ladite ville, première baronie d'Anjou. »

Copie collationnée, du 11 janvier 1658.

XVIIᵉ siècle. Papier. 50 feuillets. 250 millimètres sur 170. Reliure en veau
fauve.

CIV. — Français nouv. acq. 10669.

(Phillipps 10600.)

COMPTE DE LA SUCCESSION DE GILLES D'ERNECOURT.
(1626-1634.)

Titre : « Compte et estat que le sʳ Charles de Landrian, escuyer, conseiller d'Estat de S. M., demeurant à Nancy, rend par devant vous monsieur le Procureur general de Lorraine, ou le s^r vostre substitut, de ce qu'il a géré, ou deu gérer, en qualité de curateur aux enfants mineurs d'ans de feu honoré seigneur Gilles d'Erne-court, vivant baron de Tuillier et Montureux, seigneur de Remi-court, Villers, la Neuville-aux-Bois, Vautrombois, etc., et honorée dame Elisabeth de Nettancourt, cy devant vefve dudict seigneur, et à present espouse du sieur baron de Montlouët, depuis le 22e juin 1626... » (1626-1634).

Original. — Acquis par Th. Phillipps du libraire Denley.

XVIIe siècle. Papier. 363 feuillets. 282 millimètres sur 190. Demi-reliure ancienne.

CV. — Français nouv. acq. **10670**.

(Phillipps 18105.)

JOURNAL DU GRENIER A SEL DE FÉCAMP.
(1412-1413.)

Fol. 4. « C'est le pappier journal de moi Guillaume Bardoul, con-treroleur du grenier à sel establi pour le Roy notre sire à Fescamp, de tout le sel vendu et distribué oudit grenier depuis le xxve jour de fevrier de l'an mil iiij^c et douze, que Pierre Millet fu mis en pocession de l'office de grenetier, jusques au dernier jour de sep-tembre l'an mil iiij^c et xiij inclut... »

XVe siècle. Papier. 24 feuillets. 250 millimètres sur 100. Cartonné.

CVI. — Français nouv. acq. **10671**.

(Phillipps 2861.)

REVENUS DE L'ABBAYE DE FONTEVRAULT.
(1464.)

Titre : « S'ensuyt le papier ouquel sont contenuz les cens, rentes et aultres devoirs, appartenans aux boustelz de la Pignonniere et de Haulteville, menbres deppendans du monastere et abbaye de Fontebraud, deux par chacun an, aux termes et feste cy après declairez, et receuz par missire Jehan Piolin, prestre, recepveur desdites maisons, commanczant la dicte recepte au jour et terme de la feste de Toussains... mil iiij^e lxiiij. »

Acquis par Th. Phillipps du libraire Royez, de Paris.

XVe siècle. Parchemin. 62 feuillets. 300 millimètres sur 222. Reliure en veau olive.

CVII. — Français nouv. acq. **10672.**

(Phillipps 233.)

REVENUS DE LA SEIGNEURIE DE GASTINES, EN ANJOU. (1359-1407.)

Fol. 2 (le fol. 1 manque). Cens des années 1359-1365.

Fol. 17. Autres cens de l'année 1390.

Fol. 41. « Ce sont les cens, serviges, rentes et devoirs deuz chacun an à noble homme Jehan de Chemeris, seigneur de Gastines, aux festes qui s'ensuivent, et receuz par Jamet de Beauficeau, recepveur, en l'an mil ccc iiij^{xx} et xvj, iiij^{xx} xvij, iiij^{xx} xviij, iiij^{xx} xix, iiij^c, iiij^c et vij.

Fol. 55. Aveux de « Jehanne de Lessay, dame de Gastines », relatifs aux seigneuries de Durestal et Baugé (1448 et 1451).

Fol. 63 v°. Aveux rendus au seigneur de Gastines (1463-1503).

Fol. 83 v°. et 106. Notes de naissances et morts de différents membres de la famille Clereau, seigneurs de Gastines (1550-1615).

Fol. 91. « Amendes des plez de Guastines, tenus par Jehan Bienass[is] le vj^e jour de juing l'an mil iiij^c sexante xvij. » — Fol. 96 v° (retourné). Autres amendes de l'an 1383. — Etc.

XIVe-XVIIe siècle. Parchemin. 105 feuillets. 240 millimètres sur 158. Reliure en veau fauve gaufré.

CVIII. — Français nouv. acq. **10673.**

(Phillipps 3746.)

RECETTE DE LA BARONNIE DE MAYENNE. (1532.)

Titre : « Recepte de la baronnie de Maienne, tant des chastellenies de Maienne, Ernée, que le Pontmain, faicte et rendue à treshault, trespuissant et tresredoubté seigneur monseigneur le duc de Guise, per de France, gouverneur et lieutenant du Roy nostre

sire en ses païs de Brie et de Champaigne,... par maistre Bernard
Chancheys, licencié ès loix, recepveur ordinaire de ladite baronnie
de Maienne, d'une année, commenczant le premier jour de janvier
mil cinq cens trente et ung et finissant le darrenier jour de decembre
mil cinq cens trente deux. »

Acquis par Th. Phillipps du libraire Allard, de Paris.

XVIᵉ siècle. Papier. viˣˣ xiiij (134) feuillets. 250 sur 180 millimètres.
Demi-reliure.

CIX. — Français nouv. acq. **10674.**
(Phillipps 3696 et 21657.)

AVEU DE LA SEIGNEURIE DE PUTILLES (MAINE ET-LOIRE).
(1489.)

Début : « De vous noble, et puissant et mon t[r]esredoublé
seigneur monsʳ Louys, seigneur de Montejehan et de Bescon, je
Jacques Chenu, escuier, seigneur de Ponthereau et de Putilles,
congnois estre vostre homme de foy lige, au regart de vostre baronnie, seigneurie, chastel et chastellenie dudit lieu de Montejehan, à cause et par raison de mon houstel, terres, appartenances
et dependences dudit lieu de Putilles... » (20 janvier 1489). —
Original signé : « Jacques Chenu ».

Il y a un censier de la châtellenie de Montjean (1412), provenant de Monteil, sous le n° 8739 du fonds français.

Acquis par Th. Phillipps du libraire Allard, de Paris.

XVᵉ siècle. Parchemin. 35 feuillets. 212 millimètres sur 152. Cartonné.

CX. — Français nouv. acq. **10675.**
(Phillipps 9025.)

REVENUS DES CHATELLENIES DE NOGENT-LE-ROTROU, ETC.
(1349-1350.)

Titre : « Recepte faitte par Estienne Bisuel, comis à ce de par
treshaute et puissante dame madame Jehanne de Bretaigne, dame
de Cassel, de touz les cens, rentes, fermes et aultres revenues
appartenans aus villes et chastellenies de Nogent le Rotrou, de
Rivere, de Montlandon, de Laferriere, de Montigny, de Nonviller
et des appartenances, commençant à la Nativité sainct Jehan

Baptiste l'an mil ccc. quarante et nœuf, jusques à la Nativité saint Jehan ensuivant. »

N° 899 du catalogue Thorpe (1836).

XIV° siècle. Parchemin. 49 feuillets. 272 millimètres sur 200. Reliure en maroquin grenat gaufré.

CXI. — Français nouv. acq. 10676.

(Phillipps 3551.)

STATUTS ET RÈGLEMENTS DES CHAPELIERS ET BONNETIERS DE ROUEN. (1451-1602.)

Fol. 1-9. Table des articles de l'ordonnance réglant le métier des chapeliers et bonnetiers de Rouen. — Fol. 13 v°. Messe de saint Sever, avec miniature à mi-page.

Fol. 14. Ordonnance concernant le métier des chapeliers et bonnetiers de Rouen. Vidimus par Henri Lancestre, lieutenant général de Guillaume Cousinot, bailli de Rouen, de lettres de Charles VII, de mars 1450[1451], homologuant le règlement du « mestier de chappellerie, aumusserie, bonneterie, mitaynerie et appartenances, de nostre ville et banllieue de Rouen », dressé le 13 mars 1450[1451] par Cousinot (6 avril 1450[1451]).

Fol. 35. Sentence de l'Échiquier de Rouen, relative à l'élection des gardes du métier de chapellerie (Saint-Michel, 1456).

Fol. 43 et 55. Additions à l'ordonnance concernant les chapeliers (16 décembre 1455 et 2 décembre 1493).

Fol. 51. Sentence du lieutenant général du bailli de Rouen réglant un différend entre les teinturiers et les chapeliers de Rouen (18 juillet 1489).

Fol. 63. Sentence du bailli de Rouen relative aux procédés de teinture des chapeaux et bonnets (16 août 1602).

Copies collationnées à l'original en 1467, 1489 et 1493. — Les feuillets 67 à 74 sont blancs, avec quelques essais de plume.

Acquis par Th. Phillipps du libraire Thorpe.

XV° et XVII° siècles. Parchemin. 74 feuillets. 160 millimètres sur 110. Reliure en cuir de Russie.

CXII. — Français nouv. acq. 10677.

(Phillipps 18406.)

HISTOIRE DE LA MAISON DE SAINT-CYR, PAR Mme D'ÉPERVILLE.

Titre : « Histoire de la Maison roïale de Saint-Cyr, par Madame d'Éperville, élève de Madame de Maintenon, où l'on voit des anecdotes sur cette dame et sur Louis XIV. »

Fol. 31. « Constitutions de Saint-Cyr, par Mme de Maintenon. »

Fol. 70. « Edit d'établissement de la Communauté de Saint-Louis à Saint-Cyr. » (Juin 1686.)

Fol. 45. « Conversations à l'usage des demoiselles de Saint-Cyr, par Mme de Maintenon. »

Fol. 79. Mélanges sur l'histoire de Saint-Cyr; entre autres : « Extrait de quelques lettres de Mlle d'Aumale » (fol. 84); — « Ce qui suit a été dit après le voyage par Madame ou par Mlle d'Aumale » (fol. 87); — « Pour la manière de faire le catéchisme aux pauvres, Madame vouloit qu'elle fût fort simple... » (fol. 107).

Au dessous du titre, on lit : « [Treizième à] Quinzième et dernier de la vingt-deuxième liasse, paraphée par le sieur Laurent Angliviel de La Beaumelle, au désir du procès-verbal de levée des scellés sur ses papiers, en date de ce jourd'hui sept mars 1754. La Beaumelle. » — Sur la saisie, le 23 janvier 1754, des papiers et manuscrits de La Beaumelle relatifs à ses *Mémoires sur Mme de Maintenon*, voir A. Taphanel, *La Beaumelle et Saint-Cyr* (Paris, 1898, in-8°), p. 190-192.

Au fol. 2, le timbre de la bibliothèque de Lamoignon.

XVIIIe siècle. Papier. 111 feuillets. 205 millimètres sur 155. Cartonné.

CXIII. — Français nouv. acq. 10678.

(Phillipps 15675.)

MÉMOIRE SUR LA MAISON DE SAINT-CYR.

Titre : « Mémoire de ce qui s'observe dans la royalle Maison de Saint-Louis, fondée par Louis 14., maintenue et confirmée dans les avantages dont elle a joüi dans le commencement par la protection de l'héritier de la gloire et du thrône de ce grand roy. »

Début : « La Maison royalle de Saint-Louis, établie à Saint-Cyr,
a été fondée par la piété et la libéralité du roy Louis XIV... »

Au bas du titre, on lit : « [Unzième et] Douzième de la
22ᵉ liasse. La Beaumelle ». — Ce volume porte, au fol. 2, le
timbre de la bibliothèque de Lamoignon.

XVIIIᵉ siècle. Papier. 29 feuillets. 180 millimètres sur 120. Cartonné.

CXIV. — Français nouv. acq. **10679**.

(Phillipps 16580.)

Aveu du prieuré de Notre-Dame de Tavant, dépendant de Marmoutier (1507).

Titre : « C'est l'adveu et denombrement du prieuré conventuel
de Nostre Dame de Tavant, par lequel religieuse personne frere
Guillaume Poyade, prieur dudit prieuré, adveue tenir ledit
prieuré et tout le temporel d'icelluy au dyvyn service de vous le
Roy nostre sire,... soubz le moustier royal de Marmoustier lez
Tours, prieuré et membre deppendant dudit moustier. » (20 janvier 1506[1507].)

XVIᵉ siècle. Parchemin. 6 feuillets. 300 millimètres sur 200. Cartonné.

CXV. — Français nouv. acq. **10680**.

(Phillipps 8363.)

Chronologie des premiers évêques de Toul, par Dom Fr. Riquet.

Titre : « Systeme de l'ordre et de la chronologie des évêques de
Toul, » jusqu'au vingt-sixième évêque, Bornon (vers 770-794).

On lit sur le premier feuillet de garde : « Ce manuscript est
pour le Rᵈ P. Papebrokius, Jésuite, à Envers. M. Chevalier est
prié de le mettre en mains du R. P. recteur de Luxembourg, qui
aura la bonté de le faire tenir à Anvers ; il obligera son très
humble serviteur, f. Louis Hugo, prieur des Prémontrés de
Nancy. 12 feubrier [1]700. »

Et plus bas : « Hugo iste scripsit vitam S. Norberti, gallice,
1704, editam, quam habemus. Non est idem censendus auctor

hujus Systematis, sed tantum misisse ad nos rogatu auctoris, D. Francisci Riquet, magni prioris S. Deodati in Vosago, qui jam ab anno 1694. hujus ipsius Systematis synopsim miserat ad nos. »

Au verso du titre, une ancienne cote : « C. 88 ». — N° 1561 de la vente des manuscrits de R. Heber (1836).

XVIIe siècle. Papier. 147 pages. 212 millimètres sur 165. Cartonné.

CXVI. — Français nouv. acq. 10681.

(Phillipps 16583.)

RENTES DE LA CHAPELLE S. MICHEL DE LA CATHÉDRALE DE TOURS. (1357 et 1377.)

Titre : « Ce sont les rentes perpetuelles dehues au chappelain de la chapelle Saint Michel, fondée en l'iglise de Tours, avec la capellenie Saint Pierre, par homme de bonne memoire mons. Pierre Fretaut, jadis arcevesque de Tours, lequel est enterré en ladicte capelle, en l'an mil CCC LVII, le xxiij. jour de may ; et fut Guillaume Ragoys, prestre de la diocese de Tours, premier chapelain institué en ladicte chapellenie Saint Michel et Jehan Haucepié, prestre en l'autre. »

Fol. 6. « Ce sont les cenz appartenans à la capellenie que fonda en l'iglise de Tours feu Pierre Fretaut, jadis arcevesque de Tours, laquelle mons. Guillaume Ragoys, prestre, a tenue, et la tient à present mons. Jehan Chauvin, prestre,... l'an mil CCC LXXVII. »

Fol. 8. Ballade contre les taverniers.

> « Le mal saint Mor qui membres amortist
> Et le jaunisse qui enledist la gent... »

(3 huitains et envoi de 5 vers.)

Au verso du dernier feuillet, cote du XVIIe ou XVIIIe siècle : « Année 1357. Layette 76. Chapelle des Anges, n° 3 *bis* ».

XIVe siècle. Parchemin. 8 feuillets. 215 sur 125 millimètres. Cartonné.

CXVII. — Français nouv. acq. 10682.

(Phillipps 4395.)

CARTULAIRE DE LA FAMILLE DE LA HAYE, EN COTENTIN.

Fol. 2. « C'est la première partie de la terre monsr Guillaume

de Vernon, chevalier en Costantin. Qui aura ceste partie, si aura
toult le manoir de Nehou... » (1283.)

Fol. 10 et 15. « Geonologie de la Haye Hue. Robert de la Haye,
escuier, oult espousée la seur de missire Guillaume de Vernon... »

Cartulaire de la famille de La Haye, en Cotentin. (1285-1505.)

Ex-libris gravé de l'abbé d'Orléans de Rothelin; n° 4418 de son
catalogue (1746).

Acquis par Th. Phillipps du libraire Royez, de Paris.

XVIe siècle. Parchemin. 103 feuillets. 190 millimètres sur 135. Reliure
en parchemin granité, aux armes de N.-J. Foucault.

CXVIII. — Français nouv. acq. 10683.

(Phillipps 811.)

ÉTABLISSEMENTS DE SAINT LOUIS.

Début : « Ci se commencent li Establissement le roi de France,
selonc l'usaige du Chatelet de Paris et d'Orliens et de cour de
baronie. La premiere rebriche dou premier cas si est de l'office
au prevost. Li prevoz de Paris et d'Orliens si tendront ceste
forme... » — Fin : « ...et costume passe droit et est tenue pour
droit. Ci fenist li segonz livres des Establissemenz le roi de
France selonc l'usaige du Chastelet de Paris et d'Orliens et de
court de baronie. »

Au milieu de la seconde colonne de la dernière page est gros-
sièrement peint un blason, d'azur à la croix de sable, qui semble
avoir été ajouté pour dissimuler un cachet de bibliotheque. Au-
dessous, on lit, en écriture du xve siécle, l'ex-libris « de conventu
fratrum Celestinorum sancte Trinitatis de Marcoussiaco ». — Trois
petites miniatures aux pages 1, 103 et 107.

Ms. *V* de l'édition Paul Viollet (1881, t. I, p. 417). — N° 509 de
la vente Chardin (1824.)

XIIIe siècle. Parchemin. 138 pages, à 2 colonnes. 168 millimètres sur
112. Reliure en maroquin rouge.

CXIX. — Français nouv. acq. 10684.

(Phillipps 810.)

ÉTABLISSEMENTS DE SAINT LOUIS.

Début : « Ce sont les Establissemens le roy de France, que le prevost de Paris et d'Orliens tiennent à leurs plaiz. La premiere rebriche est de l'office au prevost. Le prevost de Paris et d'Orliens si tendront cette forme... » — Fin : « ... si deffent les armes et les chevauchies selon les Establissemens. Explicit. »

Fol. 47 v°. « Cy commencent les Establissemens du roi Phillipe, noble roy de France, fais à Paris, l'an de l'incarnation nostre Seigneur mil cc . iiij^{xx} iij. moins, ou mois de janvier, au parlement de la Chandeleur. La premiere rebriche est telle. Premierement, l'en doit garder pour l'abregement des parlemens... — ... XXXII... au dommage d'aucune des parties. Explicit les Establissemens le roy de France. »

Fol. 50-55. Table des « rebriches » (chapitres) des deux livres des Établissements de saint Louis.

Ms. *U* de l'édition Paul Viollet (1881, t. l, p. 417). — N° 508 de la vente Chardin (1824).

XVe siècle. Parchemin. 55 feuillets. 205 millimètres sur 132. Reliure en parchemin blanc.

CXX. — Français nouv. acq. 10685.

(Phillipps 2841.)

CONSEIL DE PIERRE DE FONTAINES.

Début : « Ou non du Pere, et du Fil et du saint Esperit. Respeus d'ami plain de travail. A l'enprendre de che que vos m'avés tante fies prié... » — Fin : « ... la plus basse partie de le edifiement et chele qui atouche apartient. »

En haut du fol. 1, en écriture contemporaine, à demi coupé par le ciseau du relieur, on lit : « Li auteur de che livre fu Guido ». Une autre note, du xvii° siècle, constate que le présent manuscrit a appartenu à Charondas le Caron; au xviii° siècle, il se trouvait dans les mains d'un collectionneur du Beauvaisis, Bucquet de Bracheux, dont le nom se lit au verso du premier feuillet de garde. Il n'a pas été utilisé pour l'édition du *Conseil de Pierre de Fontaines* donnée en 1846 par A.-J. Marnier.

Cf. sur ce ms., appelé à tort *Pratique de Guido* par Charondas Le Caron et Klimrath, une note de M. Paul Viollet dans la *Bibliothèque de l'École des Chartes* (1880), p. 153-154. — N° 719 de la vente Chardin (1824).

XIIIe siècle. Parchemin. 163 feuillets, à 2 col. 220 millimètres sur 155. Reliure en veau raciné.

CXXI. — Français nouv. acq. 10686.

(Phillipps 812.)

ORDONNANCES ROYALES SUR LES EAUX ET FORÊTS.
(1291-1397.)

Fol. 1. « Ordonnance faitte par le roy de France [Philippe V le Long] sur les ventes de ses bois. » (17 mai 1320. — *Ordonnances*, I, 708-712.)

Fol. 8. « Ce sont les ordonnances des eaues faictes par le roy Phelipe le Bel. » (Août 1291. — *Bibl. Éc. des Chartes*, XIV, 52.)

Fol. 9. « Ordonnances d'eaues faittes par Phelipe le Long. » (6 juillet 1317. — *Ibid.*, 54.)

Fol. 10 v°. « Ordonnances d'eaues, faittes par le roy » Charles IV, le 28 juillet 1326, avec « l'atrempence mise sur les dittes ordonnances ». (Décembre 1366.)

Fol. 13 v°. « Ordonnances d'eaux et de forests, faittes par le roy Phelippe » VI. (29 mai 1346. — *Ordonnances*, II, 245-249.)

Fol. 19. « Ordonnances sur les eaues et forests, » de Charles VI (1er mars 1388. — *Ordonnances*, VII, 771-780). — Fol. 35. « C'est ce qui a esté advisé en la Chambre des Comptes sur les gaiges, drois, proufiz et emolumens du receveur ordinaire... » — Fol. 35 v°. « Declaration faitte par le roy [Charles VI] sur les doubtes d'aucuns articles dessus diz » (30 juillet 1390).

Fol. 38. « Ordonnance faitte par le roy Charles VIe, par laquelle il deffend toute chasse de bestes et d'oiseaux à toute personne non noble, s'il n'est privilegié ou bourgeois vivant de ses rentes. » (10 janvier 1396[1397]. — *Ordonnances*, VIII, 117-118.)

Fol. 40. « Copie de certaines ordonnances royaulx faittes par le roy sur le fait des eaues et forests. » — Vidimus par Pierre de

Fontaines, garde des forêts de Champagne et Evrart de Saint-Eul, chanceliers des dites forêts, de lettres de Jean II, du 28 décembre 1355, sur les eaux et forêts (Novembre 1362).

Fol. 40 v° et 43. « Ordonnance faitte par le roy Phelipe [IV le Bel] que les nobles puissent chassier, hayer et tendre partout hors garenne, sans aucun empeschement. » (S. d.)

On lit au verso du dernier feuillet, en écriture du xviie siècle : « Fait pour moy Roger ». — N° 510 de la vente Chardin (1824).

XVe siècle. Parchemin. 44 feuillets. 205 millimètres sur 135. Reliure en parchemin blanc.

CXXII. — Français nouv. acq. 10687.

(Phillipps 18624.)

« CATALOGUE DES LIVRES DU CABINET DU ROI. (1722.) »

« Etat des livres de feu Monseigneur, de feu M. le Dauphin et Madame la Dauphine, que le Roi a ordonnés être gardés pour en composer le Cabinet de M. le Dauphin, dont M. l'abbé Perot est chargé suivant l'état signé par le feu roi Louis XIV, dont la minute est au secretariat de la maison du Roi, du 26 novembre 1712. »

Les livres imprimés y sont classés méthodiquement et par formats, in-folio, in-4°, in-8°, in-12, etc. ; puis les manuscrits (p. 117), les livres de musique » (p. 126), les « instruments de mathématiques » (p. 127). -- Page 128. « Opera qui ont été envoiés de Versailles, le 14 janvier 1722, par M. Le Begue, dont j'ai donné mon reçu. » — Page 131. « Catalogue des livres qui ont été achetés, ou dont on a fait présent au Roy, qui ont été mis dans le Cabinet de Sa Majesté depuis l'état cy-dessus du 26 novembre 1712. »

Parmi les manuscrits (p. 117 et suiv.), on remarquera :

« Livre de la chasse, par Gaston Phœbus, en velin, avec de belles mignatures, couvert de vieux brocard, in-folio [= ms. français 616].

« 23. volumes de versions écrites de la propre main de feu M. le Dauphin, reliés en maroquin rouge [= mss. français 1753-1760, 2314-2321 et 2411-2416].

« Voiage de M. Carré en Orient [= ms. français 6090].

« Ameublement du Roi, par Delobel, en velin [= ms. français 2291-2292].

« Lettres latines de Marie Stuard à la reine Élisabeth, à François 2, dauphin, avec le françois à côté [= ms. latin 8660].

« Fasti di Ludovico 14 il Grande ; couvert de chagrin noir, avec des plaques d'argent [= ms. italien 869].

« Portraits arabesques des sultans et officiers de la Porte. »

XVIII⁰ siècle. Papier. 163 pages. 235 millimètres sur 175. Reliure en maroquin rouge, aux armes du roi.

CXXIII-CXXIV. — Français nouv. acq. 10688 et 10689.

(Phillipps 21186.)

ÉTAT DES CONSULS, VICE-CONSULS, ETC. D'ESPAGNE, ITALIE, NORD et LEVANT. (1778-1779.)

Titre : « État des consuls, vice-consuls, chanceliers et autres employés en Espagne, Portugal, Italie, Nord, Barbarie et Levant, des drogmans, secrétaires interprettes et jeunes de langues à Paris et Constantinople. — Année 1778. »

Autre exemplaire pour l'année 1779, avec titre encadré, aux armes de Sartine.

Acquis par Th. Phillipps du libraire Bachelin-Deflorenne, de Paris.

XVIII⁰ siècle. Papier. 119 et 116 pages. 192 millimètres sur 145. Reliure en maroquin rouge, aux armes de Sartine.

CXXV. — Français nouv. acq. 10690.

(Phillipps 9058.)

PRÉROGATIVES DU CLERGÉ, DE LA NOBLESSE ET DE LA MAGISTRATURE DE NORMANDIE, PAR L'ABBÉ LALLEMANT.

Titre : « Prérogatives et dignité du Clergé, de la Noblesse et de la Magistrature. Mémoire des députés du Clergé et de la Noblesse de la province de Normandie, en forme d'observations sur la réponse des officiers du bailliage de Rouen, et des autres juridictions ; » à la fin, la mention ajoutée : « par l'abbé Lallemant, député au nom du Clergé et de la Noblesse ».

N° 1059 du catalogue Thorpe (1836).

XVIII⁰ siècle. Papier. 188 pages. 270 millimètres sur 225. Reliure en veau fauve.

CXXVI. — Français nouv. acq. **10691**.

(Phillipps 10977 et 18418.)

NOTES SUR LES ÉCRIVAINS DE L'ORATOIRE,
PAR LE P. DESMOLETS.

Titre : « Scriptores Congregationis Oratorii Domini Jesu, recensiti ac notis historicis illustrati, » « par le P. Desmolets ».

Notes autographes.

XVIIIe siècle. Papier. 27 feuillets. 210 millimètres sur 160. Cartonné.

CXXVII. — Français nouv. acq. **10692**.

(Phillipps 6977.)

MÉLANGES SUR L'HISTOIRE DE L'ORATOIRE, ETC.

Fol. 1. « Noms de baptême et de famille des PP. de l'Oratoire, dont les vies sont contenues dans les mss. que l'on fait lire à l'Institution. » — Fol. 1 v°. « Catalogue des auteurs de la Congrégation qui ont écrit des livres sur différents sujets » (1780). — Fol. 4. Notice (en latin) sur la Congrégation de l'Oratoire ; suivie de notices sommaires sur les maisons de la Congrégation à Aix (fol. 7), Boulogne-sur-Mer (fol. 9), Caen (fol. 10), Chalon-sur-Saône (fol. 11), Dieppe (fol. 12), Dijon (fol. 13), Paris, Saint-Honoré (fol. 14).

Fol. 17. Liste des « manuscrits de l'Institution de l'Oratoire », à Paris, après sa suppression ; de la main de Dom Poirier.

Fol. 20. Liste des « poètes latins modernes apportés de Rome et qui se trouvent à Sainte-Geneviève » ; de la main du P. Adry.

Fol. 43. Rapport « sur le projet de réunir à Paris dans un seul dépôt les cartulaires des principales églises et abbayes de la République », par Dom Poirier. Publié dans la *Revue des bibliothèques* (1909).

XVIIIe siècle. Papier. 44 feuillets, de différents formats, montés in-8°. Demi-reliure.

CXXVIII. — Français nouv. acq. **10693**.

(Phillipps 2852.)

MÉMOIRES SUR LA RÉFORME DES UNIVERSITÉS AU XVIIIe SIÈCLE.

Fol. 1. « Du rétablissement des études et de la réformation des

Universités. » — Début : « Toutes les choses du monde sont
sujettes à des grands changemens et les institutions, mesme les
plus saintes, ne sont pas exemtes de cette loy generalle... »

Fol. 25. « De l'establissement des Universités et des priviléges
des professeurs et gradüés, principalement pour les bénéfices. »
— Début : « Ce seroit s'engager dans un trop grand discours que
de vouloir rapporter icy l'origine et les coustumes des diverses
sectes de philosophes... »

Fol. 50. « Mémoire pour la Faculté de Droit canon. » — Début :
« La Faculté de Droit canon est aussi ancienne que l'Université
de Paris, dont elle est le second membre... »

XVIIIe siècle. Papier. 55 feuillets. 220 millimètres sur 180. Cartonné.

CXXIX. — Français nouv. acq. 10694.

(Phillipps 11879.)

ŒCONOMIE DU DOMAINE ROYAL.

Titre : « L'Oeuconomie du domaine roïal, divisé en trois livres;
le premier traittera des usurpations faites dudit domaine par
les ecclesiastiques, et des abus. malversations et mauvais menage,
dont ils usent en l'employ et distribution de celuy qui leur a esté
donné par les seculiers ;

« le second représentera semblables abus et plusieurs autres
illusions practiquées par les nobles, au mepris de l'autorité roïale,
en la partie du même domaine qu'ils occupent ;

« le troisiesme contiendra les mauvais deportemens des hommes
du tiers estat en la culture et administration dudit domaine et
des autres droictz dependens de la couronne ;

« et en chacun de ces trois livres seront deduitz et representés
plusieurs moïens nécessaires, utiles et convenables à la reformation et retrenchement desditz abus et malversations, et les
remèdes propres aux maux, lesquelz s'en peuvent ensuivre de
leur continuation ;

« le tout suivant le droit divin, naturel et des gentz, et confor-
mément aux anciennes loix et coustumes du roiaume.

« *Epitre liminaire au Roy [Louis XIII].*

« Sire, il est notoire à tous que le domaine atribué d'ancienneté à votre
coronne est le fondement et la liaison de votre etat, et que la sappe et

la dissolution d'iceluy est votre ruine, celle de votre peuple et de votre
roiaume. Il est aujourd'huy tellement creusé au fonds et regratté de tous
cotés, qu'il est très dificile et perilleux d'éventer les mines et de
replatrer ou plutôt resoudre les ouvertures et dissipations qu'on y a
faites, ce que toutesfois j'ay entrepris de faire en quelque façon par des
moïens de droict et d'équité non usités auparavant... Mais si vous me
fermez l'entrée de votre palais, l'accès de votre personne et la protection
de votre main souveraine, je ne sçauray où me retirer et ne trouveray
aucun lieu propre pour me tenir et loger en seureté. Car premierement,
si je veux aller prendre les cornes des autelz sacrés pour mon asyle, je
n'y aurai nulle entrée, d'autant que les ecclesiastiques fermeront leurs
portes et me rendront anatheme de leurs eglises, je dis eglises tant
catoliques que pretendues reformées, si les dernieres sont dignes de
ce nom... Je ne doute point qu'en l'excecution de ce dernier article touchant l'union et reformation de votre domaine à la coronne, vous ne
trouviés de prime face grandes difficultés, parceque tous les estatz de
votre roiaume ont abusé et abusent d'iceluy journellement... Par exemple,
Sire, l'ordre ecclesiastique vous faisant ses remontrances, chantera son
ancienne chanson et ses vieilles doleances, et au lieu de vous rendre ce
qu'il vous doibt et ce qu'il vous a usurpé soubz divers pretextes, et
montrer le chemin aux autres en ce reiglement et reformation, il vous
demandera une prodigale augmentation de bienfaitz à l'oppression des
autres ordres... Le premier article de leurs demandes sera la publication
du Concile de Trente, non tant pour retablir la vraie doctrine et la religion catolique que pour ravaller vos droictz et les anciennes libertés
et franchises de vostre coronne et les soubmettre à la discretion et
domination de ceux de leur ordre... Le second sera que vous aïez à re-
noncer au Concordat et à leurs remettre les elections, nominations et
collations des benefices... Le troisieme sera l'abolition et descharge des
decimes ordonnées par vos predecesseurs sur le temporel de leurs benefices... »

Fol. 11. « Preface pour l'instruction du lecteur.... Je m'effor-
cerai... d'etendre mon discours sur l'introduction, progrès et
remedes des usurpateurs et maux cy dessus representés et ce en
trois livres, lesquels je distinguerai par divers chapitres et traités...
Le premier parlera en forme de discours politique du devoir des
ecclesiastiques, le second de celui des nobles et le tiers de l'obligation de ceux du Tiers Etat tant envers Dieu que envers leur Roy
legitime.... »
Fol. 29. « Du domaine temporel. Livre premier, divisé en trois
parties : la premiere traitera du domaine et des droictz ecclesias-

tiques et seculiers; la deuxiesme du pouvoir des ecclesiastiques
et des princes seculiers sur les personnes et choses du monde;
la troisiesme de la prescription du domaine temporel et des autres
immunités pretendues par les ecclesiastiques, et du reiglement
d'iceux avec les seculiers des autres ordres du royaume; ausquelles
sera sur la fin adjouté un traité du droit de regale. »

Le volume se termine avec le chapitre sixième et dernier de la
troisième partie du premier livre. L'auteur date son ouvrage en
écrivant : « Il y a cent ans ou environ que commença le schisme
de Luther... » Certaines allusions à des circonstances contempo-
raines s'ajouteraient, au besoin, à cette indication chronologique
pour autoriser à en placer la composition en 1617.

Acquis par Th. Phillipps du libraire Rodd, de Londres.

XVIIe siècle. Papier. 190 feuillets. 285 millimètres sur 200. Reliure en
parchemin.

CXXX. — Français nouv. acq. 10695.

(Phillipps 3695.)

MÉLANGES HISTORIQUES.

Fol. 1. Mémoire du voyage de M. le duc de Guise en Italie, son
retour, la prise de Calais et de Thionville (1556-1557), par Claude
de La Chastre; en deux livres et beaucoup plus étendu que dans
les éditions.

Fol. 60. « Interrogatoires faites à Monsieur Dubourg, tant par
le Roy, que Messieurs l'evesque de Paris, que les commissaires
dudit Dubourg; du vingtième jour de juing 1559. Dubourg est
mandé et remonstrances à luy faictes... »

Fol. 64. « Brief et simple discours de la trahison nagueres com-
mise et perpetrée par les rebelles d'Escosse contre leur serenis-
sime royne [Marie Stuart], extraictz fidelement des lettres latines
d'un certain grand personnaige, depuis mis en françoys. Plusieurs
ont entendu comme l'année passée... »

Fol. 68 v° . « Memoire de quelques choses des années MV^c LXV.
et années suivantes. Le xxj^e jour de janvyer l'an mil V^c LXV,
suyvant l'ancienne coustume, la duché d'Orléans fut reunie à la
couronne... » — Fol. 76. « Memoire de quelques choses memorables
des roys Charles IXe et Henry III. Le dimanche septiesme jour de
juin 1573, fut faict à Paris ung feu de joye en la place de

Greve... » — Fol. 78. « De la mort du roy Charles neufiesme. Dimenche jour de Pentecouste, xxx. jour de may M.V^c LXXIIII, le Roy disna à huict heures... »

Fol. 80. Manifeste de Henri de Bourbon, prince de Condé. (S. l. n. d.)

Fol. 85. « Declaration des causes qui ont meu Monseigneur le conte de Soissons de prendre les armes. Monseigneur le conte de Soissons, quand ceux de la Ligue troublerent la paix... », et lettre du même au roi (La Rochelle, 13 octobre 1587).

Fol. 87. « Recueil des dernieres parolles tenues par Monseigneur le duc de Guyse. Ma chere et bien aymée compagne, nous avons esté conjoinctz... »

Fol. 90. « Pronosticatio Johannis Nitubergensis fuit anno Domini 1494 et durante usque ad annum 1567. Unde Joachin super Hieremiam dicit... »

Fol. 91 et 110. « Discours sur les barricades de Paris, du xij^me may 1588. Monsieur, je ne sçay soubz quel artifice... » (Double exemplaire.)

Fol. 120. « Extraict d'une lettre escripte par Monseigneur de Guyse. Nous aurons assez de peine à remparer contre les artifices... » (S. d.)

Fol. 122. « Harangue du roy [Henri III]. Messieurs, il n'y a personne de vous qui ne saiche les causes desquelles j'ay esté contrainct à convocquer ceste assemblée... »

Fol. 124. « M[emoire] de M. de Sansac. L'offence de Tarquin, roy des Romains, en Lucrece... »

Fol. 128. « A nosseigneurs de Parlement, supplye humblement Catherine de Cleves, douairiere de Guyse,... de luy octroyer commission pour informer » sur l'assassinat de son mari.

Fol. 130. Lettres du duc d'Épernon « à M^r. le cardinal de Bourbon », « à M^r le Premier Président » et « à M^r le Chancelier », au sujet de son départ soudain pour aller trouver le roi de Navarre.

Fol. 132. « Protestation des catholiques de Paris, qui n'ont faict leur prouffit des deniers publics. De quinze cens mil escus levez... »

Fol. 136. « Extraict d'une epistre envoyée par un de la religion catholique et romaine aux freres des eglises esparses parmy le royaume de France, qu'on dict de la Religion refformée. Très chers et très amez freres en notre seigneur Jesus Christ, sachez que à ce temps... »

Fol. 138. « Le serment que fait à la cour de Parlement M^r le duc de Mayenne, lors qu'il fut receu lieutenant et gouverneur general de l'estat royal, maison et couronne de France, le XIIIe mars 1581. »

Fol. 140. « Discours de Monsieur de Villeroy, presenté à Monseigneur le duc du Mayne au moys de decembre 1589. »

Fol. 152. « Sommaire de la bataille d'Arques. Monseigneur le duc de Mayenne estant venu en Normandie... »

Fol. 154. « Discours contre l'estat monarchique. D'avoir plusieurs seigneurs aucun bien... »

Fol. 175. Journal de Nicolas Poulain, lieutenant de la prévôté de l'Ile-de-France, contenant l'histoire de la Ligue (1586).

Fol. 194. « Le second livre de la Franciade.

« Des puissans dieux la plus gaillarde troupe... »

Fol. 220. « Receuil de ce qui c'est passé à la prononciation de l'arrest de deffunct Monsieur le duc de Biron et execution d'iceluy. Le mercredy dernier jour de juillet 1602... »

Fol. 234. « Contract procuration du roy d'Espagne [Philippe II] au duc de Tollede [d'Albe] pour espouzer Madame Elisabeth de France. » (4 juin 1559.)

Fol. 238. Généalogie des seigneurs d'Orville.

Fol. 242. Exécution du duc de Montmorency, à Toulouse (30 octobre 1632).

Fol. 249. « Le Tableau du gouvernement present, ou l'Eloge du cardinal de Richelieu.

« Peuples, eslevez des autels
Au plus eminent des mortels... »

Fol. 269. « Missive de M^r de La Fougere, touchant la mort de feu Monseigneur le duc » [d'Anjou] (1584).

Fol. 275. « Relation des isles sainct Christofle, Gardelouppe et la Martinicque, gisantes par les quinze degrez au deçà de l'Equateur. Nos François ont autrefois... » (Vers 1645.) — On lit au verso du dernier feuillet : « Relation pour faire voir à M. d'Anisy ».

Provient de la bibliothèque de de Thou. — Acquis par Th. Phillipps du libraire Allard, de Paris.

XVIe et XVIIe siècles. Papier. 294 feuillets, in folio et in-4°. Rel. en peau jaune.

CXXXI. — Français nouv. acq. 10696.
(Phillipps 1106.)

GÉNÉALOGIE DE LA MAISON DE MONTFORT
EN SAVOIE ET EN FRANCHE-COMTÉ.

« Recueil de quelques memoires disposez par degrez justificatis de l'extraction de la très noble, très illustre et très ancienne maison de Monfort, establie tant en Savoye que Franche-Comté de Bourgoigne,... le tout dressé... par R^d père en Dieu frère maistre Claude Du Pont, docteur en saincte theologie, gardien du couvent des frères Mineurs conventuels de St François, en la ville de Gray, au comté de Bourgoigne. — A Gray, 1670. »

Dédié à « Me Pierre-Aimé, seigneur de Monfort, chevallier, baron de Cretes... » et à « Me Philippe-Emmanuel de Monfort, seigneur dudit lieu... ».

Deux feuillets préliminaires portent, l'un les armes gravées de « Jean, baron de Launay et du Saint-Empire », le second le portrait en pied, gravé, du même personnage, et sur le feuillet suivant, qui précède le titre ci-dessus, on lit : « Cette troisiesme partie de la Maison de Montfort-Beaujeu et autres tiltres, mémoires et généalogies, dressée par frère Claude Du Pont, a esté communiqué l'an 1670, « à Bruxelles, à Messire Jean, baron de Launay et du St Empire,... par Messire Philippe-Emmanuel, sieur de Montfort-Coupelin, etc., lequel tient cette partie plus correcte et asseurée en son origine et preuve que la deuxiesme partie, faite par frerre Claude Du Pont, l'an 1667, laquelle il a communiqué audit baron de Launay ; cela estant il faudra s'arrester plustôt à la troisième partie qu'à la deuxiesme. »

Cf. sur d'autres *Recueils généalogiques du baron de Launay*, *conservés à la Bibliothèque nationale* (mss. français 31812-31861), la *Revue des bibliothèques* (1897), t. VII, p. 26-37.

Au dos de la reliure, on lit le titre : « Noblesse de Bourgogne, tom. III. ».

XVIIIe siècle. Papier. vii et 276 pages. 288 millimètres sur 198. Reliure en veau granité.

CXXXII. — Français nouv. acq. **10697.**

(Phillipps 9157.)

Projet d'un nouveau Cérémonial français.

« Projet d'un nouveau cérémonial françois, augmenté d'un grand nombre de pièces qui n'ont pas été publiées par M. Godefroy. — A Paris, de l'imprimerie de Prault père, quai de Gêvres, au Paradis, M.DCC. XLVI. »

Exemplaire imprimé, avec très nombreuses notes manuscrites. — N° 205 du catalogue de Thorpe (1836). — C'est le même qui a figuré, sans passer en vente, sous le n° 300 du catalogue de la vente Phillipps de 1908.

XVIII° siècle. Papier. x et 109 pages. 255 millimètres sur 185. Demireliure en veau fauve.

CXXXIII. — Français nouv. acq. **10698.**

(Phillipps 4574.)

Mélanges historiques.

Fol. 1. « Lettres patentes du roy Henry III° de ce nom, du mois de septembre MV° LXXV, touchant le don faict par le dict seigneur d'une petite portion de la vraye Croix pour la devotion du peuple, au lieu de celle qui avoit esté auparavant desrobée en la S°° Chappelle du Palais, à Paris. » — Fol. 2. « Inventaire des sainctes relicques de la S°° Chappelle de ceste ville de Paris, qui ont été descendues le viij° jour d'octobre mil V° LXXV, pour la procession du Roy, par le s° reverendissime evesque d'Auxerre, conseiller dudit seigneur et grand aulmosnier de France, en presence de M°° Jherosme Desmolins, Jehan Durammel et Jehan de Baugy, tous chanoynes de ladite S°° Chappelle, et de M° Robert Danés, notaire, secretaire dudit seigneur et greffier en sa Chambre des Comptes. »

Fol. 3. « Maximiliani Cæsaris epitaphium. Divi Maximiliani Cæsaris publicum funus... »

Fol. 4 v°. « Infelix regii vulneris successus. — Obitus Henrici II., Francorum regis. Die veneris christianissimus Gallorum rex... »

Fol. 7. « Testament de feu messire Guillaume Du Prat, en son vivant evesque de Clermont en Auvergne, du xxve jour de juing MVc LX. »

Fol. 25 vo . Lettres de Henri III « touchant l'abréviation des dix jours », du 9 au 20 décembre. (Novembre 1582.)

Fol. 27. Lettres de Henri III « touchant les privileges des secretaires du Roy pour signer en l'absence des greffiers en presence, s'ilz ne sont secretaires du Roy ».

Fol. 28 vo . « Christophori Thuani praesidis elogium. Certum est et juvenes cito posse mori et senes non posse... »

Fol. 30. « Petri Seguieri eulogium. Petri Seguieri, in supremo Parisiensi senatu præsidis, mortem celebrem dolor omnium facit... » — Signé à la fin : « Papyrius Massonus Forensis ».

Fol. 32. « Le Conseil et advertissement de feu monsieur le president Seguier à ses enfants, lors qu'il les envoyoyt aux universitez pour estudier à la loy. Fili mi, initium sapientiæ timor Domini... »

Fol. 33. « Memoires et instructions pour faire remonstrances au pape de la part du Roy sur la manutention et conservation des droictz, privileges, franchises et libertez de l'Eglise gallicane. Le Roy ayant faict veoir en son Conseil... »

Fol. 51 vo. « Caroli noni tumulus.

« Carolus hic nouus proavorum ex ordine regum... »

Fol. 52. « Caroli noni, Francorum regis, vita. Et primum de ejus progenitoribus. Ex gente Capetia familiæ duæ... »

Fol. 62. « Aucuns propos sentencieux extraictz des œuvres de Plutarque. Romulus establist plusieurs loix et mariages... »

Fol. 106. « La creation, erection et institution du parlement de Thoulouze. Parlamentum in Tholosa, le temps passé, estoit tenu par certains temps et jours seullement... »

Fol. 112. « Testament de Ramus, contenant la fondation d'une lecture ès mathematiques. » (1er août 1568.)

Fol. 114. « Cas prodigieux advenu en une ville d'Allemaigne. — Punition divine contre les blasphémateurs. Netzerhofi, quod est oppidum Hildebergense in comitatu Palatino... » (2 novembre 1580.)

Fol. 115. « Advis du prince d'Orenge sur les affaires de la guerre du Païs Bas. 1583. Messieurs, j'ay esté requis de messieurs du magistrad de ceste ville... »

Fol. 126 vo. « Lettre de ceulx d'Anvers à la royne d'Angleterre.

Madame, la sincere affection laquelle il a pleu à Vostre Majesté... »
(4 février 1583).

Fol. 129. « Discours de ce qui est advenu au Païs Bas en
l'année 1583. Ayant les trouppes françoises et souysses, dont
estoyt general Monsieur le duc de Montpensier, passé Gravelin-
gues... »

Fol. 135. « Pour le Roy et l'Eglise galicane. Memoires sur
lesquelz se pourront dresser les remonstrances que seront
besoing de faire au Roy nostre souverain de la part de son Procureur general... »

Fol. 177. « Sibilla Cumana de regimine regis Francorum.
Quidam intrans regum Caroli nomine... »

Fol. 180. « Plaidoyé en regalle. En ensuyvant l'arrest et ordonnance de la Court, du vi^e avril l'an mil V^c cinquante six avant
Pasques... » (Prébende de Pierre Robert, chanoine de Périgueux.)

Fol. 222. « Reglement du Conseil d'Estat, du mois de may
MV^c IIII^{xx} II. » — Fol. 225. « S'ensuyt le departement de ceulx
que le Roy a choisiz pour servir audit Conseil chacun quatre mois
de l'année. »

Fol. 232. « Testament de Jehan Mauroy, de Troyes » (23 juillet
1563).

Fol. 234 v°. « Contract de mariage d'entre messire Jacques de
Savoye, duc de Gennevois et Nemoux, et dame Anne d'Est, velve
de feu monsieur le duc de Guyse » (29 avril 1566).

Acquis par Th. Phillipps du libraire Payne, de Londres.

XVIIe siècle. Papier. 237 feuillets. 295 millimètres sur 200. Reliure en
peau jaune.

CXXXIV. — Français nouv. acq. 21199.

(Phillipps 2895.)

CARTULAIRE DES COMTES D'ARTOIS.

Fol. 1-6. Pièces n°s 63 à 102 (1308-1309), au nom de la comtesse Mahaut.

Fol. 7-12. Pièces n°s 151 à 169 (1302), au nom des comtes Otton
et Mahaut.

Fol. 13-20. Pièces n⁰ˢ 297 à 336 (1305), au nom de la comtesse Mahaut[1].

Stein, *Bibliographie*, n° 232.

XVIe siècle. Parchemin. 20 feuillets. 320 millimètres sur 240. Cartonné.

CXXXV. — Français nouv. acq. 21200.

(Phillipps 7406.)

CARTULAIRE DE L'ABBAYE DE N.-D. DE LA BLANCHE DE NOIRMOUTIER.

Fol. B. « A Monsʳ Mʳ le seneschal de Noirmoustier, remonstrent les humbles prieur, religieux et convent de l'abbaie de Nostre-Dame la Blanche dudit isle de Noirmonstier que s'estans apperceus, le premier jour de janvier de cette presente année, par une ouverture qu'ilz firent capitulairement d'un certain coffre de leur thresorerie, auquel on disoit estre contenus tous les tiltres de ladite abbaïe, qu'il s'estoit perdu et escarté tres grande et notable quan-

1. Je dois à l'obligeance d'un savant bien connu par ses travaux sur l'histoire de l'Artois, M. Guesnon, les renseignements complémentaires suivants sur ce volume :

« Les trois fragments de cartulaire cotés 2895 dans la collection de sir Thomas Phillipps sont bien, comme le supposait en 1856 M. L. Delisle (*Cartulaire de Philippe-Auguste*, p. 527), ce qui nous reste du *deuxième cartulaire d'Artois*, mentionné par Godefroy dans sa correspondance avec Moreau et dans l'avertissement placé en tête de son Inventaire des chartes d'Artois. On n'en connaissait alors que le premier volume s'arrêtant à 1287 (Bibl. nat., coll. Moreau, 396). Cependant, on avait pu établir un second volume à l'aide des fiches de Godefroy, retrouvées et communiquées par sa famille; il s'arrêtait à 1300. Depuis lors de nouvelles communications ont permis de prolonger ce même inventaire jusqu'en 1321. Le dernier supplément comprend les analyses très détaillées des *deuxième* et *troisième* cartulaires d'Artois disparus des Archives d'Arras; il se trouve dans la bibliothèque de la Société des Antiquaires de la Morinie. On constate que les pièces inscrites dans les trois fragments récemment acquis pour la Bibliothèque Nationale y sont toutes reprises avec relevé de la cote qui leur est assignée dans le manuscrit original.

« Les renseignements sur l'Inventaire de Godefroy sont connus, mais ce qui l'est moins c'est que les Archives du Nord possèdent une liasse non signalée contenant, en une suite de cahiers non reliés, le manuscrit autographe de cet Inventaire prolongé jusqu'à la fin de l'année 1300 v. st. »

lité desdits tiltres et que ceux mesme qui y sont de present, pour avoir esté par cy devant mal conservés, sont la pluspart beaucoup usés et commencés à effacer, et que pour obvier aux inconvenientz qui en pourroient ensuivre, ont lesditz remonstrantz, après meure deliberation, jugé necessaire et à propos pour et à l'egard de la posterité faire dresser desditz tiltres vidimus ou coppies authentiques.

« Ce consideré, vous supplient mondit sieur lesditz humbles prieur, religieux et convent qu'il vous plaise commettre à dresser lesdites coppies ou vidimus personnes capables et notaires apparens de ladicte isle, et que, aux coppies dressées et faictes par lesditz notaires de vostre commandement, foy et croiance soit adjoustée comme aux propres originaux, et ferés bien et justice et obligerés les supplians à prier Dieu pour vostre prosperité et santé. — Fr. Jean Galleran, prieur. »

Suivent les signatures autographes des religieux, et au bas l'approbation du sénéchal Jean Guesdon.

Fol. B v°. Autre acte, signé également du prieur et des religieux, constatant que les notaires Guillaume Maublanc et Jacques Baizeau ont été chargés de rédiger le cartulaire (1632) ; chaque acte porte dans le corps du volume leurs signatures, qui sont aussi répétées au bas de chaque page.

Page 1. Charte de « Petrus de Gasnapia » (1205).

Page 3. Bulle de Grégoire IX. « Religiosam vitam eligentibus apostolicum convenit... — Datum Perusii, per manum magistri Guillelmi, Sanctæ Romanæ Ecclesiæ vicecancellarii, sexto idus augusti, indictione octava, incarnationis Dominicæ anno millesimo ducentesimo trigesimo quinto, pontificatus vero domini Gregorii papæ noni anno nono. » (8 août 1235.)

Page 8. Charte d'Étienne, évêque de Nantes (1225).

Les actes transcrits dans ce cartulaire datent des années 1205 à 1645.

Page 1085. « Table des tiltres de Noirmonstier. »

Acquis par Th. Phillipps à Paris en 1838. — Stein, *Bibliographie*, n° 2761.

XVII° siècle. Parchemin. III feuillets et 1123 pages. 340 millimètres sur 285. Reliure en veau noir.

CXXXVI. — Français nouv. acq. **21201**.

(Phillipps 25050.)

COMPTES DE L'ARGENTERIE
DU ROI DE FRANCE, JEAN LE BON.
(1353-1354.)

Premier et second comptes, avec fragments d'un troisième compte de l'Argenterie de Jean le Bon, de Gaucher de Vanves (1353-1354).

Fol. 1-45. Premier compte, feuillets iiij à xiij, xv à xxvj et xxviij à L.

Fol. 46-88. Deuxième compte, feuillets iiij à xvij et xxiiij à Lij

Fol. 89-96. Troisième compte, feuillets iij, vj à xj et xiij.

D'autres fragments de comptes de Gaucher de Vanves (1352-1355), mais différents de ceux-ci, sont conservés aux Archives nationales, sous la cote KK. 8; cf. Douët d'Arcq, *Nouveau recueil de Comptes de l'Argenterie* (1874), p. xxx-xxxj.

On lit au fol. 45 vᵒ, le titre : « Primus computus Galcheri de Vannis de facto Argenterie, a prima die maii CCC LIIIᵗᵒ usque ad primam diem novembris post, qua die moneta fuit mutata de iiij. d. a j. d. »

XVᵉ siècle. Parchemin. 96 feuillets. 420 millimètres sur 320. Demi-reliure.

CXXXVII. — Français nouv. acq. **21202**.

(Phillipps 3004.)

COMPTES DE L'HÔTEL DE CHARLES VI.
(1407-1408.)

Titre : « C'est le xxxiiijᵉ compte des despens de l'Ostel le roy Charles, du premier jour de janvier l'an mil CCCC et sept jusques au premier jour de juillet ensuivant l'an mil CCCC et huit, rendu par Raymond Raguier, son clerc en sa Chambre aux deniers, et par Jehan Daigny, contrerolleur de ladicte Chambre. »

Provient de A.-A. Monteil.

XVᵉ siècle. Parchemin. 12 feuillets. 375 millimètres sur 320. Cartonné.

CXXXVIII. — Français nouv. acq. **21203**.

(Phillipps 232.)

SECOND COMPTE DE JEAN DE SERRE, DIT VIGNERON,
POUR LES MONNAIES DE TOURS, ANGERS, POITIERS, ETC.
(1420-1421.)

« Compte de Jehan de Serre, dit Vigneron, commis par Mons.
le Regent le royaume, daulphin de Viennois, duc de Berry et de
Touraine et conte de Poitou, et par ses lettres données le xxvijᵉ
jour de may l'an mil CCCC et vint, transcriptes au commencement
du compte precedent dudit de Serre, à recevoir le prouffit et
emolument des monnoyes de Tours, Angiers, Poitiers, la Rochelle,
Chinon et Loches, et depuis commis par mondit sʳ à recevoir
pareillement le prouffit et emolument des monnoyes du Mont
Saint Michel, Orleans, Fontenay le Conte, Bourges, Saint Poursain,
le Puy, Villefranche et Limoges, comme par quatre lettres de
mondit sʳ transcriptes au commencement de ce compte peut
apparoir (1420-1421); . . icelluy compte commençant en novembre
ou dit an mil IIIIᶜ XX. et fenissant le derrenier jour d'octobre
ensuivant inclus l'an mil IIIIᶜ vint et ung. — Rendu ce present
compte par Anseau Drouet, procureur dudit Vigneron. »

Au haut du fol. 5, on lit le titre : « IIᵘˢ compotus Johannis
Serre, dicti Vigneron, commissi ad recipiendum emolumenta
monetarum Andegavensis, Pictavensis et aliarum monetarum
inferius designatarum, a mense novembri Mᵒ CCCC XXᵒ usque
ad ultimam octobris M CCCC XXI. »

Le compte est incomplet et s'arrête au 2 juillet pour la recette
de Poitiers.

XVᵉ siècle. Parchemin. 28 feuillets. 330 millimètres sur 280. Reliure
en veau fauve gaufré.

CXXXIX. — Français nouv. acq. **21204**.

(Phillipps 24129.)

FRAGMENTS DE COMPTES ROYAUX, ETC.

1. (Fol. 1-2.) Fragment d'un compte du xvⁱᵉ siècle (s. d.).

« Recepte faicte de froment. — Recepte tant de vente de bestiare
que de toysons de laynes. »

II. (Fol. 3-6.) Feuillets xxxvij à xl et dernier d'un compte royal
de 1549.

III. (Fol. 7-8.) Contrat de mariage de René Legoux, avocat au
Parlement de Rennes, et de Jeanne de La Chesnaye, veuve de
Gilles Loysel (26 novembre 1597).

IV. (Fol. 9-10.) Contrat d'échange entre Mathurin Oger et Jeanne
Boschel, sa femme, et Gilles Houssays, demeurant « en la paroisse
de Callorguen, evesché de Sainct-Malo » (16 janvier 1666).

V. (Fol. 11-23.) Fragment d'un compte du xvie siècle; paie-
ment à des capitaines de bandes italiennes à la solde du roi
de France. — Fol. 18 v°. « Autres payements faictz à plusieurs
cappitaines, souldars et autrez bons compaignons experimentez à
la guerre, qui ont tousjours esté près la personne dudit sieur
Renzo,... au service du Roy... » — Fol 21 v°. « Autres payements
faictz à plusieurs seigneurs et gros personnaiges du royaume
de Naples, qui s'estoient retirez à Barlette, après la roupte de
l'armée du Roy près ledit Naples. » — Fol. 23. « Autres parties
payées pour remboursemens faictz à plusieurs marchans et
autres, qui ont presté argent pour le service du Roy. »

XVIe siècle. Parchemin. 23 feuillets. 330 millimètres sur 270. Demi-reliure.

CXL. — Français nouv. acq. **21205**.

(Phillipps 4408.)

COMPTES DE L'ÉCURIE DU ROI HENRI IV (1597).

Titre : « Ecurye du Roy pour l'année finye le dernier jour de
decembre mil Ve IIIIxx dix sept. — Me François Sauvat. — Gou-
lart, tresorier. — Double. »

Au fol. 2, cet autre titre : « Transcript de l'estat faict et arresté
au Conseil du Roy, signé de sa main et au-dessous : Ruzé, de la
despence que ledit sieur a commandé, voullu et ordonné estre
payée par Me François Sauvat, cy devant conseiller dudit sieur,
receveur et payeur du faict et despence de ses Escuries, pour
l'année commancée le premier jour de janvier M. Ve IIIIxx dix
sept et finye le dernier jour de decembre ensuivant... » — Fol. 16.

« Compte sixiesme de M⁰ François Sauval,... des recepte et depense par luy faictes... »

Acquis par Th. Phillipps du libraire Royez, de Paris.

XVIᵉ siècle. Parchemin. 197 feuillets. 310 millimètres sur 250. Reliure en basane fauve.

CXLI. — Français nouv. acq. 21206.

(Phillipps 1313.)

Comptes du trésor royal (1776).

Titre : « Rolle de plusieurs parties et sommes de deniers que le Roi a commandé et ordonné à Mᵉ Charles-Pierre Savalete, conseiller ès Conseils de Sa Majesté, garde de son Trésor royal, de payer comptant ou assigner par ses quittances aux ci-après nommés pour les restes de son exercice 1776. »

Ce rôle original, montant à 220 678.963 livres, 14 sous, 10 deniers, est arrêté, à la date du 12 janvier 1788, signé par Louis XVI, et contresigné par les membres du Conseil des finances, Lamoignon, le duc de Nivernois, etc. Un autre « rolle » pour les mois de juillet-décembre 1776 est conservé à la Bibliothèque nationale sous le nº 7693 des manuscrits du fonds français.

Provient de A.-A. Monteil.

XVIIIᵉ siècle. Papier. 110 feuillets. 410 millimètres sur 260. Reliure en veau rouge gaufré.

CXLII. — Français nouv. acq. 21207.

(Phillipps 3717.)

Comptes du Trésor royal (1777).

Titre : « Dépouillement des feuilles du Trésor royal relativement aux paiemens qui ont été faits comptant par semaine pendant l'année 1777. »

Au fol. 2, « table des objets de dépenses contenues au present registre ». — La première partie du volume contient des « récapitulations des objets payés » par semaines, et la seconde partie les paiements par objets; c'est à cette seconde partie que se rapporte la table du fol. 2.

XVIIIᵉ siècle. Papier. 37 et 91 feuillets. 370 millimètres sur 240. Reliure en veau raciné.

CXLIII-CLVII. — Français nouv. acq. **21208-21222**.

(Phillipps 25030, 1-8, 14257, 8787, 10632, 24299, 13968, 18289 et 10632.)

COMPTES DE LA VILLE D'ARRAS ET DE L'ABBAYE
DE SAINT-VAAST D'ARRAS. (1433-1785.)

Comptes de la ville d'Arras. (1433-1785.)

I (21208). Ville (1440-1441); incomplet du début et de la fin. — 30 feuillets, 390 millimètres sur 440. (Phillipps 25030, 1.)

II (21209). Ville (1433-1569); fragments de comptes divers. — 154 feuillets de différents formats. (Phillipps 25030, 2.)

III (21210). Ville (1442-1540); fragments de comptes divers. — 228 feuillets de différents formats (Phillipps 14257.)

IV (21211). Ville (1572-1573). — 37 feuillets de parchemin et papier. 390 millimètres sur 320. Cartonné. — Provient de A.-A. Monteil. — Nᵒ 68 du catalogue Thorpe (1836). (Phillipps 8787.)

V (21212) (Ville 1666-1669); fragments de comptes divers. — 263 pages. 340 millimètres sur 230. (Phillipps 24299.)

VI (21213). Ville (1772-1785); fragments de comptes divers. — 181 pages. 325 millimètres sur 240. (Phillipps 13968.)

Comptes de l'abbaye de Saint-Vaast d'Arras. (1518-1654.)

VII (21214). Abbaye de Saint-Vaast (1518); incomplet du début et de la fin. — 160 pages. 370 millimètres sur 285. (Phillipps 25030, 4.)

VIII (21215). Abbaye de Saint-Vaast (1521); incomplet du début et de la fin. — 170 pages. 380 millimètres sur 318. (Phillipps 18289.)

IX (21216). Abbaye de Saint-Vaast (1530); incomplet du début et de la fin. — 193 pages. 380 millimètres sur 290. (Phillipps 25030, 3.)

X (21217). Abbaye de Saint-Vaast (1541-1542); incomplet du début. — 190 pages. 380 millimètres sur 290. (Phillipps 25030, 5.)

XI (21218). Abbaye de Saint-Vaast (1542-1543); incomplet du début. — 188 pages 375 millimètres sur 295. (Phillipps 25030, 7.)

XII (21219). Abbaye de Saint-Vaast (1543-1544); incomplet du début. — 194 pages. 370 millimètres sur 290. (Phillipps 25030, 8.)

XIII (21220). Abbaye de Saint-Vaast (1616-1617). — 108 feuillets. 410 millimètres sur 308. (Phillipps 10631.)

XIV (21221). Abbaye de Saint-Vaast (1640-1644) ; fragments de comptes-divers. — 64 feuillets. 440 millimètres sur 330. (Phillipps 25030, 6.)

XV (21222). Abbaye de Saint-Vaast (1653-1654); incomplet du début. — 68 pages. 460 millimètres sur 335. (Phillipps 10632.)

XVᵉ-XVIIIᵉ siècle. Parchemin. 15 volumes. Cartonnés et demi-reliure.

CLVIII. — Français nouv. acq. 21223.

(Phillipps 8519.)

COMPTES DE LA BAILLIE DE DOUAI.
(1438-1450.)

Titre : « Compte Arnoul de Goy, conseillier de mon tresredoubté seigneur et prinche monsʳ le duc de Bourgoingne, de Brabant et de Lembourg, conte de Flandres et son bailly de Douay, de tout ce qu'il a eu et receu des explois de ladite baillie, depuis le xxijᵉ jour de septembre l'an mil IIIIᶜ et XXXVIII. jusques au xxijᵉ jour de septembre l'an mil IIIIᶜ et XXXIX.. En quel compte sont comprins les comptes de janvier mil IIIIᶜ XXXVIIII., may et septembre l'an mil IIIIᶜ et XXXIX, fait à Lille. »

Fol. 27. Autre compte du même, du 7 novembre 1440 au 7 décembre 1441.

Fol. 41. Autre compte du même, du 7 décembre 1441 au 7 janvier 1442.

Fol. 53. Autre compte du même, du 7 février 1443 au 7 mars 1444.

Fol. 63. Autre compte du même, du 7 mars 1444 au 7 avril 1445.

Fol. 71. Autre compte du même, du 7 avril 1445, avant Pâques, au 7 mai 1447.

Fol. 82. Autre compte du même, du 7 mai 1447 au 7 juin 1448.

Fol. 91. Autre compte du même, du 7 juin 1448 au 7 juillet 1449.

Fol. 101. Autre compte du même, du 7 juillet 1449 au 7 août 1450.

Acquis par Th. Phillipps du libraire Payne, de Londres.

XVᵉ siècle. Parchemin. 108 feuillets. 330 millimètres sur 270 et 290 sur 260. Cartonné.

CLIX. — Français nouv. acq. **21224**.

(Phillipps 8520.)

COMPTES DE LA CHATELLENIE DE LILLE.
(1475-1476)

Titre : « Compte de la recepte ordinaire du domaine de la chastellenie de Lille et des advirons d'icelle, dont Jehan de La Haye est receveur, nagaire appartenant à feu le connestable de Franche, mise en la main de mon tresredoubté seigneur monseigneur le duc de Bourgogne, de Lothier, de Brabant, de Lembourg et de Luxembourg, conte de Flandres, etc., et la despensse d'icelle recepte pour ung an entier, commenchant au jour saint Remi mil IIIIᶜ LXXV et fenissant au darrenier jour de septembre mil IIIIᶜ LXXVI includ... »

« XXVᵉ compte de Jehan de La Haye, receveur de la chastellenie de Lille... »

Acquis par Th. Phillipps du libraire Payne, de Londres.

XVᵉ siècle. Parchemin. 46 feuillets. 350 millimètres sur 260. Cartonné.

CLX. — Francais nouv. acq. **21225**.

(Phillipps 7094.)

COMPTES DES SALINES DE MOYENVIC, ETC.
(1603 1628.)

Titre : « Moyenvic, 1626. — Compte que rend Nicolas Ruttant, gouverneur des sallines de Sallonne et maniant celles de Moyenvic, pour la 4ᵉ année de l'admodiation d'icelle. — Pour le comptable. »

Fol. 2. « Admodiation des sallines faicte en l'année 1623. » — Fol. 13. « Traitté et appoinctement faict entre Son Altesse [le duc de Lorraine] et monseigneur le cardinal de Lorraine sur les reprises des bestiaux ez bois taillis, sis en l'evesché de Metz » (23 février 1603). — Etc.

Fol. 18. Compte des recettes et dépenses des salines. — Entre les fol. 85. et 86 est une quittance autographe d'Antoine de Lenoncourt, abbé de Beaupré (Lunéville, 19 mai 1628).

XVIIᵉ siècle. Papier. 93 feuillets. 385 millimètres sur 250. Cartonné.

CLXI. — Français nouv. acq. 21226.

(Phillipps 8664.)

Comptes de Jean de Chaumont,
chanoine de la Sainte-Chapelle. (1422-1438)

Fol. 1. « L'estat des comptes des heritaiges, rentes et revenues qui appartindrent à feux Colin Alixandre et Jehennette, sa femme, et à leurs enfans. Premierement, il est assavoir que l'an mil CCCC. XVIII., les dites rentes et heritaiges estans tant à Paris, comme à Vanves et Fontenay, furent mises en la main du Roy,... comme confisquées, parceque ladite Jehennette, qui encorres estoit en vie, et aucuns de ses enfants se partirent de Paris et alerent demourer en lieu desobeyssant. Item que les tresorier et chanoines de la Sainte Chapelle du Palais à Paris, ausquels lesdiz deffuncts devoyent cij. livres parisis de rente annuelle et perpetuelle et grans arreraigez, poursuivirent devers le Roy et les commissaires sur le fait des confiscations pour estre paiez..., le ije jour d'octobre l'an mil CCCC. XXI... »

Fol. 2 vᵒ . Lettres de Henri VI, roi de France et d'Angleterre, portant mainlevée de la confiscation des biens de Colin Alexandre (Paris, 31 mars 1422[1423]).

Fol. 5. « Compte de maistre Denys Ymer, premier receveur desdiz heritaiges, rentes et revenues, depuys ladicte mainlevée » (Saint Rémi 1422-Noel 1423).

Fol. 10. « Premier compte de maistre Jehan de Chaumont, chanoine de la Saincte Chapelle du Palais, des receptes et mises par luy faictes des heritaiges, rentes et revenues, qui appartindrent ausdits feux Colin Alixandre et Jehennette sa femme... » (Noel 1433-Noel 1434).

Fol. 13 vᵒ . Second compte (1434-1435). — Fol. 16 vᵒ. Troisième compte (1435-1436). — Fol 19. Quatrième compte (143 -1437). — Fol. 22 vᵒ . Cinquième compte (1437-1438).

Nᵒ 544 du catalogue Thorpe (1836).

XVᵉ siècle. Parchemin. 27 feuillets. 340 millimètres sur 172. Reliure en cuir de Russie.

CLXII-CLXV. — Français nouv. acq. **21227-21230.**

(Phillipps 10219, 1-4.)

COMPTES DE L'AUMÔNE DE L'ABBAYE DE SAINT-DENYS. (1394-1397.)

Titre : « Ce sont les cens, rentes, prés, terres et toutes autres revenues de la ville de Saint Denys, de Guarge, d'Argentueil, de Cormeilles en Parisy, d'Erblay sur Seine, de Franconville, de Saint Ouyn en France et de la Chappele emprès Paris, appartenans à l'office de l'Aumosne de l'eglise monseigneur Saint Denys en France, pour l'an mil CCC. IIII^{xx} et quatorze... »

I (21227). Année 1394. — LXXII feuillets.
II (21228). — 1395. — LXXIIII —
III (21229). — 1396. — LXXIIII —
IV (21230). — 1397. — LXXII —

XIVe siècle. Parchemin. 4 volumes. 320 millimètres sur 260. Demi-reliure.

CLXVI. — Français nouv. acq. **21231.**

(Phillipps 8954.)

COMPTE DES CENS DE L'AUMÔNE DE L'ABBAYE DE SAINT-DENYS A LA CHAPELLE. (1396.)

« C'est le croys de cens deu chacun an à monseigneur l'aumosnier de Saint-Denys en la ville de La Chappelle, pour le terme de Nouel l'an mil CCC IIII^{xx} et seize. »

Incomplet de la fin. — Provient de A.-A. Monteil. — N° 588 du supplément du catalogue Thorpe (1836).

XIVe siècle. Parchemin. 12 feuillets. 335 millimètres sur 262. Reliure en basane violette.

CLXVII. — Français nouv. acq. **21232.**

(Phillipps 9962.)

COMPTES DE L'ÉGLISE DE TROYES. (1411-1412.)

« C'est le compte du celier de l'eglise de Troyes, fait et rendu

par moy Milet Jacquemin, prestre, curé de Poivre et celerier de
ladicte eglise, pour ung an, commençant à la Nativité saint Jehan
Baptiste exclus mil quatre cens et unze et fenissent audit jour
inclus mil quatre cens et douze. »

Cf. plus haut les mss. nouv. acq. lat. 1947-1961, etc.

Provient de A.-A. Monteil. — Nᵒ 1299 du catalogue Thorpe
(1836).

XVᵉ siècle. Parchemin. 24 pages. 335 millimètres sur 242. Cartonné.

CLXVIII. — Français nouv. acq. 21233.

(Phillipps 9726.)

COMPTES DE L'ÉGLISE DE TROYES. (1432-1433.)

Titre : « C'est le compte des deniers de la fabrique de l'esglise
de Saint Estienne de Troyes, fait et rendu par moy Guy Le Per-
driat, prestre, chantre, channoine et maistre de l'euvvre d'icelle
esglise, pour ung an commençant le premier jour de juillet mil
IIIIᶜ trente deux exclus et finissant le dernier jour de juing ensi-
vent l'an mil IIIIᶜ trente et trois inclus. »

Provient de A.-A. Monteil. — Nᵒ 1299 du catalogue Thorpe
(1836).

XVᶜ siècle. Parchemin et papier. 93 feuillets. 430 millimètres sur 300.
Reliure en basane verte.

CLXIX. — Français nouv. acq. 21234.

(Phillipps 8891.)

COMPTES D'AIGNAY-LE-DUC (CÔTE-D'OR). (1525-1526.)

Titre : « Compte sixiesme de Nicolas Garnier, receveur d'Aignay
le Duc pour le Roy nostre sire, qu'il rend à cause des receptes et
despenses par luy faittes en ung an entier, commenceaut le premier jour d'octobre mil cinq cens vingt cinq et finissant au derrenier jour de septembre ensuyvant mil cinq cens vingt six. »

On lit au dessus de ce titre : « Mis en audittion par Estienne Bernard, procureur dudit receveur, par devant maistre Claude Ber-
jot et Pierre Tabourot, auditeur, le penultime jour de juillet l'an
mil Vᶜ XXVIII. »

Provient de A.-A. Monteil. — N° 304 du catalogue Thorpe (1836).

XVIe siècle. Parchemin. LIII feuillets. 345 millimètres sur 250. Reliure en basane racinée.

CLXX. — Français nouv. acq. 21235.

(Phillipps 229.)

REVENUS DU CHAPITRE D'ANGERS.
(1380-1383.)

Titre : « Ce sont les choses et revenues dou doyen et chapitre d'Angiers en leurs terres d'Estiau et de Joué, redigées en escript, et visetées et ordenées par monsr Guillaume de Launey, gouverneurs de celles terres pour lesdiz deyen et chapitre, tant par la confession des parties comme par la relacion de Philipon Paien, sergent des dictes terres, que de plusieurs autres, depuis la sainct Johan l'an mil CCC.IIIIxx . inclus, qu'il a eu le gouvernement et profilz des dictes terres, jusques au jour de la sainct Johan l'an mil CCC.IIIIxx et treys, celuy jour exclus. »

Plus bas, on lit : « L'an de grace mil CCCC.XXX., ou moys de juing, la resserche des coustumes, pastz, cens, rentes et autres devers de la chastellenie et terres d'Estiau et de Joué, appartenant à Messieurs doyen et chappitre d'Angiers,... fut faite par moy Jehan Boucher, licencié en loys, chanoine de ladicte eglise,... et ay trouvé qu'elles sont tenues de ceux desquelx les noms j'ay fait escrire en marge, à chacune article de ceste lettre. »

XIVe et XVe siècles. Parchemin. 287 pages. 315 millimètres sur 230. Reliure en veau fauve gaufré.

CLXXI. — Français nouv. acq. 21236.

(Phillipps 2994.)

VENTE DES BOIS DE BAZOCHES, PRÈS FALAISE.
(1553.)

« Estat des ventes assisses ès boys de Bazoches, verderye de Canivet, vendus et adjugés les dix-sept et dix-huictiesmes jours de novembre, l'an mil cinq cens cinquante troys, en la cohue et

pretoire de Falaize,... suivant la commission du Roy,... donnée
à Compiegne le dixseptiesme jour d'aoust dernier passé... »

XVIe siècle. Parchemin. 4 feuillets. 312 millimètres sur 260. Cartonné.

CLXXII. — Français nouv. acq. **21237**.

(Phillipps 9116)

TRANSACTION ENTRE L'ABBAYE DE SAINT-VINCENT DE SENLIS ET MARIE POTIER DE BLANCMESNIL.

Titre : « Enqueste faicte sur la transaction d'entre les religieulx
abbé et convent de Sainct Vincent de Senlis, d'une part, et Marie
Potier [de Blancmesnil], d'autre part, avec la confirmation et omo-
logation d'icelle transaction. »

Copies de divers actes de 1463 à 1502, dont le premier est une
bulle du pape Paul II (11 mai 1465).

Provient de A.-A. Monteil. — N° 1426 du catalogue Thorpe (1836).

XVIe siècle. Parchemin et papier. 117 feuillets. 330 millimètres sur
285. Reliure en basane bleue.

CLXXIII et CLXXIV. — Français nouv. acq **21238** et **21239**.

(Phillipps 7409.)

INVENTAIRE DES TITRES DE LA COLLÉGIALE D'ECOUIS (EURE), EN 1766.

« Inventaire pour Mrs les doyen et chanoines d'Ecoüis, année
mil sept cens soixante six. »

Page 1. Notice historique sur « l'église collégiale » d'Ecouis. —
Page 21. « Sommaire de tous les droits, honneurs, biens et revenus du chapitre d'Ecoüis, ensemble l'ordre de la fondation, l'office
de la collégiale et les distributions... » — Page 82. Inventaire des
titres. depuis l'acte de fondation de la collégiale (1310). — Tome II,
p. 1975. « Table alphabétique des matières contenues en cet
Inventaire. »

Acquis par Th. Phillipps à Paris, en 1838.

XVIIIe siècle. Papier. 2 volumes, de 1987 pages. 395 millimètres sur 252.
Reliure en veau raciné.

CLXXV. — Français nouv. acq. **21240**.

(Phillipps 8913.)

« Terrier de la seigneurie d'Estiolles. »
(1703.)

Les pages ii à viii contiennent une « table des noms de ceux qui ont passé declaration au present terrier ».

A la page 1, on lit : « L'an mil sept cents, le vingt-deuxième jour du mois de juin, à moy Nicolas Regnault, notaire royal en la ville, prevosté et chastellenie de Corbeil, de la part de hault et puissant seigneur messire Nicolas-Louis de Bailleul, chevallier, marquis de Chasteaugontier, conseiller du Roy en ses Conseils et president à mortier en la cour de Parlement à Paris, seigneur de Gravois, Estiolles et autres lieux, demeurant à Paris, en son hostel, sur le quay du port Sainct Paul, ont été présentées certaines lettres royaux, en forme de terrier, par ledit seigneur president de Bailleul... » — Et à la fin : « Faict et passé au chasteau de Choisy-sur-Seine, le vingt-neufvième jour de may mil sept cens trois... Regnault. Scellé le présent terrier, contenant soixante et huit declarations, à Corbeil, le dix huit juin mil sept cent trois... »

N° 436 du catalogue Thorpe (1836).

XVIIIe siècle. Papier. viii et 225 pages. 370 millimètres sur 240. Reliure en veau raciné.

CLXXVI. — Français nouv. acq. **21241**.

(Phillipps 3680.)

« Remembrances de l'assise » de La Flèche.
(1395-1397.)

Fol. 156. « Remembrances de l'assise de La Fleiche, tenue par Olivier Tillon le jueune, [baillif], commenciée le xvij^e jour de fevrier l'an mil CCC. IIII.^{xx} XV. »

Fol. 170. Autre, du même, du 12 mai 1396. — Les fol. 177 à 217 manquent. — Fol. 224. « Remembrances de l'assise de La Fleiche, tenue par Olivier Royllon, seneschal, en la presence de Olivier Tillon le jueune, baillif, et de Michiel Le Bouchier, procureur, et de Johan Maillart, chastellain, commenciée le premier jour de juing l'an mil trois cens IIII^{xx} XVII. »

Fol. 238. « Remembrances de l'assise de La Fleiche, commenciée le xiij^e jour d'aoust l'an mil CCC quatre vings XVII, tenue par Guillaume Ridouet, pour le seneschal, en la presence de Olivier Tillon, baillif. »

Acquis par Th. Phillipps du libraire Allard, de Paris.

XIVe siècle. Parchemin. Feuillets 156 à 245 (moins les ff. 177 à 217). 335 millimètres sur 270. Demi-reliure.

CLXXVII. — Français nouv. acq. 21242.

(Phillipps 25012.)

INVENTAIRE DES TITRES DE SEIGNEURIES
RELEVANT DU SEIGNEUR DE BERCY.

« Inventaire général de tous les titres, papiers et enseignements concernant la propriété de la terre et seigneurie de la Moutonniere, paroisse de Vieuvy, et de la Boische, paroisse d'Yevre, leurs apartenances et dependances. »

Au fol. ii v^e, « Tables des noms des domaines, et des fiefs et censives de la terre et seigneurie de la Moutonniere, de Fumesson, la Boische et leurs annexes... »

Ces seigneuries appartenaient à Anne-Louis-Jules de Malon, seigneur de Bercy. — L'inventaire à été rédigé après 1707.

XVIIIe siècle. Papier. vii et 50 feuillets. 430 millimètres sur 280. Reliure en veau violet gaufré.

CLXXVIII. — Français nouv. acq. 21243.

(Phillipps 2295.)

« NEUSTRIA SUBTERRANEA, OU HISTOIRE NÉCROLOGIQUE
DE LA PROVINCE DE NORMANDIE », PAR L'ABBÉ GUIOT.

Copies d'épitaphes de différents personnages de l'ancienne province de Normandie.

A la page 321, « Table des divers états pour les épitaphes contenues dans ce recueil. Gens d'église, — Gens d'épée, — Gens de robe, — Gens de lettres, — Gens de commerce, — Gens de pratique, — Femmes de qualité, — Femmes de cloître, — Femmes notables, — Personnes étrangères ».

A la page 233, « Table alphabétique des personnes mentionnées dans les épitaphes ».

On trouve ajoutés à la suite :

Page 351. « Prospectus de l'*Anastasie*, ou d'un *Nécrologe universel et perpétuel*, ouvrage périodique, qui paroitra le matin de chaque jour, à commencer le 2 novembre 1804, XI brumaire an XIII. » — A la suite, les n⁰ˢ 1 à 23, du « 11 brumaire an Treize, 2 novembre 1804, » au « 3 frimaire an 13, 24 novembre 1804 ».

Page 351 *bis*. « Ordonnance de son eminence Monseigneur le cardinal de La Rochefoucault, archevêque de Rouen, concernant les sepultures » (20 décembre 1782). *Impr.* in 4°, 7 pages.

Page 357 *bis*. « Arrest de la cour du Parlement de Rouen, qui ordonne que dans quatre mois, à compter de la publication du présent Arrêt, et pour tout délai, il sera établi aux environs et hors l'enceinte de cette ville, cinq cimetières ; savoir, un au-dessus du Fauxbourg Bouvreuil, un au-dessus du Fauxbourg Cauchoise, un au-dessus des Capucins vers Saint Hilaire, un au bas de la montagne du Mont Gargan et un vers les bruyeres de Saint Julien. Du 7 août 1780. » *Impr.* in-4°, 23 pages.

Page 379 *bis*. « Arrêt de la cour de Parlement de Rouen, qui fait itératives défenses d'enterrer dans les églises des villes et des campagnes... Du 23 juillet 1782. » *Impr.* in 4°, 7 pages.

Page 383 *bis*. « Arrêt du Parlement de Rouen, qui fait défenses à tous corps municipaux et à toutes personnes laïques ou ecclésiastiques, de permettre qu'il soit fait aucunes fouilles dans les cimetières des villes et campagnes,... avant la révolution de dix années... Du 21 août 1783. » *Impr.* in 4°, 4 pages.

Page 395 *bis*. « Arrest de la cour de Parlement de Rouen, qui autorise le nommé Capron d'établir des chars funebres de trois sortes et de trois différents prix,... pour le transport des défunts... Du 29ᵉ jour de janvier 1784. » *Impr.* in-4°, 8 pages.

Page 389 *bis*. « Arrêt de la cour de Parlement de Rouen, qui ordonne que ceux de la Religion prétendue réformée seront tenus de transférer leur cimetiere aux écarts de la ville et fauxbourgs de Rouen... Du 16ᵉ jour de janvier 1784. » *Impr.* in-4°, 6 pages.

Page 393 *bis*. Billet *impr.* de convocation à « l'assemblée

générale de MM. les propriétaires et habitants de la paroisse de
Saint-Amand de Rouen, ... par rapport aux nouveaux cimetières... » (11 décembre 1780).

Page 401. Affiche imprimée, par laquelle « le sieur Capron
avertit le public que les chars funèbres sont prêts pour porter
les morts aux cimetières nouveaux... » (1784).

En haut du titre, on lit la note suivante : « J'estime à 100 fr.
ce volume, que j'ai acheté de M. Lainé fils, libraire à Paris, au
haut de la rue Saint Jacques, le... novembre 1807. Il provient des
mss., que j'ai eu de lui et qu'il avait eu provenant de M. l'abbé
Guiot, » ancien prieur-curé de S¹ Guenault de Corbeil.

Acquis par Th. Phillipps du libraire Bohn, de Londres.

XVIII⁰ et XIX⁰ siècles. Papier. 401 pages. 440 millimètres sur 290.
Reliure en parchemin vert.

CLXXIX. — Français nouv. acq. **21244.**

(Phillipps 2981.)

CENSIER DE LA COMMANDERIE DES HOSPITALIERS DE SAINT-MARC D'ORLÉANS.
(1458.)

Titre : « Cens à Saint Marc le jour de sainct Jehan Baptiste pour
l'an mil IIII⁰ L et VIII, et se recepvent en l'ostel de Saint Saulveur,
en la ville de Orlians, a cinq solz de deffault qui ne paye audit jour,
et sont les dis cens à deoit de relevaisons à plaisir quant le cas y
achet. » — Et autres cens pour la même année 1458.

Provient de A.-A. Monteil.

XV⁰ siècle. Parchemin. 69 feuillets. 305 millimètres sur 210. Reliure en
basane racinée.

CLXXX. — Français nouv. acq. **21245.**

(Phillipps 3001.)

TITRES DU COLLÈGE DE CHAMPAGNE OU DE NAVARRE, A PARIS. (1548-1556.)

Copies de vingt-huit actes concernant le collège de Champagne
ou de Navarre, à Paris, et l'administration de ses biens, lettres-

patentes du roi Henri II, arrêt du Parlement de Paris, fondations, procurations, baux, etc. des années 1548-1556.

Une table de ces pièces est au verso du premier feuillet, au
recto duquel on lit ce titre : « Inventaire de plusieurs affaires du
Collège, dès la réception du grand maistre Papillon jusques à ung
bail de Verneuil faict à Couvent ».

Provient de A.-A. Monteil.

XVI⁰ siècle. Parchemin. LXXVIII feuillets. 370 millimètres sur 310.
Reliure en basane racinée.

CLXXXI. — Français nouv. acq. 21246.

(Phillipps 2999.)

CENSIER DU FIEF DES TOMBES ET CARTULAIRE
DES MARGUILLIERS LAIQUES DE L'ÉGLISE NOTRE-DAME DE PARIS.

Fol. 1 (ancien xxv). Censier, incomplet du début, du fief des
Tombes, au faubourg Notre-Dame-des-Champs, près Paris, dont
la seigneurie appartenait aux marguilliers laïques de l'église
Notre-Dame de Paris. — Copies de baux de maisons, cens,
rentes, etc., des années 1555-1577.

Fol. 33 (ancien LXI). Cartulaire des marguilliers laïques de
l'église Notre-Dame de Paris. — Copies d'actes d'évêques de
Paris, de rois de France, etc., des années 1205 à 1515, relatifs aux
marguilliers laïques, à leur création, privilèges, etc.

Fol. 50 (ancien IIIˣˣVII). « Reliquaires, joyaulx et aultres
vaisseaux sacrez de l'Eglise de Paris, venduz par Messieurs de
ladicte Eglise pour subvenir aux affaires du Roy, pour le payement
de sa gendarmerie, levée contre les Huguenotz et rebelles à Sa
Majesté, en l'an mil cinq cens soixante deux. Et ay ce moy Jehan
Longuet, marguillier lay de ladicte Eglise, escript en ce present
livre pour monstrer que de moy vivant ladicte Eglise estoit ornée
et encherie, et que j'ay deploré et deplore la ruyne de l'Eglise,
laquelle cy après adviendra, que Dieu ne veulle, si luy plaist par
sa bonté et misericorde, le douziesme septembre mil cinq cens
soixante dix huict. » — Tous ces reliquaires, joyaux, etc. furent
fondus, en vertu de lettres-patentes de Charles IX, du mois de
mai 1562, enregistrées le 2 juin suivant au Parlement de Paris.

Provient de A.-A. Monteil.

XVIe siècle. Parchemin. 56 feuillets. 320 millimètres sur 275. Reliure en basane granitée.

CLXXXII. — Français nouv. acq. **21247.**

(Phillipps 2982.)

TESTAMENT D'ARTHUS D'AUNAY,
CHANOINE DE LA SAINTE-CHAPELLE DE PARIS.
(13 janvier 1528.)

Testament original, signé d'Arthus d'Aunay, chanoine de la Sainte-Chapelle, protonotaire apostolique, seigneur d'Orville et de Louvres-en-Parisis.

Provient de A.-A. Monteil.

XVI° siècle. Parchemin. 14 feuillets. 305 millimètres sur 260. Cartonné

CLXXXIII. — Français nouv. acq. **21248.**

(Phillipps 7412 et 17252.)

FORMULES DE PROFESSION DES AUGUSTINES DE L'HÔPITAL
DE SAINT-NICOLAS DE PONTOISE. (1574-1766.)

Recueil de formules originales des professions et vœux des religieuses Augustines de l'Hôpital de Saint-Nicolas de Pontoise (1574-1766). — On a ajouté sur beaucoup de ces formules, signées des religieuses, la date de leur mort.

XVIe-XVIIIe siècle. Parchemin. 105 feuillets, montés in-folio. Demi-reliure.

CLXXXIV. — Français nouv. acq. **21249.**

(Phillipps 3000.)

STATUTS DE LA CORPORATION DES CHAUSSETIERS DE PARIS.
(1520.)

Titre : « Informacion faicte par nous Gilles Maillart, conseiller du Roy nostre sire et lieutenant criminel de la prevosté de Paris, à la requeste des maistres jurez de la marchandise et mestier de chausseterie à Paris, en vertu des lettres de commission du roy »

François Ier (28 juillet 1520). — L'enquête est du dimanche 19 août 1520.

Original, signé « G. Maillart ». — Provient de A.-A. Monteil.

XVIe siècle. Parchemin. 26 feuillets. 320 millimètres sur 280. Cartonné.

CLXXXV. — Français nouv. acq. 21250.

(Phillipps 2856.)

PROCÈS ENTRE L'AUMÔNERIE DE SAINT-CYPRIEN DE POITIERS ET LES RELIGIEUX DE NOUAILLÉ. (1452.)

Titre : « Enqueste ou examen, tant à fin de recreance que autrement, faicte par nous Jehan Boilesve et Pierre Chabouril, commissaires en ceste partie... de monseigneur le conservateur des previlleges royaulx de l'université de Poictiers, pour la partie de frere Jehan Dupont, aumosnier de l'aumosnerie de Saint Cyprien, hors les murs de la ville de Poitiers, demandeur et compleignant, à l'encontre des religieux abbé et convent de Nouaillé, deffendeurs et opposans,... en certaine cause de complainte en cas de dessaisine et de nouvelleté... » (4 juillet 1452.)

Provient de A.-A. Monteil.

XVe siècle. Parchemin. 9 feuillets. 375 millimètres sur 320. Cartonné.

CLXXXVI. — Français nouv. acq. 21251.

(Phillipps 10633.)

COMPTES DE LA VILLE DE VALENCIENNES. (1599.)

« Mises et delivrances de deniers payez pour rentes heritieres deues par la ville de Vallenciennes sur les places et heritaiges qu'elle a prins et applicquiez à ses commoditez et aysances, lesdictes escheuz au terme de ce compte, cy enssuite declarez. »

XVIe siècle. Parchemin. 5 feuillets. 330 millimètres sur 240. Cartonné.

CLXXXVII. — Français nouv. acq. 21252.

(Phillipps 22192.)

TOMBEAUX DES ROIS DE FRANCE A SAINT-DENYS ET A SAINT-GERMAIN-DES-PRÉS.

Fol. 1. Épitaphes de Louis XVI, Marie-Antoinette, Mesdames

Adélaïde et Victoire, Mademoiselle, fille du duc de Berry, et Marie-Joséphine-Louise de Savoye.

Fol. 7. « Journal historique fait par le citoyen Druon, ci-devant bénédictin de la ci-devant abbaye de St Denis, lors de l'extraction des cercueils de plomb des rois, reines, princesses, abbés et autres personnes, qui avoient leurs sépultures dans l'église de St Denis. » — « Copie conforme à l'original, déposé aux Archives de la Chambre des Pairs,... 20 avril 1818... »

Fol. 15 et 28. « Exercice de Mgr. le duc d'Aumont. Ordre de M. l'Intendant général des Menus-plaisirs du Roi. — Dépenses générales pour l'exhumation et la translation des dépouilles mortelles des rois, reines, princes et princesses. Installation du chapitre royal de Saint-Denis. Bout de l'an du roi Louis XVI, 26 janvier 1817. » — Double exemplaire ; le premier monte à la somme de 86.000 fr. 50 cent. ; le second, à la somme de 88.351 fr. 15 cent. ; tous deux sont datés du 26 avril 1817. — Cf. d'autres mémoires y relatifs aux fol. 39, 48 et 54.

Fol. 23. Liste des rois, reines, etc., dont les dépouilles ont été « rendues à leurs tombeaux, le... janvier 1817 », à Saint-Denis.

Fol. 24 et 26. « Mémoire au sujet de la destruction de différens tombeaux des ci-devant roys et ci-devant reines de France, faites dans l'église de l'abbaye St Germain-des-Prés, a Paris, pendant le mois d'avril 1791. » — Double exemplaire ; un troisième exemplaire se trouve au fol. 46, sous le titre de : « Détails instructifs sur la destruction de différens tombeaux des ci-devant rois et ci-devant reines de France, faite dans l'église de l'abbaye St Germain-des-Prés à Paris, pendant le mois d'avril 1791, adressé à Sillery, député de la Somme, pour être lu à la Convention, par Belanger, architecte. »

XVIIIe et XIXe siècles. Papier. 54 feuillets, montés in-folio. Demi-reliure.

CLXXXVIII. — Français nouv. acq. **21253.**

(Phillipps 9729.)

STATUTS DES APOTHICAIRES DE TOURS. (1565.)

Titre : « Les articles que les appoticaires espiciers de la ville, forbourgs et balliage de Touraine supplient à la majesté du Roy leur voulloir octroyer, concedder et autoriser par forme de statutz, et en empliffiant ceulx cy attachez... » (1565.)

52 articles. — Original avec les signatures des apothicaires de Tours.

Provient de A.-A. Monteil. — N° 1238 du catalogue Thorpe (1836).

XVIe siècle. Parchemin. 14 feuillets. 330 millimètres sur 280. Cartonné.

CLXXXIX. — Français nouv. acq. **21254.**

(Phillipps 22082.)

CONTRIBUTION PAYÉE AU SAINT-SIÈGE EN 1576 PAR LE CLERGÉ DE FRANCE.

États originaux de la contribution payée au Saint-Siège par les archevêchés, évêchés, abbayes, prieurés, etc. de France; avec la mention : « faict et arresté » en l'assemblée tenue à Paris par nous soubsignez, déléguez de Sa Sainteté, le xxe jour de settembre, 1576. C. cardinal de Bourbon; L. cardinal d'Este; A., episcopus Salviatus, nuntius ». (Cf. fol. 10, 23, 110 v°, 280, etc.)

Le manuscrit débute par le diocèse de Paris et continue par le diocèse de Grasse, pour finir par celui du Mans.

Au bas des premier et dernier feuillets, cachet de la bibliothèque Colonna.

XVIe siècle. Papier. 376 feuillets. 320 millimètres sur 210. Demi-reliure.

CXC. — Français nouv. acq. **21255.**

(Phillipps 211.)

COMPTES DE RÉGIE DES BIENS CONFISQUÉS DES PROTESTANTS ET DES JÉSUITES. (1746-1781.)

« Bref état, que rendent et présentent par devant vous nosseigneurs les commissaires, nommés par arrêts du Conseil, des 12 janvier 1734 et autres subséquents, pour juger en dernier ressort les comptes et affaires concernant les économats et la régie des biens des Religionnaires fugitifs, réfractaires aux ordres du Roy, Edme-Louis Meny et Louis-Pierre-Sébastien Marchal, écuyers, préposés par arrêt du Conseil, du 25 septembre 1746, aux fonctions et exercices des offices d'économes séquestres et de leurs controlleurs, créés par édits des mois de décembre 1691 et aoust 1708, supprimés par édit du mois de novembre 1714. »

La plupart de ces *brefs états* originaux sont contresignés par d'Aguesseau, Pontcarré de Viarmes, Trudaine de Montigny, Maboul, et autres, et sont datés des années 1746-1748 ; il y en a quelques autres jusqu'en 1787. Tous concernent les fruits de la régale touchés pendant la vacance des différents archevêchés, évêchés, abbayes, etc. du royaume.

A la suite (p. 851 et suiv.) sont d'autres *brefs états* des « Bénéfices des Jésuites », rendus par « Louis-Pierre-Sébastien Marchal de Sainscy, écuyer, économe général du Clergé », pour les années 1775-1781.

XVIIIe siècle. Papier. 945 pages. 370 millimètres sur 240. Demi-reliure.

CXCI-CXCII. — Français nouv. acq. **21256** et **21257.**

(Phillipps 24175.)

REGISTRES DE LA CORRESPONDANCE DU MINISTRE DES CULTES. (1808-1825.)

Correspondance avec le ministre de l'Intérieur, les préfets, les évêques, etc., au sujet de l'exercice du culte, etc.

Tome I. 30 avril 1808-10 février 1812.

Tome II. 29 novembre 1824-28 octobre 1825.

Il y a un répertoire alphabétique des noms des destinataires à la fin du tome 1, et un autre répertoire imparfait des principales matières à la fin du tome II.

XIXe siècle. Papier. 251 feuillets et 407 pages. 360 millimètres sur 230. Demi-reliure.

CXCIII. — Français nouv. acq. **21258.**

(Phillipps 11884.)

HISTOIRE ET GÉNÉALOGIE DE LA MAISON DE BOURBON.

Début : « Argument de ce traité. Depuis nagueres que la maison de Navarre par la mort du roy Henry dernier decedé, que Dieu absolve, s'est... par moyen et alliance de mariage avec la maison de la branche aujourd'huy principalle de la maison de Bourbon... » — On lit à la fin (fol. 20) : « Fin de cest œuvre com-

posé sur des memoires, genealogies et autres instructions baillées
à l'aucteur d'icelluy par le feu s^r de Rousy, messire Jean Jacques
de Mesmes. »

A la suite, six tableaux généalogiques des maisons de Bourbon et d'Alençon, des rois et reines de Navarre, des maisons de
Foix et d'Albret et des familles de Castillon, de Lescung,
d'Andouyns et d'Aydie.

Au dernier feuillet 27 v°, on lit : « Parachevé le dernier jour de
janvier mil V^c IIII^{xx} V. », et au recto du fol. 1 : « Achepté à Paris,
ce cinquieme novembre mil cinq cens quatre vingtz et quatre.
Forner. »

XVIe siècle. Papier. 27 feuillets. 345 millimètres sur 220. Cartonné.

CXCIV. — Français nouv. acq. 21259.

(Phillipps 4299.)

Mélanges historiques.

Fol. 2. « Traicté du renouvellement de l'alliance des Suisses
avec le Roy. 1664. »

Fol. 25. « Par ce manuscript les roys, les princes et les souve-
rains pourront recongnoistre lequel des deux est plus doux, ou
de gouverner leurs subjects par rigueur et violence, ou bien par
une douce et paisible tranquillité. Entretiens de deux roys
Louis XI. et Louis XII. èz Champs Elizées, ou image de deux
regnes differends. Dialogue. »

Fol. 35. « Extraict de l'histoire du s^r d'Aubigné, depuis l'an 1550
jusques en 1610. » — On lit en marge : « A Maillé, Jean Moussat,
1616. »

Fol. 43. « Narré succinct de l'histoire du mariage de Henry,
duc de Guise, avec Madame la princesse Anne de Mantoue. »
(1636-1641.)

Fol. 50. « Testament de la reine mère Marie de Médicis (1642).

Fol. 61. « Articles accordez entre le Comte-Duc [de San Lucar]
pour le roy d'Espagne et le s^r de Fontrailles pour et au nom de Monsieur [le duc d'Orléans]. A Madrid, le 13 mars 1642. » (29 août
1642.)

Fol. 68. Affaire de Cinq-Mars et de Thou. « Lettres du Roy
à M. le duc de Beaufort et les responces, » au sujet des rela-

tions de ce dernier avec Cinq-Mars et de Thou. — Fol. 74.
« Confrontation de Monsieur le Grand escuyer [d'Effiat, sieur de
Cinq-Mars] à Monsieur de Thou. » — Fol. 78. « Relation de l'exécution de M^{rs} le Grand [escuyer] et de Thou. » — Fol. 85. « Copie
du dernier interrogatoire qui a esté faict à Monsieur le Grand
[escuyer] et à Monsieur de Thou, prisonniers au chasteau de
Pierre Encise, à Lyon. » — Fol. 91. « Copie de la lettre d'un
homme d'Estat sur le subject precedent. M^r, j'ay creu que vous
aurez agreable... » (16 sept. 1642). — Fol. 94. « Six choses pour
lesquelles Monsieur le Grand [escuyer] disoit estre mal satisfaict
de Son Eminence [le cardinal de Richelieu]. — Fol. 97. « Lettre
d'abolition au duc de Bouillon, l'an 1642, au mois de septembre. »
— Fol. 102. « Advis d'un docteur de la Sorbonne sur la mort de
Monsieur le Cardinal [de Richelieu], à un gentilhomme. »

Fol. 106. « Discours de l'origine, de la forme, des lois et de
l'usage de l'office de l'Inquisition dans la ville et estat de la république de Venise, par le Père Paul [Sarpi], de l'Ordre des Ser-
vites, théologien de la sérénissime République. 1639. »

Fol. 162. « Traité de paix et capitulacion faite entre Achmet,
empereur des Turcs, et Monsieur de Brèves, pour lors ambassa-
deur à sa Porte, pour le Roy très crétien Henri 4., empereur de
France, à Constantinople, en Grèce, le vingtième jour de may
mil six cens quatre. »

Fol. 176. « Différence des façons de faire et complexions des
cinq nations les plus fameuses de l'Europe : françoise, italienne,
espagnole, angloise, allemande. »

Fol. 180. Explication d'un passage d'Origène (*Contra Marcio-
nistas*, III) pour prouver la présence réelle dans l'Eucharistie.
« L'esclatante lumière de l'Escripture au fait de l'Eucaristie... »

Fol. 186. Métamorphoses, rondeaux, énigmes, en vers.

« Métamorphose d'un livre.
« Comme l'art ou corrige, ou corrompt la nature... »

Plusieurs des rondeaux sont de Voiture, Habert, Colletet, Martin, etc.

Fol. 223. Deux lettres de Louis de Compiègne « pour Monsieur
Perault, contrôleur des bastimens du Roy, en sa maison », en
réponse à une demande de Colbert, qui « désiroit savoir comment
les Juifs expliquent les semaines de Daniel ».

Fol. 241. « L'origine de l'advocat et procureur du fisc des
Romains, et des advocats et procureur du Roy de France, de
leurs offices et fonctions, en quoy ils conviennent et en quoy ils
different, et de la difference entre l'advocat playdant et le procureur simple. — En la république de Rome la démocratie ayant
été changée en monarchie... » (Incomplet de la fin.)

Fol. 263 et 267. Lettre de Claude Perrault « à Monsieur Hug-
gens; de Viry, le 28 octobre 1669. » Double minute de la lettre
sur l'horloge hydraulique à pendule, n° 1769 de la Correspondance,
dans les *Œuvres complètes de Christiaan Huygens* (Leyde, 1895,
in-4°), t. VI, p. 506-512.

XVIIe siècle. Papier. 269 feuillets. 310 millimètres sur 200. Reliure en
veau granité.

CXCV. — Français nouv. acq. 21260.

(Phillipps 205.)

**Compte de la Trésorerie générale de la Marine
de Ponant (1586).**

« Tresorerie generalle de la Marine de Ponant, année finie le
dernier jour de décembre mil V^c quatrevingtz six. — Mrs M. Le-
beau et J. Chauvelin, trésoriers. — Double. »

Compte original, de l'« Ordinaire et extraordinaire de la Marine
de Ponant », incomplet de la fin et se terminant au chapitre de « la
Sallemande » du port de Dieppe.

XVIe siècle. Parchemin. 156 feuillets. 320 millimètres sur 270. Demi-
reliure.

CXCVI. — Français nouv. acq. 21261.

(Phillipps 34.)

**« Principes des ministres sur la Marine, »
depuis 1669 jusqu'en 1723.**

Page i. « Principes de M. Colbert sur la Marine. »

Page cxxiv. « Principes de M. le marquis de Seignelay sur la
Marine. »

Page cclxii. « Principes sur la marine de Mr de Pontchartrain,
secrétaire d'Etat, depuis chancelier, de 1691 à 1699. »

Page cccci. « Principes de M. le comte de Pontchartrain sur la Marine, depuis l'année 1700 jusques et compris l'année 1715. »

Page dcx. « Sommaire du ministère du Conseil de la marine, commencé en septembre 1715 et fini en avril 1723, et de celui de M. le comte de Morville, fini en août 1723. »

En tête de chaque partie est une table des matières.

XVIIIe siècle. Papier. Feuillets a-i et dcxci pages. 315 millimètres sur 200. Reliure en maroquin rouge.

CXCVII. — Français nouv. acq. **21262.**

(Phillipps 20740.)

RÉPERTOIRE DES MATIÈRES DE LA CHAMBRE DES COMPTES, PAR JEAN DE LOFFROY.

Titre : « Mémoire instructif des matières qui se traitent en la Chambre des Comptes. — Listes des premiers présidents, avocats, procureurs généraux, maîtres, correcteurs et auditeurs de la Chambre des Comptes de Paris. »

I (fol. 1-285). Répertoire alphabétique par matières : « Aage des officiers. — Usures », de Jean de Loffroy.

II (fol. 287-414). Listes chronologiques des officiers de la Chambre des Comptes, continuées jusqu'en 1786.

On lit au dos de la reliure : « Mémoires de Leufroy : Filiation de la Chambre ».

XVIIIe siècle. Papier. 414 feuillets. 365 millimètres sur 240. Reliure en veau raciné.

CXCVIII. — Français nouv. acq. **21263.**

(Phillipps 213.)

« MÉMOIRE CONCERNANT LA CHAMBRE DES COMPTES ; » RÉPERTOIRE DE JEAN DE LOFFROY.

Le titre entre guillemets ci-dessus est doré au dos et sur le premier plat du volume, qui contient le répertoire alphabétique par matières : « Aage des officiers — Usure », de Jean de Loffroy, semblable, sauf quelques variantes, à celui qui forme la première partie du manuscrit précédent.

A la fin est une « Table alphabétique » avec renvois aux feuillets du volume.

XVIII° siècle. Papier. 472 feuillets. 385 millimètres sur 260. Reliure en veau raciné.

CXCIX. — Français nouv. acq. **21264.**

(Phillipps 212.)

EXTRAITS DES ANCIENS MÉMORIAUX DE LA CHAMBRE DES COMPTES. (1254-1447.)

Extraits des registres Saint-Just, Pater, Croisé, Noster, Qui es in cœlis ; « ex libro cui titulus est : Second livre des Ordonnances », etc., jusqu'au registre G (1447).

En tête du volume, on a joint une lettre du libraire « Lamy, 21, quai des Augustins ; Paris, 5 juin 1824 », qui a vendu ce manuscrit, ainsi que le précédent et le suivant à « Monsieur le chevalier Philippe, Hôtel Meurice, Paris ».

XVIII° siècle. Papier. 195 feuillets. 435 millimètres sur 290. Cartonné.

CC. — Français nouv. acq. **21265.**

(Phillipps 214.)

EXTRAITS DES ANCIENS MÉMORIAUX DE LA CHAMBRE DES COMPTES. (1240-1593.)

Les fol. 1-19 préliminaires contiennent un état comparé des manuscrits de M. de Meinières et de Saint-Victor (3 vol.) et de Saint-Germain des Prés (Séguier-Coislin, 16 vol.).

Les extraits et copies de pièces sont rangés chronologiquement et sont la plupart des xv° et xvi° siècles.

XVIII° siècle. Papier. 19 et 316 feuillets. 350 millimètres sur 225. Demi-reliure.

CCI-CCXII. — Français nouv. acq. **21266-21277.**

(Phillipps 12182-12193.)

EXTRAITS DES REGISTRES DE LA COUR DES MONNAIES.

I-VII (21266-21272). Extraits des registres de la Cour des Monnaies (1401-1717).

I (21266). Années 1401-1499. — 346 feuillets.
II (21267).   —   1501-1557. — 426   —
III (21268).   —   1574-1583. — 285   —
IV (21269).   —   1583-1599; et pièces diverses sur les affineurs. — 429 feuillets.
V (21270).   —   1600-1660. — 481 feuillets.
VI (21271).   —   1661-1699. — 517   —
VII (21272).   —   1715-1717. — 314   —
VIII (21273). « Affineurs et départeurs. » — 328 feuillets.
IX (21274). « Juridiction de la Cour des Monnoies. » — 971 pages.
X (21275). « Marque et controlle. » — 366 feuillets.
XI (21276). « Ballanciers. » — 228 feuillets.
XII (21277). Mélanges : « Poids et mesures, ballanciers, essayeurs, tireurs, fondeurs, tailleurs, graveurs, » etc. — Extraits des registres, du xvᵉ au xviiᵉ siècle. — 571 feuillets.

Les volumes portent au dos le titre : « Cour des Monnoies, M. Poullain, avocat général », et sont ainsi tomés :

21266.	Tome	XIV.	21272.	Tome	39.
21267.	—	XXIV.	21273.	—	XV.
21268.	—	26.	21274.	—	XX.
21269.	—	27.	21275.	—	»
21270.	—	28.	21276.	—	»
21271.	—	29.	21277.	—	»

Les archives de l'ancienne Cour des Monnaies sont aujourd'hui conservées aux Archives nationales, Z¹ B.

Acquis par Th. Phillipps, en 1847, du libraire Nutt, de Londres.

XVIIᵉ siècle. Papier. 12 volumes. 360 millimètres sur 250. Cartonnés.

CCXIII. — Français nouv. acq. 21278.

(Phillipps 17809, 17841, 21373, 25022, 27928, 27929.)

COMPTES, FOUAGES ET PIÈCES DIVERSES. (1298-1607.)

Fol. 1. « Recepta bonorum pertinentium ad domum de Alliaco, facta per Joannem de Senarpont, presbiterum, a festo beati Arnulphi anno Domini Mᵒ CCᵒ nonagesimo VIIIᵒ, usque ad festum predictum anno nonagesimo nono, de qua idem J. computavit in capitulo Belvacensi, in vigilia beati Arnulphi, anno nonagesimo nono. » — Provient de A.-A. Monteil.

Fol. 4. « Le compte Jehan le Seneschal, chanoine de Laon, sur l'office des grosses amendes de ladicte eglise, depuiz le jour sainct Barnabé l'an [MCCC] LXVIII jusques à la saint Barnabé l'an LXIX, deduit les drois des prevoz. » — Provient de A.-A. Monteil.

Fol. 8. « C'est ce qui appartient et qui est deu à l'office du revestiaire de l'esglise Nostre [Dame] de Soissons, tant en argent comme en grains, par chascun an. » (xive siècle.) — Provient de A.-A. Monteil.

Fol. 12. « Declaracion des maisons, masures, jardins, terres, prés, bois, vignes et autres heritaiges, assis à Ambries, Lyeval, Maissemy et autres lieux, que tient de present à rente de grains Gillet L'Admiral, demourant à Ambries, des religieux Celestins de Villeneufve-les-Soissons, lesquels heritaiges furent jadis à monsʳ Jehan Milet, evesque de Soissons,... on mois d'avril l'an mil quatre cens quatre vingz et dix neuf après Pasques. » — Provient de A.-A. Monteil.

Fol. 16 et suiv. Comptes, cens, montres, fouages, etc. (1328-1607.) — On y remarque : Fol. 16. « Isti agri qui secuntur siti sunt in banno Uteratesheim... et sunt omnes agri isti in numero uno c . xxxvii... Item in eadem villa Uteratesheim sunt curie sex, que solvunt omni anno xii. solidos, iiii. denarios et xiii. capones... — Fol. 19. « Requirenda reddituum et obventionum ecclesie Sancti Cornelii Laudunensis de et pro anno Domini 1380... » — Fol. 22. Fragment (fol. vj) d'un compte de Charles VI (1411). — Fol. 37. Fragment d'un compte du chapitre de Chartres, débutant : « Census nobis debiti quolibet anno in festo sancti Remigii pro nemoribus nostris de bosco de Haya traditis pluribus personis... anno Domini 1498... »

XIIIᵉ-XVIIᵉ siècle. Parchemin. 47 feuillets de divers formats, montés in-folio. Demi-reliure.

CCXIV. — Français nouv. acq. **21279.**

(Phillipps 11027.)

ACTES DE PHILIPPE VI DE VALOIS, etc. (1297-1557.)

Fol. 1. Vidimus (avril 1315) par le roi Philippe VI de Valois d'une charte de Gazon de Champagne, évêque de Laon (février

1313). — Fol. 2. Copie d'une charte du même roi en faveur des Chartreux de Fontaine-Notre-Dame, en Valois (novembre 1348). — Fol. 5. « Appanages donnés par le roy Philippe VI dit de Valois aux princes ses enfans » (1344 et 1347). — Fol. 11. « Arrest du Parlement de Paris, qui adjuge le vicomté de Limoges à Charles de Blois » (1345). — Fol. 19. « Lettres de Charles de Valois, comte d'Alençon, visées par le Roy son frère, dans lesquelles il déclare que l'imposition mise sur son peuple pour l'entretien de quelques gendarmes ne tirera point à conséquence pour l'avenir » (13 févr. 1345[1346]). — Fol. 21 et 23. Érections par Philippe IV le Bel du comté d'Anjou en pairie pour Charles d'Anjou (septembre 1297) et du comté de Beaumont pour Robert d'Artois (janvier 1328[1329]). — Fol. 25. « Alliances entre les ducs de Bourgongne et d'Anjou. » — Fol. 26. Copies de différentes lettres de Philippe VI de Valois, extraites des registres de la Chambre des comptes, etc. (1331-1349). — Fol. 46. « La Cour [de Parlement] s'oppose à la réception d'un pair ecclesiastique pour estre moine, » Jean Docq, évêque de Laon (10 septembre 1557).

XIVe et XVIIe siècles. Papier et parchemin. 46 feuillets, montés in-folio. Cartonné.

CCXV. — Français nouv. acq. 21280.

(Phillipps 4413.)

COMPTE DE DÉPENSES DE JEAN D'ORLÉANS, COMTE D'ANGOULÊME. (1454.)

Rouleau intitulé : « Parties paiées, baillées et delivrées par Guillemin le Vesville, commis par Monsr le conte d'Angoulesme à la recepte generale de toutes ses finances durant les moys de may, juing, juillet et aoust, [septembre et octobre] quatre cens cinquante quatre... »

Parmi les différents chapitres de ce compte, on notera les suivants : « Orfavrerie (fol. 1 et 16), — Draps de soye (fol. 3 et 16), — Peleterie (fol. 6 et 18). — Voiages (fol. 10), — etc.

Provient de A.-A. Monteil.

XVe siècle. Parchemin. 24 feuillets, montés in-folio. Demi-reliure.

CCXVI. — Français nouv. acq. **21281**.

(Phillipps 1350.)

COMPTES DE BOUCHE DE DIFFÉRENTS ROIS DE FRANCE, DE HENRI II A LOUIS XIV (1524-1711).

Fol. 1-8. Comptes de Henri II, dauphin et roi (1524-1558).
Fol. 9. — François II (1549).
Fol. 10-11. — Charles IX (1556).
Fol. 12-14. — Henri III (1575 et 1576).
Fol. 15-16. — Henri IV (1590 et 1603).
Fol. 17. — Louis XIII (1624).
Fol. 18-28. — Louis XIV (1647-1711).
Provient de A.-A. Monteil.

XVIe-XVIIe siècle. Parchemin. 28 feuillets, montés in-folio. Demi-reliure.

CCXVII. — Français nouv. acq. **21282**.

(Phillipps 8647.)

RÔLES DE COMPAGNIES DE SOLDATS SUISSES. (1610-1677.)

Fol. 1. Compagnie des capitaines Joachim de Jochberg (1610).
Fol. 3.   —   Johann Heinrich Grebel (1647).
Fol. 5.   —   Franz von Reynolt (1664).
Fol. 7.   —   Hercules von Salis (1672).
Fol. 9.   —   Johann Jacob Schmidmann (1672).
Fol. 11.   —   Johann Peter Euler von Weinects (1676).
Fol. 13.   —   Albert de Mulinen (1676).
Fol. 15.   —   Martin Lambien (1677).
Fol. 17.   —   Johann Anthoni Meij (1677).
Fol. 19.   —   François Pfijffer de Wijer (1677).
N° 481 du catalogue de Thorpe (1836).

XVIIe siècle. Parchemin et papier. 20 feuillets, montés in-folio. Demi-reliure.

CCXVIII et CCXIX — Français nouv. acq. **21283 et 21284.**

(Phillipps 2976.)

Chartes de diverses commanderies de Templiers et Hospitaliers (1190-1527).

I (21283). Chartes des commanderies du Saulce, de Sacy et de Saint-Bris, au diocèse d'Auxerre (1190-1527). — 122 pièces.

II (21284). Chartes des commanderies de Sommereux, au diocèse de Beauvais (1297-1490), de Saint-Jean-en-l'Ile de Corbeil, au diocèse de Paris (1368-1459), et de Sainte-Vaubourg, au diocèse de Rouen (1450-1496). — 52 pièces.

XIIe-XVIe siècle. Parchemin. Deux volumes, montés in-folio. Demi-reliure.

CCXX. — Français nouv. acq. 21285.

(Phillipps 2975.)

Chartes des collèges de Sorbonne et de Beauvais, a Paris (1265-1577).

1-12 et 51-54. Chartes relatives à l'acquisition du fief des Rosiers par Robert de Sorbon, etc. (1265-1284 et 1518-1548). — 51. Acte de François Ier, du 25 mars 1517, avant Pâques. — 20, 25, 29, 30, 38, 43, 49, 50, 57 et 59. Chartes relatives à différentes acquisitions du collège de Sorbonne au Champ-Gaillard et rue Clopin (1355-1577). — 13-19, etc. Chartes relatives à différentes acquisitions du collège de Dormans, ou de Beauvais, au Clos-Bruneau (1302-1439). — 48. Autorisation du cardinal-légat Guillaume d'Estouteville pour la célébration des offices au collège de Lisieux (1452). — 55-56. Chartes du collège de Montaigu (1561-1562). — 57. Acte relatif au fief Marcadet (1573).

XIIIe-XVIe siècle. Parchemin. 59 pièces, de formats divers, montées in-folio. Demi-reliure.

CCXXI. — Français nouv. acq. **21286**.

(Phillipps 11001, 18752, 19407, 19860, 23940, 25674, 25690, 27928, 27929,
32294 et 34609.)

CHARTES ET PIÈCES ORIGINALES
RELATIVES A L'HISTOIRE DE PARIS, ETC. (1309-1812).

On y remarque : 1. Charte relative aux Trinitaires de Saint-Mathurin à Paris (1309). — 2. Charte concernant le prieuré de Royal-Lieu (1322). — 3. Charte concernant Villejuif (1333). — 4. Vente d'une maison sise à Paris, rue de la « Vennerie, à l'ensengne du Papegaut » (1374[1375]). — 5. Charte relative à Ville-Parisis (1398). — 6. Nomination du sergent de la verderie de Longchamp (1398[1399]). — 7. Fondation de messes par Charles VI au collège de Navarre (1399). — 10. Donation de Denise de Montmorency à l'occasion du mariage de Jacques de Beaumont et de Jeanne de Rochechouart (1458). — 12-14 et 16. Lettres de Louis XI et pièces relatives aux chanoines de la Sainte-Chapelle (1467 et 1469). — 19, 22, 25, etc. Pièces relatives à différents membres de la famille de Nicolay (1523-1618); cf. plus loin le ms. 21291, pièces 183 et 192. — 20. Pièce relative aux Minimes de Nigeon, ou Chaillot (1524). — 38 et 46. Pièces relatives à la confrérie de Saint-Joseph dans l'église des Feuillants de Paris (1628 et 1629). — 64. Dotation d'Arrighi de Casa Nova, duc de Padoue : maison rue du Mont-Blanc, n° 379 (1812).

XIVᵉ-XIXᵉ siècle. Parchemin. 71 feuillets, de divers formats, montés in-folio. Demi-reliure.

CCXXII. — Français nouv. acq. **21287**.

(Phillipps 18659, 18676, 18752, 19407, 19860, 21382, 23309, 23112,
23940, 25098, 25630, 25674, 25690, 27671, 27928, 27729, 32294
et 32384.)

CHARTES RELATIVES A LA PICARDIE
ET A DIVERSES LOCALITÉS DU NORD DE LA FRANCE.
(1301-1709.)

1. Charte de Philippe-le-Bel relative à l'abbaye de ,Boheries,

diocèse de Laon (1301). — 2. Charte concernant l'abbaye de Bertaucourt, diocèse d'Amiens (1301). — 3. Charte de l'officialité de Châlons, relative à Montmirail (1301). — 4. Charte de l'officialité de Laon, relative à l'église « de Favarchiis, Cisterciensis Ordinis, » diocèse de Noyon (1301). — 5 et 7. Chartes de Philippe-le-Bel, relatives, l'une à une donation faite en 1287 au Val-des-Écoliers (1302 et 1303). — 6. Charte relative à l'abbaye de Thenailles, diocèse de Laon (1302). — 8-9. Chartes relatives à des chapellenies fondées dans l'église de Laon (1303 et 1304). — 10. Charte de Philippe-le-Bel pour le chapitre de Saint-Pierre de Soissons (1304). — 11. Charte concernant le chapitre de Laon (1305). — 12. Charte de Pierre, abbé de Marchiennes, relative au prêt d'un ms. du roman des Sept sages (1305). — 13. Charte du bailli de Coucy pour l'abbaye de Prémontré (1306). — 14. Charte relative à l'abbaye de Saint-Nicolas de Ribemont (1308-1319). — 15 et 34. Chartes concernant l'abbaye de Saint-Jean de Laon (1310 et 1321). — 16. Charte relative à l'abbaye de Foigny, diocèse de Laon (1310[1311]). — 17. Procuration donnée par le chapitre de Laon à son doyen pour assister au concile de Vienne (1312). — 18-21. Chartes relatives à l'église de Laon (1313-1315). — 22. Accord entre l'abbesse de « Favarkes », diocèse de Noyon, et l'abbé de Saint-Nicolas-des-Prés-sous-Ribemont, diocèse de Laon (1315). — 23. Charte relative au prieuré de Saint-Nicolas de Laon, de l'Ordre du Val-des-Écoliers (1315). — 24, 27 et 28. Acquisition de terres à « Tugni » par Henri de Gauchi, chanoine de Saint-Quentin (1316 et 1317). — 25, 30 et 37. Chartes de l'officialité de Laon (1316, 1318 et 1322). — 26. Chartes de Jean de Verdun, provincial des frères Hermites de Saint-Augustin, pour le prieuré de Châlons (1317). — 29. Charte relative à l'abbaye de Saint-Vincent de Laon (1318). — 31-32. Chartes relatives à Laon (1319-1320), dont la seconde est une copie notariée de lettres de Philippe V le Long abolissant la commune de Laon (1320). — 33. Charte relative à la commanderie des Hospitaliers d'Éterpigny (1321). — 35. Vidimus par l'official de Paris de lettres de Charles IV le Bel abolissant la commune de Laon (1322). — 36. Charte relative à l'abbaye de Saint-Jean-des-Vignes de Soissons (1322). — 38. Charte relative au chapitre de Saint-Quentin (1323). — 39. Charte concernant le chapitre de l'église Sainte-Geneviève de Laon (1325). — 40, 42 et 43. Chartes relatives au Val-des-Écoliers de Laon (1328-1330).

— 41. Vidimus de lettres de Henry, comte de Lancastre, sénéchal d'Angleterre, en faveur des religieuses de Sainte-Claire de Nogent-l'Artaud (1329). — 44. Charte de l'officialité de Soissons (1330).

Parmi les chartes suivantes on remarquera : 48. Vidimus (1332 [1333]) d'une charte de Roger [Robert de Torote], évêque de Laon (1287). — 52. Charte relative à l'Hôtel-Dieu de Pontoise (1336). — 53. Lettres de Philippe VI de Valois pour les Chartreux du Val-Saint-Pierre (1336). — 54. Charte de la reine Jeanne d'Évreux en faveur de l'abbaye de Saint-Pierre de Chesy (1337). — 57. Charte de Mahaut de Soissons, abbesse de Notre-Dame de la Barre lès Château-Thierry (1342[1343]). — 62. Bulle du pape Clément VI en faveur de l'abbaye [de Saint-Nicolas] de Ribemont (17 juin 1346). — 63. Fondation de trois messes pour Isabelle de Montmorency, dame de Châtillon, dans l'église des Trinitaires de Cerfroid (1348). — 64. Serment prêté devant le chapitre de Laon par « Symon de Aharis », abbé de Cuissy (1347). — 66. Vidimus (1353) d'une bulle du pape Grégoire X en faveur de l'abbaye de Val-Secret, diocèse de Soissons (7 mars 1273). — 67-68. Chartes relatives au chapitre de Saint-Vaast de Beauvais (1355-1359). — 69. Lettres de Charles V, confirmant d'autres lettres de son oncle le duc d'Orléans en faveur des Chartreux de la Fontaine-Notre-Dame en Valois (1365). — 71. Vidimus de lettres de Charles V en faveur des Trinitaires de Cerfroid (1369). — 72 et 76. Lettres de Charles V en faveur du chapitre de Laon (1369 et 1372). — 74. Inventaires après décès du mobilier de Geoffroy Le Meingre, évêque de Laon (1370[1371]). — 78. Lettres de Charles V autorisant la vente d'une maison à Laon (1373). — 84. Vidimus de lettres de Charles V en faveur du chapitre de Noyon (1379). — 88. Lettres de Charles VI en faveur de Guy de Roye, archevêque de Reims (1394). — 89. Charte de l'abbaye de Boheries, diocèse de Laon (1395). — 91. Accord entre les religieuses de l'abbaye de Saint-Antoine-lès-Paris et la prieure de l'Hôtel-Dieu de Pontoise (s. d.). — 95. Procuration du chapitre de Laon pour ses délégués au concile provincial de Reims (1407). — 96. Charte de Jean de Rouci, évêque de Laon, pour l'amortissement de plusieurs maisons du chapitre (1409). — 97 et 100. Lettres de Charles VI homologuant un accord entre l'archevêque de Reims et le chapitre de Laon (1412 et 1419). — 111. Lettres de Charles VII en faveur du chapitre de Laon contre les prétentions de l'abbaye de Saint-Vincent (1460). — 112. Lettre de Humbert, abbé de

Citeaux, annonçant l'installation de Louis le Baudoul, ou de Tournay, abbé de Foigny (1466). — 114. Accord entre les chapelains de la cathédrale et les Augustins de Châlons (1476). — 115. Charte relative aux biens des Célestins de Sainte-Croix-sous-Offémont (1476). — 116. Accord entre l'abbaye de Saint-Yved de Braine et le prieuré de Saint-Paul-au-Bois (1486). — 118. Lettres de René, roi de Jérusalem et de Sicile, duc de Lorraine, etc., constatant l'hommage de Humbert de Doncourt (1507[1508]). — 119. Lettres de « Phelippe », femme du précédent, relative à la garde du comte de Guise et d'Aumale (1513). — 121. Lettres de Marie de Luxembourg, duchesse douairière de Vendôme, constituant une dot à sa petite-fille, Catherine, bénédictine au Mont-Saint-Gilles, à La Fère (1529). — 127. Fulmination de bulles accordant à Gabriel de Calone la commende de l'abbaye de Liques (1544). — 128. Lettres de Charles IX portant aliénation de 100.000 écus soleil de revenus de biens d'église (1563). — 132. Lettres de Henri de Bourbon, prince de Condé (1573). — 135. Contrat de mariage de Simon de Sainctignons, de Verdun (1584). — 143. Lettres de Louis XIV nommant le marquis de Chamilly gouverneur d'Audenarde (1674).

XIV^c-XVIIIe siècle. Parchemin. 146 pièces, de divers formats, montées in-folio. Demi-reliure.

CCXXIII. — Français nouv. acq. 21288.

(Phillipps 8670.)

RECUEIL DE QUITTANCES ORIGINALES, LA PLUPART RELATIVES
A LA NORMANDIE (1325-1399).

Quittances, mandements et autres pièces, provenant de l'ancienne Chambre des comptes, et relatives principalement aux opérations guerrières en Normandie, surtout à Bayeux, Caen et Rouen, au XIVe siècle.

On y remarque : 33. Mandement de Jean, comte d'Armagnac (1356[1357]). — 116. Pièce relative à la forêt de la Londe, près Rouen (1369). — 274. Charte de « Guiffroy », abbé de « Nostre Dame du Bechelouin » (1397). — Plus une série de quittances concernant : Amiens, Arques, Avranches, Bayeux, Beaumont-le-Roger, le château de Beauté, Blois, Breteuil, Caen, Châteaudun, Chinon, Conches, Coutances, Évreux, Falaise, Fécamp, Gisors,

Mantes, Meulan, Moutivilliers, Mortain, Narbonne, Neufchâtel-en-Bray, Niort, Poitiers, Pont-Audemer, Pont-Authou, Pont-de-l'Arche, Ribemont, Rouen, Saint-Sauveur-le-Vicomte, Saint-Wandrille, Toulouse, Tours, Verneuil, Vire, etc.

N° 475 du catalogue Thorpe (1836).

XIV° siècle. Parchemin. 295 pièces, de divers formats, montées in-fol. Reliure en cuir de Russie.

CCXXIV-CCXXV. — Français nouv. acq. 21289-21290.

(Phillipps 8906, 18751, 18752, 19382, 19407, 19715, 21514, 21716 23940, 25022, 25630, 25690 et 34609.)

RECUEIL DE CHARTES ET PIÈCES ORIGINALES CONCERNANT LA NORMANDIE (1305-1698).

I (21289). — *Années* 1305-1499.

1. Charte relative à l'abbaye du Bec-Hellouin (1305). — 2. Copies « sous le grant scel des causes de la visconté » de Bayeux, de chartes de Robert d'Harcourt et Guillaume de Thieville, évêques de Coutances, etc., relatives au droit de patronage de l'abbaye de Longues, diocèse de Bayeux, sur l'église de Saint-Hilaire de Petite-Ville, près Carentan (1294-1321). — 3. Lettres de Philippe VI de Valois en faveur de l'hôpital fondé à Mortemer par le cardinal Pierre de Mortemer, jadis évêque d'Auxerre (1329[1330]). — 4, 6 et 13. Vidimus de lettres de Charles, dauphin, et de lettres de Charles V (1359, 1366 et 1380). — 5, etc. Chartes des assises de Domfront (1364-1489). — 8. Mandement de « Blanche, par la grace de Dieu, royne de France » (1370). — 36. Accord entre l'abbaye de Saint-Sauveur-le-Vicomte et Bureau de la Rivière (1402). — 65. Lettres de Charles VI pour les fortifications de Vernon (1417). — 201. Lettres de Henri VI, « roy de France et d'Angleterre » (1449). — 274-281. Lettres de fiefs de la forêt d'Andennes (1490-1491). — 295 feuillets.

II (21290). — *Années* 1506-1698.

1. Assises de Saint-Sauveur-le-Vicomte (1506). — 15. Charte relative au prieuré de Saint-Vigor-le-Grand de Bayeux (1545). — 35. Charte concernant l'abbaye de Saint-Sauveur-le-Vicomte (1570).

— 51 et suiv. Pièces concernant Elbeuf (1584-1585). — 98. Lettres de Marie de Bourbon, duchesse de Longueville, nommant Philippe Collé verdier des eaux et forêts de la baronnie de Bricquebec (1594). — 99-100. Deux autres actes de la même duchesse (1594). — 72. Bref du pape Innocent XII accordant des indulgences à une église d'Avranches (1698). — 233 feuillets.

La plupart des pièces formant le premier de ces volumes proviennent de l'ancienne Chambre des comptes et la presque totalité de celles du second sont des actes ou contrats d'intérêt privé.

XIVᵉ-XVIIIᵉ siècle. Parchemin. Deux volumes, montés in-folio. Demi-reliure.

CCXXVI. — Français nouv. acq. **21291**.

(Phillipps **11001, 16539, 18659, 18676, 18752, 19382, 19407, 19860, 21382, 21514, 21716, 23940, 25630, 25674, 25690, 27928, 27929, 32294, 32384 et 34609.**)

RECUEIL DE CHARTES ET PIÈCES ORIGINALES
CONCERNANT PRINCIPALEMENT L'OUEST ET LE CENTRE
DE LA FRANCE (1315-1768).

1. Vente à l'abbaye de Vauluisant, diocèse de Sens (1315). — 2. Donation à la Maison-Dieu de Braine, diocèse de Soissons (1315). — 6. Vidimus d'un mandement de Charles IV le Bel (1323). — 8, etc. Chartes des assises de La Flèche, Baugé et Angers (1341-1485). — 18. « Articles pour mons. Guy Tourpin, chevalier, et sa femme, contre le viconte et vicontesse de Thouars », présentés au Parlement (1371). — 25, 31 et 42. Aveux rendus au marquis de Saluces par Philippe de Savoisy et procuration du même (1378-1398). — 32. Charte de l'église de Saint-Sauveur de Blois (1385). — 38. Charte relative au « couvent de Saint-Denis » de Nogent-le-Rotrou (1390). — 44. Charte du chapitre de Saint-Pierre d'Angers (1399). — 51. Hommage rendu à Jean, duc de Berry, pour l' « ostel du Rivau » en Poitou (1408). — 53. Charte de Charles, duc d'Orléans, relative au « jeu de l'arbaleste », à Blois (1411[1412]). — 60. Mandement de Henri VI, « roy de France et d'Angleterre », pour le siège de Lagny (1432). — 61, 63 et 77. Lettres du roi Charles VI (1432-1439). — 62. Accord relatif au prieuré « de Avasia », dépendant de l'abbaye de la

Couture du Mans (1463). — 75. Charte de l'officialité de Blois (1438). — 78. Lettres de Jean, comte de Huntington, lieutenant-général et gouverneur d'Aquitaine et amiral d'Angleterre, nommant Gaston de Foix, comte de Longueville, gouverneur de Bazas (1439). — 79. Obligation de 15.000 livres par le même à Jean de Huntington (1440). — 118. Quittance de tonneaux de vin de Bordeaux remis par le même à Jean de Huntington (1446). — 94. Mandement du roi Charles VII (1453). — 100. Vidimus (1457) de lettres de Charles d'Orléans relatives au chapitre de Saint-Jacques de Blois (1458). — 113. Charte concernant le même chapitre (1463). — 123. Charte de l'abbaye de Nigerlac, diocèse de Bourges (1469). — 131. Bulle du pape Sixte IV relative à l'évêché d'Albenga, en Piémont (1477). — 134 (1-8). Aveu rendu par Louis de La Haye à Guillaume de Harcourt, comte de Tancarville, ... seigneur de Montreuil-Bellay (1478[1479]). — 142. Lettres de Robert Gaguin, « grant ministre de tout l'Ordre de la sainte Trinité et redemption des captifs, » en faveur de la confrérie de Sainte-Barbe, érigée dans l'église de Saint-Mathurin de Paris (1481). — 149. Lettres de Charles VIII en faveur de Marguerite d'York, veuve de Charles le Téméraire (1484). — 165. Lettres du même en faveur du comte de Laval (1490[1491]). — 166. Lettres de Louis, duc d'Orléans, en faveur des Frères Prêcheurs de Blois 1492[1493]). — 171. Permission donnée par Louis de Bourbon à Louis Buet d'avoir une chapelle et sépulture dans l'église de Saint-Pierre du Luc (1496). — 177. Lettres de Louis XII (1501). — 183. Donation mutuelle entre le président Aymar Nicolay et sa femme, Renée Mourault (1517) ; cf. pièce 192, et plus haut ms. 21286, pièces 19, etc. — 186. Bulle du pape Clément VII en faveur de l'église de Saint-André de Bordeaux (1529). — 187. Lettres de François Ier en faveur d'Étienne Feron, procureur au Parlement (25 juin 1535). — 190. Nomination par Claude de Lorraine, duc de Guise, d'un garde de la châtellenie de Parthenay (1543). — 191. Ordonnance de Charles d'Orléans, duc de Valois et d'Angoulême (1545). — 192. « Arrentement pour monseigneur le president Nicolay pour son heritaige du Bourg St Andeol » (1547). — 196-197. Lettres de Charles IX (1563 et 1568). — 198. Lettre de la reine-mère Catherine de Médicis (1573). — 199, 201 et 204. — Lettres de Henri III (1578-1585). — 209. Lettres de Henri IV (1590). — 228-237. Copie d'un bref du pape Clément X

(1671). — 244. Lettres de Louis XIV (1739). — 245. Provision de secrétaire-intendant des finances de Louis-Philippe d'Orléans (1778).

XIVᵉ-XVIIIᵉ siècle. Parchemin. 245 feuillets, de divers formats, montés in-folio. Demi-reliure.

CCXXVII-CCXXVIII. — Français nouv. acq. 21292-21298.

(Phillipps 15645, 18984-18986, 22042, 24454, 24467, 25698, 25751 et 26275.)

RECUEIL DE PIÈCES ORIGINALES RELATIVES A L'ADMINISTRATION DE LA VILLE DE TOURS (1419-1635).

I-IV (21292-21295). Mandements de paiements ordonnancés par les maires de Tours (1465-1635).

I (21292).

1. Mairie de Jean Bernard (1465-1466). — Fol. 5-20.
2.   —   Jean Gaudin (1473-1474). — Fol. 22-54.
3.   —   Jean Godeau (1475). — Fol. 56-57.
4.   —   Jean de Coutances (1479-1480). — Fol. 59-93.
5.   —   Louis de Mézière (1480-1482). — Fol. 95-137.

II (21293).

1. Mairie d'Étienne Ragueneau (1482-1483). — Fol. B-K et 1-66.
2.   —   Martin d'Argouges (1483-1484). — Fol. 68-104.
3.   —   Pierre Burdelot (1485-1487). — Fol. 106-130.
4.   —   Jean Quetier (1487-1488). — Fol. 132-166.
5.   —   Jacques de Beaune (1499). — Fol. 167.

III (21294).

1. Mairie de François Briçonnet (1499-1500). — Fol. 2-12.
2.   —   Guillaume Sireau (1504). — Fol. 14-26.
3.   —   Guillaume Mesnagier (1509). — Fol. 28.
4.   —   Pierre Thévenin (1510-1511). — Fol. 30-38.
5.   —   Jean Cueillette (1512). — Fol. 40-45.
6.   —   Jean Prunier (1515-1516). — Fol. 47-51.
7.   —   Guillaume Sireau (1516). — Fol. 52.

8. Mairie de Emery Lopin (1516). — Fol. 54-55.
 9.   —   Guillaume de Beaune (1518). — Fol. 57-59.
10.   —   Gilles Berthelot (1519-1520). — Fol. 61-65.
11.   —   Pierre Thévenin (1520). — Fol. 66-67.
12.   —   Philebert Babou (1520). — Fol. 69.
13.   —   James Brehier (1520-1521). — Fol. 70-72.
14.   —   Jean Papillon (1524). — Fol. 74-76.
15.   —   Jean Binet (1524). — Fol. 78.
16.   —   Emery Lopin (1525). — Fol. 79-81.
17.   —   Nicole d'Argouges (1526-1527). — Fol. 83-91.
18.   —   Jean Viau (1528). — Fol. 92-97.
19.   —   Pierre Forget (1530-1531). — Fol. 99-101.
20.   —   Jean Quetier (1531-1532). — Fol. 102-108.
21.   —   Nicolle Leclerc (1532-1533). — Fol. 110-137.

IV (21295).

1. Mairie de Guillaume Ruzé (1533-1535). — Fol. 2-23.
2.   —   Marc de La Rue (1535-1536). — Fol. 25-53.
3.   —   Guillaume Bohier (1536-1537). — Fol. 55-62.
4.   —   Guillaume Chaussade (1537-1538). — Fol. 64-93.
5.   —   Guillaume Houtruau (1539-1540). — Fol. 95-114.
6.   —   Charles Mesnager (1540). — Fol. 116-117.
7.   —   Pièces diverses (1595-1635). — Fol. 119-127.

V-VI (21296-21297). Mandements des élus sur le fait de la for-
tification de la ville de Tours (1419-1423). — 102 et 86 feuillets.
(Phillipps 15645 et 26275.)

VII (21298). Mandements des commissaires ordonnés sur le fait
de la réparation des « turcies » [digues] de la Haute Varanne »,
près Tours (1420-1460). — 50 feuillets. (Phillipps 22042.)

Toutes ces pièces proviennent de A.-A. Monteil.

XVe-XVIIe siècle. Parchemin. Sept volumes, montés in-folio. Demi-
reliure et reliure en basane violette.

CONCORDANCES

DES NUMÉROS

DES NOUVEAUX FONDS LATIN ET FRANÇAIS

DE LA

BIBLIOTHÈQUE NATIONALE

AVEC LES ANCIENS NUMÉROS

DE LA BIBLIOTHÈQUE PHILLIPPS

ET LES NUMÉROS DES PRÉSENTES NOTICES

I

NOUVELLES ACQUISITIONS DU FONDS LATIN

NOUV. ACQ. LAT.	MSS. PHILLIPPS	NUMÉROS DES NOTICES	NOUV. ACQ. LAT.	MSS. PHILLIPPS	NUMÉROS DES NOTICES
925-926	10337 (et 21709)	I-II	941	2983 (1)	XVII
927	2972	III	942	2983 (2)	XVIII
928	9535	IV	943	2983 (3)	XIX
929	77	V	944	13198	XX
930	1322	VI	945	12221 (et 20681)	XXI
931	1335	VII	946	2877	XXII
932	9331	VIII	947	2169	XXIII
933	8500	IX	948	6654 (et 6945)	XXIV
934	17838	X	949	16584	XXV
935	16868	XI	950	10410	XXVI
936	876	XII	951	6773	XXVII
937	2863	XIII	—	—	—
938	1321	XIV	1921	7404	XXVIII
939	2275	XV	1922	86	XXIX
940	17712	XVI	1923	7405	XXX

NOUV. ACQ. LAT.	MSS. PHILLIPPS	NUMÉROS DES NOTICES
1924	79 (et 809)	XXXI
1925	9411	XXXII
1926	2991	XXXIII
1927	68	XXXIV
1928	22882	XXXV
1929	85	XXXVI
1930	70	XXXVII
1931	10470	XXXVIII
1932	21188	XXXIX
1933	7410	XL
1934	2973	XLI
1935	2970	XLII
1936	2971	XLIII
1937	7426	XLIV
1938	6654 (et 6946)	XLV
1939	4263	XLVI
1940	1028	XLVII
1941	2992	XLVIII
1942	7407	XLIX
1943	13196	L
1944	13197	LI
1945	2996	LII
1946	8920	LIII
1947	8872	LIV
1948		LV
1949		LVI
1950		LVII
1951		LVIII
1952		LIX
1953		LX
1954	8569	LXI
1955		LXII
1956		LXIII
1957		LXIV
1958		LXV
1959		LXVI
1960	10206	LXVII
1961	10207	LXVIII
1962	16578	LXIX
1963	8076	LXX
1964	2865	LXXI
1965	16895	LXXII

NOUV. ACQ. LAT.	MSS. PHILLIPPS	NUMÉROS DES NOTICES
1966	11882	LXXIII
1967	3709	LXXIV
1968	9064	LXXV
1969	202	LXXVI
1970	13833	LXXVII
1971	1333	LXXVIII
1972	4410	LXXIX
1973	13855	LXXX
—	—	—
2412	21189	LXXXI
2413	4372	LXXXII
2414	67	LXXXIII
2415	25028	LXXXIV
2416	10407	LXXXV
2417	10408	LXXXVI
2418	3002	LXXXVII
2419	1332	LXXXVIII
2420	11918	LXXXIX
2421	867	XC
2422	10471	XCI
2423	2834	XCII
—	—	—
2586	7095	XCIII
2587	2990	XCIV
2588	17809	
	18676	
	19860	
	19977	
	21382	
	22309	
	23112	
	23113-23115	XCV
	24807	
	25098	
	25104	
	25674	
	27015	
	27928	
	32384	
	33812	
	34609	

NOUV. ACQ. LAT.	MSS. PHILLIPPS	NUMÉROS DES NOTICES	NOUV. ACQ. LAT.	MSS. PHILLIPPS	NUMÉROS DES NOTICES
2589-2590	16539 19977 22309 23112-23115 24807 25098 25104 25674 27671 27926 27928 32384 33758	XCVI-XCVII	2591	18676 19977 22309 23112 23114-23115 24807 25098 25104 25674 27015 27926 27928 32384	XCVIII
			2592	8606	XCIX
			2593	16716-16718	C

II

NOUVELLES ACQUISITIONS DU FONDS FRANÇAIS

NOUV. ACQ. FRANÇ.	MSS. PHILLIPPS	NUMÉROS DES NOTICES	NOUV. ACQ. FRANÇ.	MSS. PHILLIPPS	NUMÉROS DES NOTICES
10666	17585	CI	10678	15675	CXIII
10667	3682	CII	10679	16580	CXIV
10668	296	CIII	10680	8363	CXV
10669	10600	CIV	10681	16583	CXVI
10670	18105	CV	10682	4395	CXVII
10671	2861	CVI	10683	811	CXVIII
10672	233	CVII	10684	810	CXIX
10673	3746	CVIII	10685	2841	CXX
10674	3696 (et 21657)	CIX	10686	812	CXXI
10675	9025	CX	10687	18624	CXXII
10676	3551	CXI	10688	21186	CXXIII
10677	18406	CXII	10689		CXXIV

NOUV. ACQ. FRANÇ.	MSS. PHILLIPPS	NUMÉROS DES NOTICES	NOUV. ACQ. FRANÇ.	MSS. PHILLIPPS	NUMÉROS DES NOTICES
10690	9058	CXXV	21231	8954	CLXVI
10691	10977 (et 18148)	CXXVI	21232	9962	CLXVII
10692	6977	CXXVII	21233	9726	CLXVIII
10693	2852	CXXVIII	21234	8891	CLXIX
10694	11879	CXXIX	21235	229	CLXX
10695	3695	CXXX	21236	2994	CLXXI
10696	1106	CXXXI	21237	9116	CLXXII
10697	9157	CXXXII	21238	7409	CLXXIII
10698	4574	CXXXIII	21239		CLXXIV
—	—	—	21240	8913	CLXXV
21199	2895	CXXXIV	21241	3680	CLXXVI
21200	7406	CXXXV	21242	25012	CLXXVII
21201	25050	CXXXVI	21243	2295	CLXXVIII
21202	3004	CXXXVII	21244	2981	CLXXIX
21203	232	CXXXVIII	21245	3001	CLXXX
21204	24129	CXXXIX	21246	2999	CLXXXI
21205	4408	CXL	21247	2982	CLXXXII
21206	1313	CXLI	21248	17252 (et 7412)	CLXXXIII
21207	3717	CXLII	21249	3000	CLXXXIV
21208	25030 (1)	CXLIII	21250	2856	CLXXXV
21209	25030 (2)	CXLIV	21251	10633	CLXXXVI
21210	14257	CXLV	21252	22192	CLXXXVII
21211	8787	CXLVI	21253	9729	CLXXXVIII
21212	24299	CXLVII	21254	22082	CLXXXIX
21213	13968	CXLVIII	21255	211	CXC
21214	25030 (4)	CXLIX	21256	24175	CXCI
21215	18289	CL	21257		CXCII
21216	25030 (3)	CLI	21258	11884	CXCIII
21217	25030 (5)	CLII	21259	4299	CXCIV
21218	25030 (7)	CLIII	21260	205	CXCV
21219	25030 (8)	CLIV	21261	34	CXCVI
21220	10631	CLV	21262	20740	CXCVII
21221	25030 (6)	CLVI	21263	213	CXCVIII
21222	10632	CLVII	21264	212	CXCIX
21223	8519	CLVIII	21265	214	CC
21224	8520	CLIX	21266	12182	CCI
21225	7094	CLX	21267	12183	CCII
21226	8664	CLXI	21268	12184	CCIII
21227		CLXII	21269	12185	CCIV
21228	10219	CLXIII	21270	12186	CCV
21229		CLXIV	21271	12187	CCVI
21230		CLXV	21272	12188	CCVII

NOUV. ACQ. FRANÇ.	MSS. PHILLIPPS	NUMÉROS DES NOTICES
21273	12189	CCVIII
21274	12190	CCIX
21275	12191	CCX
21276	12192	CCXI
21277	12193	CCXII
21278	17809	CCXIII
	17841	
	21373	
	25022	
	27928-27929	
21279	11027	CCXIV
21280	4413	CCXV
21281	1350	CCXVI
21282	8647	CCXVII
21283-21284	2976	CCXVIII-CCXIX
21285	2975	CCXX
21286	11001	CCXXI
	18752	
	19407	
	19860	
	23940	
	25674	
	25690	
	27928-27929	
	32294	
	34609	
21287	18659	CCXXII
	18676	
	18752	
	19407	
	19860	
	21382	
	22309	
	23112	
	23940	
	25098	
	25630	
	25674	
	25690	
	27671	
	27928-27929	
	32294	
	32384	

NOUV. ACQ. FRANÇ.	MSS. PHILLIPPS	NUMÉROS DES NOTICES
21288	8670	CCXXIII
21289-21290	8906	CCXXIV-CCXXV
	18751-18752	
	19382	
	19407	
	19715	
	21514	
	21716	
	23940	
	25022	
	25630	
	25690	
	34609	
21291	11001	CCXXVI
	16539	
	18659	
	18676	
	18752	
	19382	
	19407	
	19860	
	21382	
	21514	
	21716	
	23940	
	25640	
	25674	
	25690	
	27928-27929	
	32294	
	32384	
	34609	
21292-21295	18984	CCXXVII-CCXXX
	18985	
	18986	
	24167	
	25698	
	25751	
21296	15645	CCXXXI
21297	26275	CCXXXII
21298	22042	CCXXXIII
—	—	—

III

NUMÉROS DU CATALOGUE PHILLIPPS

MSS. PHILLIPPS	NOUVELLES ACQUISITIONS	MSS. PHILLIPPS	NOUVELLES ACQUISITIONS
34	fr. 21261	2295	fr. 21243
67	lat. 2414	2834	lat. 2423
68	lat. 1927	2841	fr. 10685
70	lat. 1930	2852	fr. 10693
77	lat. 929	2856	fr. 21250
79	lat. 1924	2861	fr. 10671
85	lat. 1929	2863	lat. 937
86	lat. 1922	2865	lat. 1964
202	lat. 1969	2877	lat. 946
205	fr. 21260	2895	fr. 21199
211	fr. 21255	2970	lat. 1935
212	fr. 21264	2971	lat. 1936
213	fr. 21263	2972	lat. 927
214	fr. 21265	2973	lat. 1934
229	fr. 21235	2975	fr. 21285
232	fr. 21203	2976	fr. 21283-21284
233	fr. 10672	2981	fr. 21244
296	fr. 10668	2982	fr. 21247
809	lat. 1924	2983	lat. 941-943
810	fr. 10684	2990	lat. 2587
811	fr. 10683	2991	lat. 1926
812	fr. 10685	2992	lat. 1941
867	lat. 2421	2999	fr. 21246
876	lat. 936	3000	fr. 21249
1028	lat. 1940	3001	fr. 21245
1106	fr. 10696	3002	lat. 2418
1313	fr. 21206	3004	fr. 21202
1321	lat. 938	3551	fr. 10676
1322	lat. 930	3680	fr. 21241
1332	lat. 2419	3682	fr. 10667
1333	lat. 1971	3695	fr. 10695
1335	lat. 931	3696	fr. 10674
1350	fr. 21281	3709	lat. 1967
2169	lat. 947	3717	fr. 21207
2275	lat. 939	3746	fr. 10673

MSS. PHILLIPPS	NOUVELLES ACQUISITIONS	MSS. PHILLIPPS	NOUVELLES ACQUISITIONS
4263	lat. 1939	9064	lat. 1968
4264	lat. 2415	9116	fr. 21237
4299	fr. 21259	9157	fr. 10697
4372	lat. 2413	9331	lat. 932
4395	fr. 10682	9411	lat. 1925
4408	fr. 21205	9535	lat. 928
4410	lat. 1972	9726	fr. 21233
4413	fr. 21280	9729	fr. 21253
4574	fr. 10698	9962	fr. 21232
6654	lat. 1938	10206	lat. 1960
6773	lat. 951	10219	fr. 21227-21230
6945	lat. 948	10337	lat. 925-926
6946	lat. 1938	10407	lat. 2416
6977	fr. 10692	10408	lat. 2417
7094	fr. 21225	10410	lat. 950
7095	lat. 2586	10470	lat. 1931
7404	lat. 1921	10471	lat. 2422
7405	lat. 1923	10600	fr. 10669
7406	fr. 21200	10631	fr. 21220
7407	lat. 1942	10632	fr. 21213
7409	fr. 21238 et 21239	10633	fr. 21251
7410	lat. 1933	10977	fr. 10691
7412	fr. 21248	11001	fr. 21286
7426	lat. 1937	11027	fr. 21279
8076	lat. 1963	11879	fr. 10694
8363	fr. 10680	11882	lat. 1966
8500	lat. 933	11884	fr. 21258
8519	fr. 21223	11918	lat. 2420
8520	fr. 21224	12182	fr. 21266
8569	lat. 1948-1959	12183	fr. 21267
8606	lat. 1972	12184	fr. 21268
8647	fr. 21282	12185	fr. 21269
8664	fr. 21226	12186	fr. 21270
8670	fr. 21288	12187	fr. 21271
8787	fr. 21211	12188	fr. 21272
8872	lat. 1947	12189	fr. 21273
8891	fr. 21234	12190	fr. 21274
8906	fr. 21289	12191	fr. 21275
8913	fr. 21240	12192	fr. 21276
8920	lat. 1946	12193	fr. 21277
8954	fr. 21231	12211	lat. 945
9025	fr. 10675	13196	lat. 1943
9058	fr. 10690	13198	lat. 944

MSS. PHILLIPPS	NOUVELLES ACQUISITIONS	MSS. PHILLIPPS	NOUVELLES ACQUISITIONS
13833	lat. 1970	19977	lat. 2588-2591
13855	lat. 1973	20681	lat. 945
13968	fr. 21213	20740	fr. 21262
14257	fr. 21210	21186	fr. 10688 et 10689
15645	fr. 21296	21188	lat. 1932
15675	fr. 10678	21189	lat. 2412
16539	fr. 21291 / lat. 2589 et 2590	21373	fr. 21278
16578	lat. 1962	21382	lat. 2588 / fr. 21287 et 21291
16580	fr. 10679	21514	fr. 21289-21291
16583	fr. 10681	21657	fr. 10674
16584	lat. 949	21709	lat. 925-926
16716		21716	fr. 21289 et 21291
16717	lat. 2593	22042	fr. 21298
16718		22082	fr. 21254
16868	lat. 935	22192	fr. 21252
16895	lat. 1965	22309	lat. 2588-2591 et fr. 21287
17252	fr. 21248	22882	lat. 1928
17585	fr. 10666	23112	lat. 2588-2591 et fr. 21287
17712	lat. 940	23113	lat. 2588-2590
17809	lat. 2588 / fr. 21278	23114	lat. 2588-2591
17838	lat. 934	23115	
17841	fr. 21278	23940	fr. 21286-21287 et 21289-21291
18105	fr. 10670	24129	fr. 21204
18289	fr. 21215	24175	fr. 21256 et 21257
18406	fr. 10677	24299	fr. 21212
18418	fr. 10691	24454	fr. 21292-21295
18624	fr. 10687	24467	
18659	fr. 21288 et 21291	24807	lat. 2588-2591
18676	lat. 2588 et 2591 / fr. 21287 et 21291	25012	fr. 21242
18751	fr. 21289-21290	25022	fr. 21278, 21289 et 21290
18752	fr. 21286-21287 et 21289-21291	25030	21208 / 21209 / 21216 / 21218 / 21219
18984			
18985	fr. 21292-21294	25050	fr. 21201
18986		25098	lat. 2588-2591 et fr. 21287
19382	fr. 21289-21291	25104	lat. 2588-2591
19407	fr. 21286 et 21287 et 21289-21291		
19715	fr. 21289-21290		
19860	fr. 21286, 21287, 21291		

MSS. PHILLIPPS	NOUVELLES ACQUISITIONS	MSS. PHILLIPPS	NOUVELLES ACQUISITIONS
25630	fr. 21287, 21289-21291	27926	lat. 2589-2591
25674	lat. 2588-2591 et fr. 21286, 21287 et 21291	27928	lat. 2589-2591 et fr. 21286, 21287 et 21291
25690	fr. 21286, 21287, 21289-21291	27929 et 32294	fr. 21286, 21287 et 21291
25698 25751	fr. 21292-21295	32384	fr. 21287, 21291 et lat. 2589-2591
26275	fr. 21297	33758	lat. 2589
27015	lat. 2588 et 2591	33812	lat. 2588
27671	lat. 2589-2591 et fr. 21287	34609	lat. 2588 et fr. 21286, 21289-21291

LISTE NUMÉRIQUE

DES

MANUSCRITS PHILLIPPS

AUJOURD'HUI CONSERVÉS DANS DIFFÉRENTES

BIBLIOTHÈQUES ET ARCHIVES
D'ALLEMAGNE, ANGLETERRE, BELGIQUE, FRANCE
ET PAYS-BAS

---

4. Jean de Saintré. Paris, Bibl. nat., n. a. franç. 20234.

21 (et 1056). Opuscula theologica. Londres, Brit. Mus., addit. ms. 34749.

27. Œuvres de Brantôme. Paris, Bibl. nat., n. a. franç. 20205.

34. Principes sur la marine. Paris, Bibl. nat., n. a. franç. 21261.

38. Principia Cartesiana. Cambridge, University, add. 3307.

40. Cartulaire de Saint-Barthélemy de Smithfield. Londres, Brit. Mus., addit. ms. 34768.

67. Cartulaire de Fontevraud. Paris, Bibl, nat., n. a. lat. 2414.

68. Cartulaire de S.-Vincent de Laon. Paris, Bibl. nat., n. a. lat. 1927.

69. Cartulaire de la Sauve. Bordeaux, Bibl. municip., ms. 770 *bis*.

70. Cartulaire de S.-Florent de Saumur. Paris, Bibl. nat., n. a. lat. 1930.

71. Cartulaire de Saint-Seurin. Bordeaux, Arch. dép., G. 1030.

76. Cartulaire de Sainte-Marie de Metz. Metz, Archives de Lorraine.

77. Cartulaire de la cathédrale de Laon. Paris, Bibl. nat., n. a. lat. 929.

79 (et 809). Cartulaire de Castelnau. Paris, Bibl. nat., n. a. lat. 1924.

80. Cartulaire de Sainte-Elisabeth de Bruxelles. Bruxelles, Archives générales du royaume.

81. Cartularium Rubeæ Vallis. Bruxelles, Archives gén. du royaume.

82 (et 16902). Cartulaire, etc. de la cathédrale de Bordeaux. Bordeaux, Arch. départ., G, suppl.

83. Cartulaire de Sainte-Claire de Bruxelles. Bruxelles, Archives générales du royaume.

84. Cartularium S. Joannis ad Lacum ad Bruxellas. Bruxelles, Archives générales du royaume.

85. Cartulaire de Préaux. Paris, Bibl. nat., n. a. lat. 1929.

86. Cartulaire de Belvès. Paris, Bibl. nat., n. a. lat. 1922.

113. Revenus de l'archev. de Bordeaux. Bordeaux, Arch. dép., G. suppl.

131. Chronique de Jean Le Bel. Bruxelles, Bibl. roy., II, 2551.

135. Bartoli de Saxoferrato lectura super Inforliato. Londres, Brit. Mus., addit. ms. 34748.

200. Chronique de G. de Nangis. Paris, Bibl. nat., n. a. franç. 6589.

202. Fondations de S.-Pierre de Saumur. Paris, Bibl. nat., n. a. lat. 1969.

205. Trésorerie de la Marine. Paris, Bibl. nat., n. a. franç. 21260.

209. Platon, Phédon. Chantilly, Musée Condé.

211. Revenus des évêchés, etc. Paris, Bibl. nat., n. a. franç. 21255.

212. Chambre des Comptes. Paris, Bibl. nat., n. a. franç 21264.

213. Chambre des Comptes. Paris, Bibl. nat., n. a. franç. 21263.

214. Chambre des Comptes. Paris, Bibl. nat., n. a. franç. 21265.

218. Miroir historial. Paris, Bibl. nat., n. a. franç. 6853.

221. Revenus de l'hôpital de Strasbourg. Strasbourg, Archives d'Alsace.

229. Compte du chapitre d'Angers. Paris, Bibl. nat., n, a. franç. 21235.

231. Terrier de Castelnau de Médoc. Bordeaux, Arch. dép., C, suppl.

232. Compte des monnaies. Paris, Bibl. nat., n. a. franç. 21203.

233. Cens de Gastines. Paris, Bibl. nat., n. a. franç. 10672.

234. Collège de la Marche. Paris, Bibl. nat., n. a. lat. 780.

238. Chroniques de France. Paris, Bibl. nat., n. a. lat. 1798.

246. Avicenne. Paris, Bibl. nat., n. a. lat. 1795.

255. Bedæ liber scintillarum. Cambridge, Mc Clean ms. 107.

270. Rentale abbatiæ de Halfligem. Bruxelles, Arch. gén. du Royaume.

279. Vocabularium. Cambridge, University, add. 3570.

280. Petrus Cyperius de oculo morali. Bruxelles, Bibl. roy., II, 2210.

286. S. Gregorii dialogi. Cambridge, Mc Clean ms. 111.

295. Registrum precedentium legis ecclesiasticæ. Cambridge, University, add. 3459.

296. Collégiale de Craon. Paris, Bibl. nat., n. a. franç. 10668.

299. Miracula B. Mariæ. Bruxelles, Bibl. roy., II, 2544.

300. Vita S. Servatii. Bruxelles, Bibl. roy., II, 2211.

312. Chroniques de France. Paris, Bibl. nat., n. a. franç. 6854.

313. R. Berlinctunensis in 12. Prophetas. Bruxelles, Bibl, roy., II, 922.

314. Breviarium. Bruxelles, Bibl. roy., II, 923.

315. S. Hieronymi epistolæ. Bruxelles, Bibl. roy., II, 924.

316. P. Lombardus in Psalmos. Bruxelles, Bibl. roy., II, 925.

317. P. Lombardi libri sententiarum. Bruxelles, Bibl. roy., II, 926.

318. S. Thomæ Aquinatis opuscula. Bruxelles, Bibl. roy., II, 927.

319. P. Lombardus in epistolas Pauli. Bruxelles, Bibl. roy., II, 928.

321. R. de Piperno, postillæ in Johannem. Bruxelles, Bibl. roy., II, 929.

322. Alulfi liber Gregorialis. Bruxelles, Bibl. roy., II, 930.

323. Pelagii adhortationes SS. Patrum. Bruxelles, Bibl. roy., II, 931.

324 (et 327). Vitæ sanctorum. Bruxelles, Bibl roy., II, 932.

325. Origenes περὶ ἀρχῶν. Bruxelles, Bibl. roy., II, 933.

326 (et 331). D. Thomæ in IV. sententiarum. Bruxelles, Bibl. roy., II, 934.

327 (et 324). Vitæ sanctorum. Bruxelles, Bibl. roy., II, 932.

328. S. Augustini de verbis Domini. Bruxelles, Bibl. roy., II, 935.

329. Hugonis de claustro animæ. Bruxelles, Bibl. roy., II, 936.

330. Gesta Salvatoris. Bruxelles, Bibl. roy., II, 937.

331 (et 326). D. Thomæ in IV. sententiarum. Bruxelles, Bibl. roy., II, 934.

332. Gisleberti sermones in Cantica. Bruxelles, Bibl. roy., II, 938.

333. S. Gregorii moralia in Job. Bruxelles, Bibl. roy., II, 939.

334. S. Augustinus in Psalmos CI-CL. Bruxelles, Bibl. roy., II, 940.

335. Vincentii Belvac. Speculum historiale. Bruxelles, Bibl. roy., II, 941.

336. Vitæ sanctorum. Bruxelles, Bibl. roy., II, 942.

337. Vincentii Belvac. de morte amici. Bruxelles, Bibl. roy., II, 943.

338. S. Bernardi exceptiones. Bruxelles, Bibl. roy., II, 944.

339. S. Bernardi super Cantica. Bruxelles, Bibl. roy., II, 945.

340. Lietberti flores Psalterii. Bruxelles, Bibl. roy., II, 946.

341. S. Hieronymus super Ezechielem. Bruxelles, Bibl. roy., II, 947.

342. Alulfi liber Gregorialis. Bruxelles, Bibl. roy. II, 948.

343. Ambrosius super Lucam. Bruxelles, Bibl. roy., II, 949.

344. Liber eruditionis religiosorum. Bruxelles, Bibl. roy., II, 950.

346. Eusebii homiliæ de monachis. Bruxelles, Bibl. roy., II, 951.

347. S. Joannis Chrysost. de laudibus S. Pauli. Bruxelles, Bibl. roy., II, 952.

348. Stephanus Cantuar. super Genesim. Bruxelles, Bibl. roy., II, 953.

349. Anselmus, cur Deus homo. Bruxelles, Bibl. roy., II, 954.

350. Bernardus de præcepto et dispensat. Bruxelles, Bibl. roy., II, 955.

351. Canticum canticorum glossatum. Bruxelles, Bibl. roy., II, 956.

352. Stephani Cantuariensis annotationes in Josue. Bruxelles, Bibl. roy., II, 957.

353. Glosa Haymonis super epistolas Pauli. Bruxelles, Bibl. roy., II, 958.

354. Isidori excerpta. Bruxelles, Bibl. roy., II, 959.

355. Nemesius de natura hominis. Bruxelles, Bibl. roy., II, 960.

356. Johannis Damasceni gesta Barlaam et Josaphat. Bruxelles, Bibl. roy., II, 961.

357. Stephani Cantuariensis super Numeros et Deuteronom. Bruxelles, Bibl. roy., II, 962.

359 Augustinus de doctrina christiana. Bruxelles, Bibl. roy., II, 963.

360. Ruperti Tuitiensis de diversis officiis. Bruxelles, Bibl. roy., II, 964.

361. Petri Comestoris historia scholastica. Bruxelles, Bibl. roy., II, 965.

362. Prisciani institutiones grammaticæ. Bruxelles, Bibl. roy., II, 966.

363. S. Augustini quæstiones. Bruxelles, Bibl. roy., II, 972.

364. Vita S Trudonis. Bruxelles, Bibl. roy., II, 973.

365. Paschasius Radbertus in Lamentationes. Bruxelles, Bibl. roy., II, 974.
366. Vitæ sanctorum. Bruxelles, Bibl. roy., II, 975.
367. Smaragdi diadema monachorum. Bruxelles, Bibl. roy., II, 976.
368. Sermones Guerrici. Bruxelles, Bibl. roy., II, 977.
369. S. Ambrosii hexaemeron. Bruxelles, Bibl. roy., II, 978.
370. Refutatio hæresis Sacramentariorum. Bruxelles, Bibl. roy., II, 979.
371. S. Gregorii libri dialogorum. Bruxelles, Bibl. roy., II, 980.
372. Guil. Durand summa de pœnitentia. Bruxelles, Bibl. roy., II, 981.
373. Vita S. Gregorii papæ. Bruxelles, Bibl. roy., II, 982.
374. Lectionarium. Bruxelles, Bibl. roy., II, 983.
375. Leontius de vita Joannis Alexandr. Bruxelles, Bibl. roy., II, 984.
376. Smaragdus in regulam S. Benedicti. Bruxelles, Bibl. roy., II, 985.
378. Vita metrica S. Gisleni. Bruxelles, Bibl. roy., II, 986.
379 (1). Guyart des Moulins, Bible historiale. Bruxelles, Bibl. roy., II, 987.
379 (2) (et 4198). Chroniques Martiniennes. Bruxelles, Bibl. roy., II, 988.
379 (3) (et 1387). Homiliæ Patrum, etc. Bruxelles, Bibl. roy., II, 989.
379 (4). Theysir Albumeronis in medicinam. Bruxelles, Bibl. roy., II, 990.
379 (5). Josephi antiquitates Judaïcae. Bruxelles, Bibl. roy., II, 991.
381. Namen en dood book van clooster van Facons. Anvers, Archives de l'État.
382. Vander Auwera simpele... waerheyd. Bruxelles, Bibl. roy., II, 995.
383. Flores Decreti versificati. Bruxelles, Bibl. roy., II, 996.
384. Wilhelmi vita S. Bernardi. Bruxelles, Bibl. roy., II, 1024.
507 (et 3954). Records of Dunwich (Suffolk). Londres, Brit. Mus., addit. ms. 34757.
543. Breviarium. Arnhem, Archives du royaume.
767. S. Bernardus et Hildegardis epistolæ. Berlin, Theol. lat. f. 699.
810. Établissements de saint Louis. Paris, Bibl. nat., n. a. franç. 10684.
811. Établissements de saint Louis. Paris, Bibl. nat., n. a. franç. 10683.
812. Ordonnances sur les eaux et forêts. Paris, Bibl. nat., n. a. franç. 10686.
835. Gueffier, poésies françaises. Paris, Bibl. James de Rothschild.
856. Opuscules théologiques. Paris, Bibl. nat., n. a. franç. 10237.
857. Molinet, Apothéose de Philippe le Bon. Bruxelles, Bibl. roy., II, 2604.
867. Libertates Dalphinatus. Paris, Bibl. nat., n. a. lat. 2421.
868. La guerre et la paix du prebstre et du bourgoys. Bruxelles, Bibl. roy., II, 3742
876. Cartulaire de l'Université de Paris. Paris, Bibl. nat., n. a. lat. 936.
881. Exceptiones de epistolis S. Bernardi. Bruxelles, Bibl. roy., II, 1394.
903. Chronique de Normandie. Paris, Bibl. nat., n. a. franç 6860.
941 (et 2667). Bevilacqua, trattati di pace. Bruxelles, Bibl. roy., II, 2617.
1022. Opuscula grammatica. Paris, Bibl. nat., n. a. lat 909.
1026. S. Cypriani epistolæ. Oxford, Bodléienne, ms. 32565.

1028. Formulaire de Pierre d'Aragon. Paris, Bibl. nat., n. a. lat. 1940.

1050. Chronique de Brut. Londres, Brit. Mus., addit. ms. 35092.

1056 (et 21). Opuscula theologica. Londres, Brit. Mus., addit. ms. 34749.

1067. Lettres reçues par les États-généraux. La Haye, Archives du royaume.

1069. Bulles de la Sauve et de Tournai. Bordeaux, Arch. départ., H, 11, et Mons, Archives de l'État.

1075. C. Coels, l'Ecclésiaste de Salomon. Bruxelles, Bibl. roy., II, 2600.

1076. Gratiani decretum. Cambridge, Mc Clean ms. 135.

1086. Rentale abbatiæ S. Martini de Tournay. Mons, Archives de l'État.

1094. Consuetudines Tornacenses. Bruxelles, Bibl. roy., II, 1395.

1097. Jacques de Marquais, Martyrologe. Bruxelles, Bibl. roy., II, 2342.

1098. Traité des fiefs de Flandre. Bruxelles, Bibl. roy., II, 2343.

1100. Réception du Concile de Trente en France. Bruxelles, Bibl. roy., II, 997.

1103. Arrêts de Malines, par Cuvellier. Bruxelles, Archives générales du royaume.

1104 (et 2024). Zuallart, Mémoires historiques. Bruxelles, Bibl. roy., II, 1001.

1106. Maison de Montfort. Paris, Bibl, nat., n. a. franç. 10696.

1113 (1). Inventarium chartarum Mechliniensium. Bruxelles, Archives générales du royaume.

1113 (2). Requêtes au Conseil de Brabant. Bruxelles, Archives générales du royaume.

1116. Augustinus de sermone Domini in monte. Bruxelles, Bibl. roy., II, 967.

1117. Rentale abbatiæ de... Bruxelles, Archives générales du royaume.

1119. Liber sentenciarum officialis Cameracensis in Bruxella. Bruxelles, Archives générales du royaume.

1120 (1). Placards de Flandre et Brabant. Bruxelles, Bibl. roy., II, 1457.

1120 (2 et 3). Wynants, Traité des charges publiques. Bruxelles, Bibl. roy., II, 1458 et 1459.

1121. Vitæ sanctorum. Bruxelles, Bibl. roy., II, 2309.

1126. Exceptiones ex opusculis S. Gregorii. Bruxelles, Bibl. roy., II, 1402.

1128. Expositio in sermones D. Bernardi. Bruxelles, Bibl. roy., II, 1403.

1129. Beka, Chronique d'Utrecht. La Haye, Bibliothèque royale.

1130. Gesta præsulum Tungrensium. Bruxelles, Bibl. roy., II, 2325.

1133. Obituarium Hospitalis S. Petri apud Bruxellas. Bruxelles, Archives générales du royaume.

1134. Litteræ annuæ collegii Silvæducensis. Bois-le-Duc, Archives du royaume.

1135 (1-3). Traités de paix. Bruxelles, Bibl. roy., II, 1451-1453.

1136. J. de Bye et J. de Witt. La Haye, Bibliothèque royale.

1138. Fondation des Chartreux d'Utrecht. Utrecht, Archives du royaume.

1139. Instructions données par Marie de Hongrie. Bruxelles, Archives générales du royaume.

1140. Index de placards concernant les domaines. La Haye, Archives du royaume.

1141. Histoire de Hollande (1428-1506). La Haye, Bibliothèque royale.

1160. Dictionarium latino-germanicum. Berlin, lat. f. 660.

1163. Vita sanctæ Catherinæ. Berlin, Theol. lat. f. 701.

1171. Priscianus de accentibus. Bruxelles, Bibl. roy., II, 3067.

1246. Passion de Notre-Seigneur. Cambridge. Mc Clean ms. 125.

1251. Cistercian Gradual. Oxford, Bodléienne, ms. 32556.

1264. Chronica de origine ducum Brabantiæ. Bruxelles, Bibl. roy., II, 2321.

1265. Chronycke van Vlaenderen. Bruxelles, Bibl. roy., II, 2317.

1266. Pièces sur Bruxelles. Bruxelles, Bibl. roy., II, 1149.

1268. Armorial de France, en flamand. Bruxelles, Bibl. roy., II, 2598.

1271-1272. Mémoires de la guerre (1701-1706). La Haye, Bibliothèque royale.

1273. Armorial des Pays-Bas. Bruxelles, Bibl. roy., II, 1471.

1274. Cartæ Caroli Quinti et Alberti et Isabellæ. Bruxelles, Archives générales du royaume.

1276. Formulare belgicum. Bruxelles, Archives générales du royaume.

1278. Senecæ epistolæ. Bruxelles, Bibl. roy., II, 971.

1280. Facetus, liber de moribus. Bruxelles, Bibl. roy., II, 2621.

1282. Vita S. Remacli. Bruxelles, Bibl. roy., II, 2611.

1313. Trésor royal. Paris, Bibl. nat., n. a. franç. 21206.

1314. Terrier de l'archev. de Bordeaux. Bordeaux, Arch. dép., G. suppl.

1315. Terrier de Saint-Seurin. Bordeaux, Arch. dép., G, 1160-1161.

1316. Terrier de la cathédrale de Bordeaux. Bordeaux, Arch. dép., G, suppl.

1318. Terrier de la Sauve. Bordeaux, Arch. dép., H, 85.

1319. Procès de la cathédrale et de Saint-Seurin. Bordeaux, Arch. dép., G, suppl.

1320. Cens de Fristorf, à Metz. Metz, Archives de Lorraine.

1321. Cartulaire de Prémontré. Paris, Bibl. nat., n. a. lat. 938.

1322. Cartulaire de l'évêché de Laon. Paris, Bibl. nat., n. a. lat. 930.

1327. Statuts de Saint-Seurin. Bordeaux, Arch. dép., G, 1025.

1331. Procès des Franciscains et Dominicains. Bordeaux, Arch. municip.

1332. Terrier de Borrian. Paris, Bibl. nat., n. a. lat. 2419.

1333. Chartes de la commanderie de Beauvais-en-Gâtinais. Paris, Bibl. nat., n. a. lat. 1971.

1334. Terrier de la Sauve. Bordeaux, Arch. départ., H, 84.

1335. Cartulaire de S-Jean de Laon. Paris. Bibl., nat., n. a. lat. 931.

1340. Terrier de Saint-Seurin. Bordeaux, Arch. départ., G, 1158.

1341. Terrier de l'hôpital Saint-James. Bordeaux, Arch. dép., H (Jésuites).

1348. Compte de Compiègne. Chantilly, Musée Condé.

1349. Jehan Galopes, Méditations sur J.-C. Bruxelles, Bibl. roy., II, 2547.

1350. Comptes de Henri II. Paris, Bibl. nat., n. a. franç. 21281.

1379. Lubin, l'Ordre de S. Augustin. Bruxelles, Bibl. roy., II, 2590.

1382. Petri Alfonsi disciplina clericalis. Londres, Brit. Mus., addit. ms. 37670.

1384. Cens des Chartreux de Hérinnes. Bruxelles, Archives générales du royaume.

1387 (et 379, 3). Homiliæ et opuscula Patrum. Bruxelles, Bibl. roy., II, 989.

1388-2010. Mss. Meerman, aujourd'hui à la Bibliothèque royale de Berlin ¹.

2011. Biblia, tomi 2 et 3. Bruxelles, Bibl. roy., II, 2523.

2012. Radulfi Flaviacencis expositio in Leviticum. Bruxelles, Bibl. roy., II, 998.

2015. Biblia latina, prima pars. Bruxelles, Bibl. roy., II, 999.

2022. Passio Domini J.-C. Bruxelles, Bibl. roy., II, 1000.

2024 (et 1104). Zuallart, Mémoires historiques. Bruxelles, Bibl. roy., II, 1001.

2026. S. Augustini enarrationes in Psalmos. Bruxelles, Bibl. roy., II, 1002.

2027. S. Augustini sermones de verbis Domini. Bruxelles, Bibl. roy., II, 1003.

2028. Recueil d'arrêts, 4ᵉ centurie. Bruxelles, Bibl. roy., II, 1004.

2029. Biblia latina. Bruxelles, Bibl. roy., II, 2525.

2030-2031. S. Augustinus de civitate Dei. Bruxelles, Bibl. roy., II, 1005.

2032. Lietberti flores Psalterii. Bruxelles, Bibl. roy., II, 1006.

2054. S. Isidori etymologiæ. Bruxelles, Bibl. roy., II, 1007.

2068. Beda super Actus apostolorum. Bruxelles, Bibl. roy., II, 1008.

2074. Vincentii Belvacensis Speculum historiale. Bruxelles, Bibl. roy., II, 1396.

1. On trouvera une concordance de ces numéros dans la *Verzeichniss der Meerman-Handschriften der kœniglichen Bibliothek zu Berlin* (1892, in-4°) :
Mss. *orientaux* : Nᵒˢ 1388-1404, 1892, 1986-1990 et 1992.
Mss. *grecs* : Nᵒˢ 1405-1643 et 1991.
Mss. *latins* : Nᵒˢ 1644-1905 (moins 1798) et 1992-2010.
Mss. *français*, etc. : Nᵒˢ 1906-1949 (moins 1910).
Mss. *néerlandais* : Nᵒˢ 1950-1985.

2084. De diversitate philosophiæ. Bruxelles, Bibl. roy., II, 1009.

2089. Cassiani collationes. Bruxelles, Bibl. roy., II, 1010.

2096. S. Bonaventuræ liber primus sententiarum. Bruxelles, Bibl. roy., II, 1397.

2097. S. Bonaventuræ distinctiones IV. sententiarum. Bruxelles, Bibl· roy., II, 1398.

2106. Gregorius Turonensis de virtutibus S. Martini. Bruxelles, Bibl. roy., II, 1011.

2107. Petri Remensis sermones festivales. Bruxelles, Bibl. roy., II, 1178.

2113. Boetii de consolatione philosophiæ. Bruxelles. Bibl. roy., II. 1012.

2119. Pontificale. Bruxelles, Bibl. roy., II, 1013.

2130. Postillæ super XII. Prophetas min. Bruxelles. Bibl. roy., II, 1014.

2131. Joannis, episcopi Constantini, in epistolam ad Hebræos. Bruxelles, Bibl. roy., II, 1015.

2141. Vita S. Eligii. Bruxelles, Bibl. roy., II, 1016.

2142. Prisciani opera. Bruxelles, Bibl. roy., II, 2557.

2143. Prisciani de constructione. Bruxelles, Bibl. roy., II, 1017.

2149. Somme rurale de Bouteiller. Paris, Bibl. nat., n. a. franç. 6861.

2155. Cartulaire de Saint-Martin de Tournay. Mons, Archives de l'État.

2156. Astrologia. Bruxelles, Bibl. roy., II, 1018.

2169. Mélanges sur Marmoutier. Paris, Bibl. nat., n. a. lat. 947.

2173. S. Augustini sermones. Cambridge, University, add. 3479.

2178. Beda super Cantica. Cambridge, Fitzwilliam ms. 243.

2181. Aristoteles de secretis secretorum. Bruxelles, Bibl. roy., II, 1404.

2195. Soliloquium Hugonis. Bruxelles, Bibl. roy., II, 4291.

2196. Mémoire d'une femme de Liège. Bruxelles, Bibl. roy., II, 2324.

2197. Statuts du couvent de Windesheim. Zwolle. Archives du royaume.

2246 (et 13639). Cartulaire de Sainte-Glossinde de Metz. Metz, Archives de Lorraine.

2254. Privilèges de Prémontré. Paris, Bibl. nat., n. a. lat. 644.

2256. Registrum prioratus Viridis Vallis prope Bruxellas. Bruxelles, Archives générales du royaume.

2258. Litteræ prioris Viridis Vallis prope Bruxellas. Bruxelles, Archives générales du royaume.

2260. Protocole des secrétaires du grand conseil des Pays-Bas. Bruxelles, Archives générales du royaume.

2264. S. Bernardi epistolæ. Bruxelles, Bibl. roy., II, 2556.

2266. Résolutions du conseil de Brabant. Bruxelles, Archives générales du royaume.

2271. Joannis de Cantiprato bonum universale. Bruxelles, Bibl. roy., II, 1445.

2273. Spraakkonst van de armenische Taal. Bruxelles, Bibl. roy., II, 2593.

2274. De lapidibus pretiosis. Bruxelles, Bibl. roy., II, 2546.

2275. Cartulaire de la cathédrale de Reims. Paris, Bibl. nat., n. a. lat. 939.

2276. Cartulaire des Carmélites de Haarlem. Haarlem, Archives du royaume.

2277. Ordonnances de police de Cortemarck. Bruxelles, Archives générales du royaume.

2278. Notabilia Decretalium. Cambridge, University, add. 3467.

2283. La paix de Cambray. Bruxelles, Bibl. roy., II, 2605.

2284. Fr. Franchois, Livre des angles. Bruxelles, Bibl. roy., II, 2576.

2287. Genealogie des Van den Broecke. Bruxelles, Bibl. roy., II, 2522.

2295. Guiot, Neustria subterranea. Paris, Bibl. nat., n. a. franç. 21243.

2332. S. Gregorii dialogi. Berlin, Theol. lat. f. 702.

2337. C. Schonaeus, Tabula comica. Haarlem, Archives du royaume.

2422. Gernsberg, Nomenclator octilinguus. Bruxelles, Bibl. roy., II, 2595.

2423. Letters to the bishop of Chichester. Londres, Brit. Mus., addit. ms. 34317.

2469. Epitome de las vidas des condes de Flandres. Bruxelles, Bibl. roy., II, 2630.

2491. Vœni amorum emblemata. Bruxelles, Bibl. roy., II, 2634.

2507. Expédition de Franche-Comté. Paris, Bibl. nat., n. a. franç. 20230.

2512. Expositio Psalmorum LI-C. Bruxelles, Bibl. roy., II, 1405.

2523. S. Hieronymi epistolæ. Bruxelles, Bibl. roy., II, 2587.

2524. Beka, Chronique d'Utrecht. Utrecht, Bibliothèque de l'Université.

2531. P. Michault, Doctrine du temps. Bruxelles, Bibl. roy., II, 2575.

2549. Death of J. Cæsar. Oxford, Bodléienne, ms. 31803.

2555. Gilde B. M. de Drayton. Oxford, Bodléienne, ms. 32941.

2615. Processional of Sarum. Oxford, Bodléienne, ms. 32704.

2635. Psalterium. Cambridge, Mc Clean ms. 45.

2637. Maerlant, Spiegel historiael. Leyde, Bibliothèque de l'Université.

2638. Registre des cérémonies d'Amsterdam. Amsterdam, Archives de la ville.

2639. Chronique de Froissart. La Haye, Bibliothèque royale.

2667 (et 941). Bevilacqua, trattati di pace. Bruxelles, Bibl. roy., II, 2617.

2676. English sermons. Oxford, Bodléienne, ms. 32219.

2711. York Gradual. Oxford, Bodléienne, ms. 32940.

2780. Chartes de Hainaut. Bruxelles, Bibl. roy., II, 1468.

2802. G. Budæus in Plutarchum. Paris, Bibl. nat., n. a. lat. 698.

2832. Armorial de l'ancienne noblesse de Lorraine, etc. Metz, Archives de Lorraine.

2834. R. Monsnier, Historia S. Martini Turonensis. Paris, Bibl. nat., n. a. lat. 2423.

2836. Saints du diocèse de Troyes. Paris, Bibl. nat., n. a. franç. 10699.

2841. Conseil de Pierre de Fontaines. Paris, Bibl. nat., n. a. franç. 10685.

2843. S. Hieronymi explanatio in XII Prophetas. Bruxelles, Bibl. roy., II, 2565.

2844. S. Hieronymus in Ecclesiasten. Bruxelles, Bibl. roy., II, 2531.

2846. Jeremiæ de Montagnone compendium moralium. Bruxelles, Bibl. roy., II, 2315.

2850. Vitæ sanctorum. Berlin, Theol. lat. qu. 361.

2852. Réformation des Universités. Paris, Bibl. nat., n. a. franç. 10693.

2854. Terrier des Dominicains de Bordeaux. Bordeaux, Arch. municip.

2855. Revenus de l'archevêché de Bordeaux. Bordeaux, Arch. dép., G, suppl.

2856. Procès de S. Cyprien de Poitiers. Paris, Bibl. nat., n. a. franç. 21250.

2857. Terrier de la Sauve. Bordeaux, Arch. départ., H. 92.

2858. Terrier du captalat de Buch. Bordeaux. Arch. départ., C, suppl.

2859. Terrier de la Sauve. Bordeaux, Arch. départ., H, 87.

2861. Cens de Fontevraud. Paris, Bibl. nat., n. a. franç. 10671.

2863. Statuts de la faculté de Décret de l'Université de Paris. Paris, Bibl. nat., n. a. lat. 937.

2865. Obituaire de Saint-Quentin. Paris, Bibl. nat., n. a. lat. 1964.

2874. G. Peraldi de virtutibus. Paris, Bibl. nat., n. a. lat. 787.

2877. Mélanges sur Rouen. Paris, Bibl. nat., n. a. lat. 946.

2886. Fr. Vinchant, voyage à Rome. Bruxelles, Bibl. roy., II, 1025.

2894. Van Cockelberghe, Index des fiefs d'Anvers. Anvers, Archives de l'État.

2895. Cartulaire d'Artois. Paris, Bibl. nat., n. a. franç. 21199.

2903. Bodley's negotiations in the Netherlands. Oxford, Bodléienne, ms. 32018.

2906. Annotations sur l'histoire de Hollande. La Haye, Bibliothèque royale.

2917. Hymni, cum notis musicis. Londres, Brit. Mus., addit. ms. 34750.

2919. Breviarium Sarum. Cambridge, University, add. 3475.

2922. S. Maximi Taurinensis sermones. Bruxelles, Bibl. roy., II, 2636.

2935. Tanner, Collectanea Cantabrigiensia. Cambridge, University, add. 3824.

2942. Rhetorica et grammatica. Paris, Bibl. nat., n. a. lat. 910.

2967. Gouvernement des rois et Caton en françois. Paris, Bibliothèque James de Rothschild.

2970. Cartulaire de la Trinité de Vendôme. Paris, Bibl. nat., u. a. lat 1935.

2971 Cartulaire de la Trinité de Vendôme. Paris, Bibl. nat., n. a. lat. 1936.

2972. Cartulaire de la commanderie d'Éterpigny. Paris, Bibl. nat., n. a. lat. 927.

2973. Cartulaire de la commanderie de Sommereux. Paris, Bibl. nat., n a. lat. 1934.

2975. Chartes de la Sorbonne. Paris, Bibl. nat., n. a. franç. 21285.

2976. Chartes de la commanderie du Saulce. Paris, Bibl. nat., n. a. franç. 21283-21284.

2981. Censier de Saint-Marc d'Orléans. Paris, Bibl. nat., n. a. franç. 21244.

2982. Testament d'Arthur d'Aunay. Paris, Bibl. nat., n. a. franç. 21247.

2983 (1-3) (et 2996). Comptes de Langres. Paris, Bibl. nat., n. a. lat. 941-943.

2985. Inventarium electoratus Saxoniæ. Metz, Archives de Lorraine.

2990. Comptes de Langres. Paris, Bibl. nat., n. a. lat. 2587.

2991 (et 2983). Cartulaire du chapitre de Langres. Paris, Bibl. nat., n. a. lat. 1926.

2992. Privilèges de S. Antoine de Viennois. Paris, Bibl. nat., n. a. lat. 1941.

2993. Dépenses de l'Université de Paris (1788-1792). Paris, Archives de la Seine.

2994 (et 2983). Ventes de bois de Bazoches. Paris, Bibl. nat., n. a. franç. 21236.

2996 (et 2983). Comptes de Langres. Paris, Bibl. nat., n. a. lat. 1945.

2997. Privilèges de Henri II. Bordeaux, Archives municipales.

2999. Censier de N.-D. de Paris. Paris, Bibl. nat., n. a. franç. 21246.

3000. Chaussetiers de Paris. Paris, Bibl. nat., n. a. franç. 21249.

3001. Collège de Champagne ou de Navarre. Paris, Bibl. nat., n. a. franç. 21245.

3002. Diplôme de l'empereur Mathias pour Besançon. Paris, Bibl. nat., n. a. lat. 2418.

3003. Dîmes de Montferrand. Bordeaux, Arch. départ., G, suppl.

3004. Comptes de l'Hôtel. Paris, Bibl. nat., n. a. franç. 21202.

3036. Papeles de los estados de Flandres. Bruxelles, Bibl. roy., II, 2582.

3072 (et 35238). Missale. Cambridge, Mc Clean ms. 48.

3073. Letter-Book of sir P. Rycaut. Londres, Brit. Mus., addit. ms. 37663.

3092. Privilegia Cantabrigiensia. Cambridge, Trinity ms. 419.

3098. Breton de legibus Angliæ. Cambridge, Mc Clean ms. 143.

3102. History of Bedfordshire. Londres, Brit. Mus., addit. mss. 34364-34385.

3122. Comput et astronomie. Paris, Bibl. nat., n. a. lat. 625.

3123 (et 22029). Yearbooks tempore Edwardi II. Londres, Brit. Mus , addit. mss. 35094 et 37658.

3124. Yearbooks tempore Edwardi I-III. Londres, Brit. Mus., Egerton ms. 2811.

3125. Rental of the abbot of Chester. Londres, Brit. Mus., addit. ms. 36764.

3133. Liste des chanceliers de Brabant. Bruxelles. Bibl. roy., II, 1026.

3154. Lettres de Louis XIV. Paris, Bibl. nat , n. a. franç. 20209-20215.

3188. Lettres sur la Flandre. Bruxelles, Bibl. roy., II, 2562.

3194-3195. Résolutions du conseil souverain de Brabant. Bruxelles, Archives générales du royaume.

3196. Tableau historique des Pays-Bas. Bruxelles, Bibl. roy., II, 2323.

3197. Magistraet der stadt Brussele. Bruxelles, Bibl. roy., II, 2345.

3198. Discours de l'ancien conseil de Brabant. Bruxelles, Bibl. roy., II, 2344.

3199. Beschrijving van Brabant. Bruxelles, Bibl. roy., II, 1027.

3200. Star Chamber. Cambridge, University, add. 3106.

3207. Petri a Thymo historia diplomatica. Bruxelles, Bibl. roy., II, 2588.

3208. Le Passetemps de Jean Lhermite. Bruxelles, Bibl. roy., II, 1028.

3209. Lois de la Frise orientale. Leeuwarden, Archives du royaume.

3210. Chronicon monasterii S. Bertini. Bruxelles, Bibl. roy., II, 2340.

3211. Index du registre du duc Guillaume V. La Haye, Archives du royaume.

3212. Mémoires de Jean de Haynin. Bruxelles, Bibl. roy., II, 2545.

3213. Copies de lettres et placards (1560-1571). La Haye, Bibliothèque royale.

3215. Mémoires sur l'origine des troubles de 1576. Bois-le-Duc, Archives du royaume.

3217. Della guerra di Ollandia. Bruxelles, Bibl. roy., II, 1478.

3218. Lettres de J. H. van Rechteren (1735-1753). Utrecht, Archives du royaume.

3219. Table des mss. van Hulthem. Bruxelles, Bibl. roy., II, 2337.

3220. Documents sur la province d'Utrecht. Utrecht, Archives du royaume.

3221 et 3222. Documents des archives d'Utrecht. Utrecht, Archives du royaume.

3223. Muschenbroek, Dessins de sceaux d'Utrecht. Utrecht, Archives de la ville.

3226. De Dinter, Chronique. Bruxelles, Bibl. roy., II, 2338.

3227. Guerre de Grimbergen. Leyde, Bibliothèque de l'Université.

3228. Van Balen, Origo oppidi Buscoducensis. Bois-le-Duc, Archives du royaume.

3229. Inventaire des archives de Bois-le-Duc. Bois-le-Duc, Archives du royaume.

3230. Inventaire des chartes de Vilvorde. Bruxelles, Archives générales du royaume.

3232. Copies relatives au Tilerwaard. Arnhem, Archives du royaume.

3233. Bondam, copies des archives de Gueldre. Arnhem, Archives du royaume.

3234. Fundationes vicariarum de Groenlo. Arnhem, Archives du royaume.

3235. Lectura tertii Decretalium. Bruxelles, Bibl. roy., II, 1029.

3236. Pièces relatives à l'abdication de Charles Quint. La Haye, Bibliothèque royale.

3237. Leenboeck van Wassenhoven. Bruxelles, Archives générales du royaume.

3238. Bondam, notes pour un cartulaire de Hollande. La Haye, Archives du royaume.

3239. Index des registres de la cour de Hollande. La Haye, Archives du royaume.

3240. Inventaire des archives de Hollande. La Haye, Archives du royaume.

3241. Inventaire des archives de la cour des chartes de Hollande. La Haye, Archives du royaume.

3242. Index des décrets du district de Kuilenburg, etc. Utrecht, Archives du royaume.

3243 et 3244. Beka, Chronique d'Utrecht. Utrecht, Bibliothèque de l'Université.

3245. Beka, Chronique d'Utrecht. La Haye, Bibliothèque royale.

3246. Protocole du notaire Th. Persoels. Utrecht, Archives du royaume.

3247. Provisions papales aux prébendes d'Utrecht. Utrecht, Archives du royaume.

3249. *Liber donationum* de la cathédrale d'Utrecht. Utrecht, Archives du royaume.

3250. Bondam, notes sur les évêques d'Utrecht. Utrecht, Bibliothèque de l'Université.

3251. Copie du *Liber camere* de la cathédrale d'Utrecht. Utrecht, Archives du royaume.

3252. Bondam, index du *Liber donationum* d'Utrecht. Utrecht, Archives du royaume.

3254. Liste de documents de l'Union d'Utrecht. Utrecht, Archives du royaume.

3255 et 3256. Lettres aux États-généraux (1681-1694). Utrecht, Archives du royaume.

3257. Documents du chapitre de Sainte-Marie et de l'Hôtel de ville d'Utrecht. Utrecht, Archives du royaume.

3258. Copies de mss. du prof. Matthaeus. Utrecht, Archives du royaume.

3259. Schuler, dessins de sceaux d'Utrecht. Utrecht, Archives de la ville.

3260. Documents concernant le secrétaire d'Utrecht. Utrecht, Archives du royaume.

3261. Inventaire des archives des états d'Utrecht. Utrecht, Archives du royaume.

3262. Documents sur la persécution du chanoine Wachtelaer. Utrecht, Archives du royaume.

3263. Muschenbroek, Procès du tribunal d'Utrecht. Utrecht, Archives de la ville.

3264. Décrets concernant l'Université d'Utrecht. Bibliothèque de l'Université.

3265 et 3266. Muschenbroek, Cartulaire de la cathédrale d'Utrecht. Utrecht, Archives du royaume.

3267. Extraits d'un registre de la cathédrale d'Utrecht. Utrecht, Archives du royaume.

3268. Cartulaire du chapitre d'Oudmunster à Utrecht. Utrecht, Archives du royaume.

3269. Bondam, index des archives du chapitre d'Oudmunster. Utrecht, Archives du royaume.

3270. Cartulaire du chapitre de Saint-Pierre à Utrecht. Utrecht, Archives du royaume.

3271. Statuts du chapitre de Saint-Pierre à Utrecht. Utrecht, Archives du royaume.

3272. Cartulaire du chapitre de Saint-Jean à Utrecht. Utrecht, Archives du royaume.

3273. Chartes et mss. du chapitre de Sainte-Marie à Utrecht. Utrecht. Archives du royaume.

3274. Statuts du chapitre de Sainte-Marie à Utrecht. Utrecht, Archives du royaume.

3275 et 3276. Bondam, index du *Liber pilosus* de Sainte-Marie d'Utrecht. Utrecht, Archives du royaume.

3277. *Liber litterarum vicariarum* de Sainte-Marie d'Utrecht. Utrecht, Archives du royaume.

3278. *Liber litterarum patriæ* de Sainte-Marie d'Utrecht. Utrecht, Archives du royaume.

3279. Muschenbroek, index du *Liber litterarum patriæ*. Utrecht, Archives du royaume.

3280 (1 et 2). Cartulaire de la confrérie des prêtres d'Utrecht. Utrecht, Archives du royaume et de la ville.

3281. Liste de chartes de l'Ordre Teutonique à Utrecht. Utrecht, Archives du royaume.

3282. Quittances de l'hôpital de Sainte-Catherine d'Utrecht, etc. Utrecht, Archives du royaume.

3283. Rapellarius abbatiae Sancti-Pauli Trajectensis. Utrecht, Archives du royaume.

3284. Documents des archives d'Utrecht. Utrecht, Archives du royaume.

3285 et 3286. Documents de l'hôpital de Sainte-Catherine d'Utrecht. Utrecht, Archives du royaume.

3287. Comptes des Dames blanches d'Utrecht. Utrecht, Archives du royaume.

3288. Cartulaire de l'hôpital de Sainte-Croix d'Utrecht. Utrecht, Archives de la ville.

3289. Documents des archives d'Utrecht. Utrecht, Archives du royaume.

3290. Copies de documents sur l'hôpital Saint-Job, à Utrecht. Utrecht, Archives du royaume.

3291 et 3293. Gildes des vitriers, des forgerons et des potiers d'étain à Utrecht. Utrecht, Archives de la ville.

3294 et 3295. Documents des archives d'Utrecht. Utrecht, Archives du royaume.

3296. Procès sur la digue du Lek (1590). Utrecht, Archives du royaume.

3297. Judiciale Rodolphi, episcopi Trajectensis. Utrecht, Archives du royaume.

3298. Bondam, Chronique de Arent ten Boecop. Zwolle, Archives du royaume.

3299 et 3300. Worp van Thabor, Chronicon Frisiæ. Leeuwarden, Arch. du royaume.

3301. Martena, Annales de la Frise. Leeuwarden, Archives du royaume.

3302. Inventaire des archives de la Frise. Leeuwarden, Archives du royaume.

3303. Benninge, Chronique de Groningue. Groningue, Bibliothèque de l'Université.

3304. Notes sur le livre de l'Amour paternel. Utrecht, Bibliothèque de l'Université.

3306. Catalogue de la bibliothèque de J. van de Water. Utrecht, Bibliothèque de l'Université.

3307. Notes sur la jurisprudence d'Utrecht. Utrecht, Bibliothèque de l'Université.

3308. Beschrijving van d'indische Zee. Bruxelles, Bibl. roy., II, 2586.

3309. Copies de chartes d'Utrecht, du prof. Matthaeus. Utrecht, Archives du royaume.

3313. Bondam, Analecta historica. Utrecht, Bibliothèque de l'Université.

3314. Oratio de virtute H. Ruiteri. La Haye, Bibliothèque royale.

3315. Pratiques de l'Inquisition. La Haye, Bibliothèque royale.

3316. Index des privilèges de Houfflin. La Haye, Archives du royaume.

3317. Cartulaire de l'hospice de Gouda. La Haye, Archives du royaume.

3318. De gestis dominorum de Egmonda. La Haye, Bibliothèque royale.

3319. Notes historiques d'un habitant de Middelbourg. Middelbourg Archives du royaume.

3320. Beka, Chronique d'Utrecht. La Haye, Bibliothèque royale.

3321. G. van Weteringer, Chronique d'Utrecht. Utrecht, Bibliothèque de l'Université.

3322. Liste des évêques d'Utrecht. Utrecht, Bibliothèque de l'Université.

3323. Copies de chartes relatives à la digue du Lek. Utrecht, Archives du royaume.

3324. Muschenbroek, index du codex diplom. Trajectinus. Utrecht, Archives du royaume.

3325. Nécrologe du couvent de S. Nicolas d'Utrecht. Utrecht, Archives de la ville.

3326. Copie de la Chronique du couvent de Saint-Nicolas. Utrecht, Archives de la ville.

3327. Comptes de différents établissements d'Utrecht. Utrecht, Archives du royaume et de la ville.

3328. Privilèges pontificaux de l'abbaye d'Oostbroek. Utrecht, Archives du royaume.

3329. Cartulaire de l'abbaye d'Oostbroek. Utrecht, Archives du royaume.

3330. Statuts des digues de Mastenbroek. Zwolle, Archives du royaume.

3331. Biographie de P. van Muschenbroek. Leyde, Bibliothèque de l'Université.

3332. Correspondance de P. van Muschenbroek relative à ses mss. Utrecht, Bibliothèque de l'Université.

3333. Itinerarium versus magnam Carthusiam. Bruxelles, Bibl. roy., II, 1030.

3335. Martyrologe d'Usuard. Oxford, Bodléienne, ms. 32557.

3357. Glosa Bartholomæi de medicina. Bruxelles, Bibl. roy., II, 1399.

3363. Pomponius Mela et Solinus. Paris, Bibl. nat., n. a. lat. 783.

3364. Catullus Veronensis. Oxford, Bodléienne, ms. 32241.

3459. Formulaire de la chancellerie de Lorraine. Metz, Archives de Lorraine.

3507. Confrérie du Saint-Esprit à Saint-Seurin. Bordeaux, Arch. départ., G. 1592.

3508. Concilium Aquisgranense. Bruxelles, Bibl. roy., II, 2540.

3511. Petri Blesensis epistolæ. Paris, Bibl. nat., n. a. lat. 785.

3512. Inquisitions post mortem. Oxford, Bodléienne, ms. 31850.

3521. Statuts des ciriers et apothicaires de Valenciennes. Paris, Bibl. nat., n. a. franç. 20227.

3523. Historia figuralis G. de Antwerpia. Paris, Bibl. nat., n. a. lat. 1811.

3524. S. Augustini epistolæ. Bruxelles, Bibl. roy., II, 2526.

3525. Recueil des domaines du Hainaut en 1701. Bruxelles, Archives générales du royaume.

3528. Statuts synodaux de Toul. Paris, Bibl. nat., n. a. lat. 786.

3529 et 3530. Documents sur l'abbaye de Saint-Amand. Bruxelles, Bibl. roy., II, 2661.

3531. Projet de croisade de Philippe le Bon Bruxelles, Bibl. roy., II, 2658.

3532 (2). Documents sur l'abbaye de Saint-Amand. Bruxelles, Bibl. roy., II, 2661.

3532 (3). Chartes pour la forêt de Mormal. Bruxelles, Archives générales du royaume.

3532 (3). Documents sur J. Berniers, prévôt de Valenciennes. Bruxelles, Bibl. roy., II, 2660.

3532 (5). Notes sur l'abbaye de Saint-Amand. Bruxelles, Bibl. roy., II, 2659.

3537. Regula S. Benedicti. Bruxelles, Bibl. roy., II, 1031.

3538. Extraits sur l'histoire de Valenciennes. Bruxelles, Bibl. roy., II, 1032.

3540. Notes sur la ville de Lille. Bruxelles, Bibl. roy., II, 2580.

3543. Statuts du couvent de Windesheim. Utrecht, Bibliothèque de l'Université.

3544. Lettres du grand conseil de Malines. Bruxelles, Archives générales du royaume.

3547. Pseudo-Boetius, etc. Cambridge, Mc Clean ms. 169.

3548. Vita S. Liudgeri. Bruxelles, Bibl. roy., II, 2616.

3550. Liber statutorum Ordinis Cisterciencis. Bruxelles, Bibl. roy., II, 3065.

3551. Statuts des chapeliers de Rouen. Paris, Bibl. nat., n. a. franç. 10676.

3552. Lettres sur Bruxelles adressées à Van den Bergh. Bruxelles, Archives générales du royaume.

3554. Pars epistolarum S. Bernardi. Bruxelles, Bibl. roy., II, 1019.

3559. Lettres du magistrat de Malines. Bruxelles, Archives générales du royaume.

3571. Décisions du Conseil de Flandres. Bruxelles, Bibl. roy., II, 2537.

3575. Deeds of Leicestershire. Londres, Brit. Mus., addit. ms. 35188.

3588. Proceedings of court of Poole (Dorset). Londres, Brit. Mus., addit. ms. 34755.

3595. Exchequer accompte, 1546. Londres, Brit. Mus., addit. ms. 35183.

3612. Recueil sur le Brabant. Bruxelles, Bibl. roy., II, 2632.

3614. Royal Household-Books, 1532. Londres, Brit. Mus., addit. ms. 35182.

3617. Campagne de 1658. Bruxelles, Bibl. roy., II, 2341.

3651. Chroniques, en vieux français. Bruxelles, Bibl. roy., II, 2536.

3672. Bible, en 2 volumes. Bruxelles, Bibl. roy., II, 2524.

3680. Assises de La Flèche. Paris, Bibl. nat., n a. franç. 21241.

3681 (et 3693). Registre de l'abbaye de Busendorf. Metz, Archives de Lorraine.

3682. Collège du Broc. Paris, Bibl. nat., n. a. franç. 10667.

3686. Vita S. Germani, etc. Cambridge, University, add. 4458.

3687. Rithmata de S. Maria. Cambridge, University, add. 3473.

3695. Mélanges historiques. Paris, Bibl. nat., n. a franç. 10695.

3696 (et 21657). Baronnie de Montejean. Paris, Bibl. nat., n. a. franç. 10674.

3699. Recette de la généralité de Caen. Paris, Bibl. nat., n. a. franç. 20217.

3706. Frontin, etc. Paris, Bibl. nat., n. a. lat. 626.

3707. Alain Chartier et Chronique de Richard II. Paris, Bibl. nat., n. a. franç. 10232.

3709. Cenomania, de D. Briant. Paris, Bibl. nat., n. a. lat. 1967.

3717. Trésor royal. Paris, Bibl. nat., n. a. franç. 21207.

3729. Origenis expositio in Canticum canticorum. Paris, Bibl. nat., n. a. lat. 1978.

3740. Psalterium glosatum. Bruxelles, Bibl. roy., II, 1406.

3745. Comptes d'Amboise. Paris, Bibl. nat., n. a. franç. 20224.

3746. Baronnie de Mayenne. Paris, Bibl. nat., n. a. franç. 10673.

3758. Fl. Josephi antiquitates Judaïcæ. Bruxelles, Bibl. roy , II, 1411.

3759. Paterius de S. Gregorio. Bruxelles, Bibl. roy., II, 1412.

3786. Warderobe Receipt-Book, 1534-1537. Londres, Brit. Mus., addit. ms. 35181.

3795. Chartulary of the fraternity of the Holy Trinity, S. Botolph's. Londres, Brit. Mus., addit. ms. 37664.

3815. Iter Suffolciæ Salomonis de Roffe. Cambridge, University, add. 3395.

3822 et 3823. Buckinghamshire records. Oxford, Bodléienne, mss. 32747-32748 et 32744.

3825. Collection on serjeants at law. Londres, Brit. Mus., addit. ms. 35329.

3836. Catalogue of Emmanuel mss. Cambridge. Cambridge, Emmanuel ms. 257.

3895. Terentius. Cambridge, Mc Clean ms. 163.

3943. Souvestre, de Trinitatis mysterio. Bruxelles, Bibl. roy., II, 2642.

3947. Consolations tirées de l'Ecriture sainte. La Haye, Bibliothèque royale.

3954 (et 507). Records of Dunwich (Suffolk). Londres, Brit. Mus., addit. ms. 34757.

3955. Excerptum de libro eruditionis religiosorum. Bruxelles, Bibl. roy., II, 1033.

3959. Unum ex quatuor. Oxford, Bodléienne, ms. 33414.

3964. Statuts de la ville de Deventer. Zwolle, Archives du royaume.

3967. Tractatus contra pluralitatem confessorum. Bruxelles, Bibl. roy., II, 2624.

3991. In Cantica canticorum. Bruxelles, Bibl. roy., II, 1414.

4003. Ordo baptismi. Bruxelles, Bibl. roy., II, 3066.

4005. Extraits des sermons de H. Reyneri. Utrecht. Bibliothèque de l'Université.

4010. Vies des saints. Bruxelles. Bibl. roy., II, 1034.

4011. Livre de fiefs de Lede. Gand, Archives de l'État.

4012. Van der nedercomst ons heer J.-C. Bruxelles, Bibl. roy., II, 1035.

4013. Nicolas de Bâle, Comment un laïque corrigeait un docteur. Utrecht, Bibliothèque de l'Université.

4014. Prières de religieuses de S. François. Utrecht, Bibliothèque de l'Université.

4015. J. Maldere in logicam Aristotelis. Bruxelles. Bibl. roy., II, 1036.

4016. Quæstiones Orosii. Bruxelles, Bibl. roy., II, 968.

4017. Cartularium prioratus de Hertoghinnendale. Bruxelles, Archives générales du royaume.

4018. Ménologe des Dominicains de Borrhem. Bruxelles, Bibl. roy., II, 2615.

4020. Van officien jurisdictionis. Bruxelles, Bibl. roy., II, 2637.

4022. Vie de sainte Catherine, en flamand. Bruxelles, Bibl. roy., II, 2334.

4023. Psalterium, etc. Cambridge, Fitzwilliam mss. 245 et 246.

4024. Chronique de Brabant, en flamand. Bruxelles, Bibl. roy., II, 1460.

4032. Conditie Boeck van Goldshuys van Hertoginnendal. Bruxelles, Archives générales du royaume.

4033-4034. Censiers de la chartreuse de Herinnes. Bruxelles, Archives générales du royaume.

4035. Registre du métier des bouchers de Ninove. Gand, Archives de l'État.

4036. Comptes de la chartreuse de Herinnes. Bruxelles, Archives générales du royaume.

4037. Notes de Van der Smissen. Bruxelles, Bibl. roy., II, 2613.

4038. Oude Leen Boeck van Lederinghen. Gand, Archives de l'État.

4039. Rent end Pacht Boeckske. Bruxelles, Arch. générales du royaume.

4040. Cheyns Boek van Maeldere. Bruxelles, Archives générales du royaume.

4042. Fondations d'un couvent de Bruxelles. Bruxelles Bibl. roy., II, 2327.

4043. Comptes d'un couvent de Bruxelles. Bruxelles, Archives générales du royaume.

4066. De laudibus Dionysii Carthusiensis. Bruxelles, Bibl. roy., II, 1037.

4069. Procès de Sauve-Majeure de Bordeaux. Bordeaux, Arch. départ.

4070. Obituaire du prieuré de Sept-Fontaines. Bruxelles, Bibl. roy., II, 1038.

4076. Heures, en flamand. Bruxelles, Bibl. roy., II, 2640.

4078. Psalterium. Bruxelles, Bibl. roy., II, 3068.

4080. Horæ. Bruxelles, Bibl. roy., II, 2643.

4081. V. poente die zeere scandeleec. Bruxelles, Bibl. roy., II, 1039.

4083. Horæ. Cambridge, Fitzwilliam ms. 4083.

4092. Wardrobe-Book, 1559. Londres, Brit. Mus., addit. ms. 35185.

4098. Wardrobe Book, 1323-1324. Londres, Brit. Mus., addit. ms. 35114.

4111. Blomefield, Suffolk and Cambridge Collections. Cambridge, University, add. 3390.

4117. Benefices in the city and diocese of London. Londres, Brit. Mus. addit. ms. 35096.

4160. Viglii Zuichemi epistolæ. Bruxelles, Bibl. roy., II, 1040.

4162. Documents divers, en flamand. Bruxelles, Bibl. roy., II, 1455.

4163. Vues de diverses abbayes. Bruxelles, Bibl. roy., II, 2573.

4164. S. Bernardi sermones. Bruxelles, Bibl. roy., II, 2207.

4165. Richardi et Hugonis de S. Victore opuscula. Bruxelles, Bibl. roy., II, 2313.

4166. Chronique des forestiers de Flandre. Bruxelles, Bibl. roy., II, 2312.

4167. Affaires de Philippe de la Ruelle. Bruxelles, Bibl. roy., II, 1041.

4168. Tractatus de missa. Bruxelles, Bibl. roy., II, 2320.

4170. Fragmenta moralia et ascetica. Bruxelles, Bibl. roy., II, 969.

4171. N. de la Ville poemata. Bruxelles, Bibl. roy., II, 1042.

4172. S. Bernardi speculum peccatoris. Bruxelles, Bibl. roy., II, 2335.

4176. Conseils à Charles VII, etc. Bruxelles, Bibl. roy., II, 1043.

4182. Vitæ sanctorum. Cambridge, Mc Clean ms. 101.

4184. Table des registres de la Chambre des Comptes. Bruxelles, Bibl. roy., II, 2538.

4198 (et 379, 2). Chroniques Martiniennes. Bruxelles, Bibl. roy., II, 988.

4215. Itinerarium Terræ sanctæ, per Ludolphum de Suchem. Berlin, lat. qu. 612.

4221. Hildeberti carmen de missa. Bruxelles, Bibl. roy., II, 2620.

4236. Itinerarium Terræ sanctæ Conradi de Monte Syon. Berlin, lat. oct. 194.

4252. Aristoteles de meteoris, etc. Cambridge, Mc Clean ms. 156.

4253. Statuts de la ville de Delft. La Haye, Archives du royaume.

4263. Cartulaire de la Trinité de Vendôme. Paris, Bibl. nat., n. a. lat. 1939.

4264. Bulles de la Trinité de Vendôme. Paris, Bibl. nat., n. a. lat. 2415.

4274. Papers of Dr R. Shippen. Oxford, Bodléienne, mss. 31567-31569.

4291. Mémoires d'Olivier de la Marche. Bruxelles, Bibl. roy., II, 1044.

4299. Mélanges historiques. Paris, Bibl. nat., n. a. franç. 21259.

4340. Breviarium Sarum. Cambridge, University, add. 3474.

4345. Petri Bathoniensis expositio in Job. Bruxelles, Bibl. roy., II, 970.

4355. Valère-Maxime. Paris, Bibl. nat., n. a. franç. 20233.

4364. Terrier de la Sauve. Bordeaux, Arch. départ., H. 83.

4368 et 4369. Cens de l'hôpital de Saint-Jean de Metz. Metz, Archives de Lorraine.

4370. Abbaye de Sainte-Glossinde de Metz. Metz, Archives de Lorraine.

4371. Obituaire de Sainte-Croix. Bordeaux, Archives départ., H.

4372. Cartulaire de la commanderie de Fieffes. Paris, Bibl. nat., n. a. lat. 2413.

4384. Regula S. Augustini. Bruxelles, Bibl. roy., II, 2599.

4392. Traité ascétique, en français. Bruxelles, Bibl. roy., II, 2609.

4395. Cartulaire de la maison de La Haye. Paris, Bibl. nat., n. a. franç. 10682.

4401. Histoire universelle jusqu'en 1325. Bruxelles, Bibl. roy., II, 2534.

4402. Obituaire de Lagny. Paris, Bibl. nat., n. a. lat. 1781.

4404. Astronomie d'Abenragel. Paris, Bibl. nat., n. a. franç. 10020.

4408. Écurie du Roi. Paris, Bibl. nat., n. a. franç. 21205.

4410. Comptes de Chartres. Paris, Bibl. nat., n. a. lat. 1972.

4412. Abbaye de Sainte-Croix de Bordeaux. Bordeaux, Arch. départ.

4413. Comptes de Jean, comte d'Angoulême. Paris, Bibl. nat., n. a. franç. 21280.

4414. Lectura de simplicibus medicinæ. Bruxelles, Bibl. roy., II, 2528.

4442. Passiones et vitæ sanctorum. Bruxelles, Bibl. roy., II, 1045.

4446. S. Augustini regula. Cambridge, University, add. 3572.

4454. Cours de logique. Bruxelles, Bibl. roy., II, 2216.

4531. Documents sur l'abbaye de Saint-Amand. Bruxelles, Bibl. roy., II, 2662.

4532. S. Hieronymi commentarius in Matthæum. Bruxelles, Bibl. roy., II, 2206.

4533. Lectionarium. Bruxelles. Bibl. roy., II, 1415.

4534. Quintiliani institutiones oratoriæ. Bruxelles, Bibl. roy., II, 2219.

4535. Flavii Blondi Roma triumphans. Bruxelles, Bibl. roy., II, 1416.

4536. Panormitani summaria. Bruxelles, Bibl. roy., II, 1417.

4537. Lectura Francisci de Zabarellis. Bruxelles, Bibl. roy., II, 1418.

4538. Lectura Bartoli de Saxoferrato. Bruxelles, Bibl. roy., II, 1419.

4559. Vita S. Gregorii. Cambridge, Mc Clean ms. 110.

4567. Chroniques de Metz. Metz, Archives de Lorraine.

4574. Mélanges historiques. Paris, Bibl. nat., n. a. franç. 10698.

4586. Henry Rommain, Histoires romaines. Bruxelles, Bibl. roy., II, 2209.

4601. Mélanges littéraires. Paris, Bibl. nat., n. a. franç. 6856.

4610. Mélanges sur la Champagne. Paris, Bibl. nat., n. a. franç. 20228-20229.

4623. Ivonis Carnotensis distinctiones. Bruxelles, Bibl. roy., II, 1046.

4624. Cantica, Job, Jeremias. Bruxelles, Bibl. roy., II, 1047.

4625. Actus apostolorum. Bruxelles, Bibl. roy., II. 1048.

4626. Vocabularius. Bruxelles, Bibl. roy., II, 1049.

4627. Didimus de Spiritu sancto. Bruxelles, Bibl. roy., II, 1050.

4628. Joannis de Abbatisvilla sermones. Bruxelles, Bibl. roy., II, 1051.

4629. Ailredi speculum caritatis. Bruxelles, Bibl. roy., II, 1052.

4630. Epistolæ Pauli glosatæ. Bruxelles, Bibl. roy., II, 1053.

4631. S. Gregorii expositio in Ezechielem. Bruxelles, Bibl. roy., II, 1054.

4632. Vitæ et passiones sanctorum. Bruxelles, Bibl. roy., II, 1055.

4634. Aristotelis opera. Bruxelles, Bibl. roy., II, 2314.

4635. Biblia abbreviata. Bruxelles, Bibl. roy., II, 1056.

4636. De elephante. Bruxelles, Bibl. roy., II, 1057.

4638. Historia de libro Genesis. Bruxelles, Bibl. roy., II, 1058.

4639. Liber usuum Cisterciensium. Bruxelles, Bibl. roy., II, 1059.

4640. Sydonius in promotione Simplicii. Bruxelles, Bibl. roy., II, 1060.

4641. Cassiodori tripartita historia. Bruxelles, Bibl. roy., II, 1061.

4642. Bedæ expositio tabernaculi. Bruxelles, Bibl. roy., II, 1062.

4643. Vincentii Belvacensis speculi historialis pars III. Bruxelles, Bibl. roy., II, 1063.

4644. S. Bernardi epistolæ. Bruxelles, Bibl. roy., II, 1064.

4645. Origenis homiliæ. Bruxelles, Bibl. roy., II, 1065.

4646. Exceptiones de statu Judaïcæ plebis. Bruxelles, Bibl. roy., II, 1066.

4647. Cæsarii dialogus miraculorum. Bruxelles, Bibl. roy., II, 1067.

4648. Sermones evangeliorum dominicalium. Bruxelles, Bibl. roy., II, 1068.

4649. Isidori liber differentiarum. Bruxelles, Bibl. roy., II, 1069.

4650 Cassiani de institutione monachorum. Bruxelles, Bibl. roy., II, 1070.

4651. S. Hieronymi epistolæ. Bruxelles, Bibl. roy., II, 1071.

4652. S. Augustini disputationes. Bruxelles, Bibl. roy., II, 1072.

4653. Ricardi de S. Victore liber exceptionum. Bruxelles, Bibl. roy., II, 1073.

4654. S. Augustini sermones in Joannem. Bruxelles, Bibl. roy., II, 1074

4656. Senecæ epistolæ. Bruxelles, Bibl. roy., II, 1075.

4657. S. Hieronymi de viris illustribus. Bruxelles, Bibl. roy., II, 1076.

4658. Chronicon Cisterciense. Bruxelles, Bibl. roy., II, 1077.

4659. Expositio vocabulorum Bibliæ. Bruxelles, Bibl. roy., II, 1078.

4660. Johannis de Mera brachilogus. Bruxelles, Bibl. roy , II, 1079.

4661. S. Gregorii moralia in Job. Bruxelles, Bibl. roy., II, 1080.

4662. De virtutibus et vitiis. Bruxelles, Bibl. roy., II, 1081.

4663. Gillebertus in Cantica canticorum. Bruxelles, Bibl. roy., II, 1082.

4664. S. Dionysii Areopagitæ epistolæ. Bruxelles, Bibl. roy., II, 1083.

4665. Nicolai de Gorran distinctiones. Bruxelles, Bibl. roy., II, 1084.

4666. Expositio in Cantica canticorum. Bruxelles, Bibl. roy., II, 1085.

4667. Moralis explanatio Numerorum. Bruxelles, Bibl. roy., II, 1086.

4668. Matthæi evangelium glosatum. Bruxelles, Bibl. roy., II, 1087.

4669. Guillelmi Autissiod. summa de fide. Bruxelles, Bibl. roy., II, 1088.

4670. Guiberti Novigenti de laude B. Mariæ. Bruxelles, Bibl. roy., II, 1089.

4671. Joannis evangelium glosatum. Bruxelles, Bibl. roy., II, 1090.

4672. Joannis de Voragine legenda aurea. Bruxelles, Bibl. roy., II, 1091.

4673. S. Gregorii novellæ constitutiones. Bruxelles, Bibl. roy., II, 1092.

4674. Ecclesiasticum glosatum a fr. Hugone. Bruxelles, Bibl. roy., II, 1093.

4675. S. Gregorii moralium in Job libri ix-xviii. Bruxelles, Bibl. roy.,
II, 1094.

4676. Epistolæ B. Pauli. Bruxelles, Bibl. roy., II, 1095.

4677. S. Gregorii excerptiones. Bruxelles, Bibl. roy., II, 1096.

4678. S. Ambrosii de officiis. Bruxelles, Bibl. roy., II, 1097.

4679. Sermones dominicales. Bruxelles. Bibl. roy., II, 1098.

4680. Psalterium glosatum. Bruxelles, Bibl. roy., II, 1099.

4681. S. Hieronymi in XII. Prophetas. Bruxelles, Bibl. roy., II, 1100.

4682. S. Gregorii exceptiones. Bruxelles, Bibl. roy., II, 1101.

4683. Tractatus de virtutibus. Bruxelles, Bibl. roy., II, 1102.

4684. Letberti flores Psalterii. Bruxelles, Bibl. roy., II, 1103.

4685. Petri Lombardi sententiarum libri IV. Bruxelles, Bibl. roy., II, 1104.

4686. S Hieronymi in XII. Prophetas. Bruxelles, Bibl. roy., II, 1105.

4687. Liber hymnorum. Bruxelles, Bibl. roy., II, 1106.

4688. S. Gregorii homiliæ. Bruxelles, Bibl. roy., II, 1107.

4689. S. Augustini de civitate Dei et de psalmo C ad CL. Bruxelles, Bibl.
roy., II, 1108 et 1121.

4690. Radulphus Floriacensis in Leviticum. Bruxelles, Bibl. roy., II, 1109.

4691. Alphabetum narrationum. Bruxelles, Bibl. roy., II, 1110.

4692. Joannis de Abbatisvilla sermones. Bruxelles, Bibl. roy., II, 1111.

4693. Duodecim prophetæ glosati. Bruxelles, Bibl. roy., II, 1112.

4694. Haimonis tractatus super Cantica canticorum. Bruxelles, Bibl.
roy., II, 1113.

4695. Origenes super Cantica canticorum. Bruxelles, Bibl. roy., II, 1114.

4696 (et 4724 et 4727). S. Hieronymus super Isaiam. Bruxelles, Bibl. roy., II, 1115.

4697. S. Augustinus in Evangelia. Bruxelles, Bibl. roy., II, 1116.

4698. Alulfi liber Gregorialis. Bruxelles, Bibl. roy., II, 1117.

4699. Glosæ Petri Cantoris. Bruxelles, Bibl. roy., II, 1118.

4700. Nicolaus de Lyra in libros Mosis. Bruxelles, Bibl. roy., II, 1119.

4701. Sermones Egidii abbatis. Bruxelles, Bibl, roy., II, 1120.

4703. Matthæi evangelium glosatum. Bruxelles, Bibl. roy., II, 1122.

4704. Fratris Mauricii distinctiones. Bruxelles, Bibl. roy., II, 1123.

4705. Sermones. Vita S. Patricii. Bruxelles, Bibl. roy., II, 1124.

4706. Fratris Guiberti sermones. Bruxelles, Bibl, roy., II, 1125.

4707. R. Holcote postillæ in Sapientiam. Bruxelles, Bibl. roy., II, 1126.

4708. Regula S. Benedicti. Bruxelles, Bibl. roy., II, 1127.

4709. Job glosatus. Bruxelles, Bibl. roy., II, 1128.

4710. Joannis de Abbatisvilla sermones. Bruxelles, Bibl. roy., II, 1129.

4711. S. Augustini de verbis Domini. Bruxelles, Bibl. roy , II, 1130.

4712. Distinctiones Bliardi. Bruxelles, Bibl. roy., II, 1131.

4713. Sermones de dominicis et festis. Bruxelles, Bibl. roy., II, 1132.

4714. Notulæ in festis sanctorum. Bruxelles, Bibl. roy., II, 1133.

4715. Eusebii homiliæ ad monachos. Bruxelles, Bibl. roy., II, 1134.

4716. Fr. Guillelmi de Lugduno sermones. Bruxelles, Bibl. roy., II, 1135.

4717. Nicolai de Lyra postillæ in Psalmos. Bruxelles, Bibl. roy., II, 1136.

4718. Genesis glosata. Bruxelles, Bibl. roy., II, 1137.

4719. Epistolæ B. Pauli. Bruxelles, Bibl. roy., II, 1138.

4720. Flores S. Bernardi. Bruxelles, Bibl. roy., II, 1139.

4721. Distinctiones super I. sententiarum. Bruxelles, Bibl. roy., II, 1140.

4722. Libri Regum. Bruxelles, Bibl. roy., II, 1141.

4724 (et 4696 et 4727). S. Hieronymi super Isaiam. Bruxelles, Bibl. roy., II, 1115.

4725. De naturis animalium. Bruxelles, Bibl. roy., II, 1143.

4726. Moralia in S. Scripturam. Bruxelles, Bibl. roy., II, 1144.

4727 (et 4696 et 4724). S. Hieronymi super Isaiam. Bruxelles, Bibl. roy., II, 1115.

4728. SS. Jo. Chrysostomi et Basilii dialogi. Bruxelles, Bibl., roy., II, 1146.

4729. Eusebii homiliæ. Bruxelles, Bibl. roy., II, 447.

4731. Nicolai de Gorhan distinctiones. Bruxelles, Bibl. roy., II, 1148.

4732. Sermones de festis. Bruxelles, Bibl. roy., II. 1145.

4733. Glosæ super V. Testamentum. Bruxelles, Bibl. roy., II, 1407.

4763. Miracula S. Jacobi. Bruxelles, Bibl. roy., II, 993.

4764. S. Anselmi orationes. Bruxelles, Bibl. roy., II, 994.

4765. S. Augustini sermones de Adventu. Bruxelles, Bibl. roy., II, 967.

4766. Vitæ SS. Fulgentii et Pachomii. Bruxelles, Bibl. roy., II, 1150.

4768. Vitæ sanctorum. Bruxelles, Bibl. roy., II, 1151.

4786. Isidorus de diis gentium. Cambridge, Mc Clean ms. 126.

4797. Galvanus de Levanto. Paris, Bibl. nat., n. a. lat. 669.

4836. Alienations of land in co. Somerset. Londres, Brit. Mus., addit. ms. 37672.

4843. Confession of Ant. Tyrrell. Londres, Brit. Mus., addit. ms. 35330

4846. The honour of fidelitie. Londres, Brit. Mus., addit. ms. 35327.

5043. Distruzione delle Carmelitane di Termonda. Bruxelles, Bibl roy., II, 1152.

5673. Terracina, commentarii. Cambridge, University, add. 4439.

5676. De populi Gallici ab Henrico III defensione. Bruxelles, Bibl., roy., II, 2434.

5681. Relatione dell' Hugonoti. Cambridge, University, add. 4440.

5743. Salvianus, de vero judicio. Oxford, Bodléienne, ms. 33200.

5781. Stoppani, Provincie della Fiandra. Bruxelles, Bibl. roy., II, 2608.

5786. Compendio sopra la Fiandra. Bruxelles, Bibl. roy., II, 2638.

6118. Joannes Excuria de reformatione religiosorum. Bruxelles, Bibl. roy., II, 1153.

6215. New Year's Gifts of Charles I. Londres, Brit. Mus., Egerton 2816.

6217. Interpretationes hebraïcorum nominum. Paris, Bibl. nat., n. a. lat. 1873.

6218. Petri Blesensis epistolæ. Bruxelles, Bibl. roy., II, 2535.

6222. Mémoires sur l'Angleterre. Londres, Brit. Mus., addit. ms. 34328.

6233. Relatione d'Inghilterra. Londres, Brit. Mus., addit. ms. 34322.

6236. Histoire de Charles VII. Paris, Bibl. nat., n. a. franç. 7519.

6244. Fulgentii opera. Bruxelles, Bibl. roy., II, 2539.

6310. Guidonis Vernani opuscula Guelphica. Londres, Brit. Mus., addit. ms. 35325.

6330. Jacrboeken van Antwerpen. Bruxelles, Bibl. roy., II, 1463.

6421. Interpretatio in consuetudines Namurcenses. Bruxelles, Bibl. roy., II, 1467.

6422 (1). Histoire politique, de Harlay de Sancy. Paris, Bibl. nat., n. a. franç. 20206.

6422 (2). Tailles de Généralités. Paris, Bibl. nat., n. a franç. 20207 20208.

6425. Rentes du seigneur de Hornes. Bruxelles, Archives générales du royaume.

6428. Correspondance de P.-F. Le Courayer. Londres, Brit. Mus., addit. ms. 35210.

6432. Copies de lettres de l'intendant Boutin. Bordeaux, Arch. départ., C. suppl.

6436. Edmond de Dynter, Annales de Brabant. Bruxelles, Bibl. roy., II, 1154.

6437. Gesta Alexandri Farnesii. Bruxelles, Bibl. roy., II, 1155.

6466. Day-Book of trustees for Army arrears. Londres, Brit. Mus., addit. ms. 35102.

6483. Life of John Selden. Oxford, Bodléienne, ms. 31509.

6525. Histoire de Jacques de Lalaing. Bruxelles, Bibl. roy., II, 1156.

6527. Visitatio monasterii S. Huberti. Arlon, Archives de l'État.

6529. Notten van Antwerpen. Bruxelles, Bibl. roy., II, 1464.

6573. Years-Books, 5, 12, 19 Edwardi III. Londres, Brit. Mus., addit. ms. 34789.

6651. Obituarium abbatiæ de Bigardis. Bruxelles, Archives générales du royaume.

6654 (et 6945). Minimes du Plessis-les-Tours. Paris, Bibl. nat., n. a. lat. 948.

6654 (et 6946). Privilèges des Minimes. Paris, Bibl. nat., n. a. lat. 1938.

6655. Bulles pour l'abbaye du Parc de Louvain. Bruxelles, Archives générales du royaume.

6687. Papers of duke of Ormonde. Oxford, Bodléienne, mss. 31763-31764.

6688. Letters of Ireland. Oxford, Bodléienne, ms. 31758.

6689. Irish official papers. Oxford, Bodléienne, ms. 31757.

6735. Concilia Toletana. Oxford, Bodléienne, ms. 32564.

6745. Gesta in excidio Acconis. Bruxelles, Bibl. roy., II, 2212.

6773. Annotationes in Pomp. Melam. Paris, Bibl. nat., n. a. lat. 951.

6776. Aforismi dell'arte bellica. Chantilly, Musée Condé.

6780. Keurboe der stad Leyden. Bruxelles, Bibl. roy., II, 2578.

6781. Geestelyke liederen. Bruxelles, Bibl. roy., II, 2631.

6798. Letters, etc. relating to sir R. Walpole. Londres, Brit. Mus., addit. ms. 35335.

6836. Extraits des épitaphes de Bruges. Bruxelles, Bibl. roy., II, 2333.

6928. S. Dionysii Areopagitæ de divinis nominibus. Bruxelles, Bibl. roy., II, 2214.

6939. Sermones de festis. Bruxelles, Bibl. roy., II, 1142.

6940. Guillelmi de Tornaco sermones. Bruxelles, Bibl. roy., II, 1408.

6941. Psalterium glosatum. Bruxelles, Bibl. roy., II, 1409.

6942. Sermones de dominicis et festis. Bruxelles, Bibl. roy., II, 1410.

6945 (et 6654). Privilèges des Minimes du Plessis-lès-Tours. Paris, Bibl. nat., n. a. lat. 948.

6946 (et 6654). Privilèges des Minimes. Paris, Bibl. nat., n. a. lat. 1938.

6958. Eutropius, etc. Berlin, lat. qu. 614.

6961. Généalogie de Madeleine de Luxembourg. Bruxelles, Bibl. roy., II, 2612.

6964. Traité contre Calvin, avec la réponse (impr.). Leyde, Bibliothèque de l'Université.

6965. Vibius Sequester. Oxford, Bodléienne, ms. 33195.

6969. Statuta collegii de Merton. Oxford, Bodléienne, ms. 31885.

6977. Mélanges bibliographiques. Paris, Bibl. nat., n. a. franç. 10692.

6979. Breviarium. Cambridge, Mc Clean ms. 65.

6988. Chronica fratris Merlini. Bruxelles, Bibl. roy., II, 1157.

7010. J. Chifflet, Aula sacra principum Belgii. Bruxelles, Bibl. roy., II, 1461.

7018. A. Wood's family register. Oxford, Bodléienne, ms. 32447.

7057. Cartularium ecclesiæ Sanctæ Gudulæ de Bruxellis. Bruxelles, Archives générales du royaume.

7058. Computus monasterii S. Augustini Hasselensis. Hasselt, Archives de l'État.

7059. Liber visitationum conventus Hasselensis. Hasselt, Archives de l'État.

7060. Correspondance de Baudouin de Housta, prieur de Hasselt. Hasselt, Archives de l'État.

7061. Visitatio conventus Hasselensis. Hasselt, Archives de l'État.

7062. Règlement du mont-de-piété de Bruxelles. Bruxelles, Archives générales du royaume.

7070. Wardrobe for James I's coronation. Londres, Brit. Mus., addit. ms. 34321.

7083. Comptes de Léopold Guillaume d'Autriche. Bruxelles, Archives générales du royaume.

7085. Year-Books Edwardi III and Henrici V. Londres, Brit. Mus., addit. ms. 37659.

7086. Pleas tempore Edwardi I-II. Londres, Brit. Mus., addit. ms. 35116.

7088. Pauli epistolæ glosatæ. Bruxelles, Bibl. roy., II, 2527.

7089. Philippi de Harveng responsiones. Bruxelles, Bibl. roy., II, 1158.

7094. Salines de Moyenvic. Paris, Bibl. nat., n. a. franç. 21225.

7095. Comptes de S. Sauveur de Blois. Paris, Bibl. nat., n. a. lat. 2586.

7158. Statuts des Cellites d'Amsterdam. Haarlem, Archives du royaume.

7161 Itinerarium mentis ad Deum. Bruxelles, Bibl. roy., II, 1159.

7162. Regula S. Augustini. Bruxelles, Bibl. roy., II, 2336.

7165. Tragœdia in monasterio Montis Blandini. Bruxelles, Bibl. roy., II, 1160.

7166. Recueil d'épitaphes de Flandre. Bruxelles, Bibl. roy., II, 1189.

7171. Interpretatio catalogi librorum prohibitorum. Bruxelles, Bibl. roy., II, 2601.

7174. Justiniani tres partes. Cambridge, University, add. 3472.

7177. Privy-Purse, etc. 1721-25. Londres, Brit. Mus., addit. ms. 34327.

7180. Inventaire du duché de la Meilleraye. Paris, Bibl. nat., n. a. franç. 20226.

7182. Nederduytsch japanesich Woordenboeck. Bruxelles, Bibl. roy., II, 2602.

7191. Resolutien van den Raed van Brabandt. Bruxelles, Bibl. roy., II, 2574.

7201. Life of Christ. Cambridge, Mc Clean ms. 127.

7219 (et 10170). Comment. on Matthew and the Apocalypse. Cambridge, Mc Clean ms. 133.

7228. Registers of Convocation. Oxford, Bodléienne, ms. 31887.

7247. Statuts et nécrologe des Bénédictins anglais. Londres, Brit. Mus., addit. ms. 35190.

7259. Journal of J. Price. Oxford, Bodléienne, Top. gen. f. 33.

7260 (et 20958). Stanley's catalogue of mss. of C C. C. Cambridge, Corpus Christi College.

7283. Grammatica varia. Berlin, lat. oct. 197.

7286. Vita sanctæ Lukardis. Berlin, Theol. lat. oct. 188.

7291. Letters of the lords Justices of Ireland. Londres, Brit. Mus., addit. ms. 37531.

7320. Privilèges de Delft. La Haye, Archives du royaume.

7334. Rôles de troupes françaises sous Jacques II. Londres, Brit. Mus., addit. ms. 34347 (1).

7351. Histoire généalogique de la maison de Berghe. Bruxelles, Bibl. roy., II, 1161.

7402 (et 22339). Raymundi summa. Cambridge, University, add. 3471.

7404. Cartulaire de Saint-Quentin de Beauvais. Paris, Bibl. nat., n. a. lat. 1921.

7405. Cartulaire de la Madeleine de Besançon. Paris, Bibl. nat., n. a. lat. 1923.

7406. Cartulaire de Noirmoutier. Paris, Bibl. nat., n. a. franç. 21200.

7407. Privilèges des Carmes. Paris, Bibl. nat., n. a. lat. 1942.

7409. Inventaire de la collégiale d'Écouis. Paris, Bibl. nat., n. a. franç. 21238 et 21239.

7410. Cartulaire de S. Maurice de Senlis. Paris, Bibl. nat., n. a. lat. 1933.

7413. Registre de S. Antoine-des-Champs. Paris, Bibl. nat., n. a. franç. 20223.

7415-7416. Bentham's Journeys. Cambridge, University, add. 4216 et 4215

7426. Sénéchaussée de Beaucaire. Paris, Bibl. nat., n. a. lat. 1937.

7433. Letter-Book of sir. D. Carleton. Londres, Brit. Mus., Egerton. ms. 2813.

7498. Brocardi descriptio Terræ sanctæ. Paris, Bibl. nat., n. a. lat. 781.

7794. Accompt of the King's Messenger, 1690-91. Londres, Brit. Mus., addit. ms. 34347 (2).

8076. Martyrologe d'Adon. Paris, Bibl. nat., n. a. lat. 1963.

8078. Collectio legum, circa 1300. Londres, Brit. Mus., addit. ms. 35179.

8079. Henry of Huntingdon, etc. Cambridge, University, add. 3392.

8121. Ely register. Cambridge, University, add. 3468.

8126 (et 17554). Bracton (Lanthony). Cambridge, Mc Clean ms. 145.

8141. Chronique de Brut. Londres, Brit. Mus., addit. ms. 35113.

8145. Vie d'Edouard II, par sir F. Hubert. Londres, Brit. Mus., addit. ms. 34316.

8177. Knippenburgh. Berlin, lat. oct. 196.

8188. Opuscula grammatica. Paris, Bibl nat., n. a. lat. 699.

8219. Chroniques de Molinet. Bruxelles, Bibl. roy., II, 2548.

8253. Vies de saints, en anglais. Londres, Brit. Mus., Egerton ms. 2810.

8255. The British Rebellion, poem. Londres, Brit. Mus., addit. ms. 34363.

8263 (8427 et 24007). Miscellanea. Oxford, Bodléienne, mss. 31590, 33400 et 33407.

8264. Isidori liber etymologiarum. Bruxelles, Bibl. roy., II, 2581.

8271. Journeys trough England. Oxford, Bodléienne, mss. 31859 et 31890.

8319. Vitæ sanctorum. Bruxelles, Bibl. roy., II, 2328.

8347. J. Sarisberiensis Policraticus et Metalogicon. Oxford, Bodléienne, ms. 32708.

8354. Silius Italicus. Oxford, Bodléienne, ms. 33194.

8361. S. Dale, Itinera Cantabrigiensia. Cambridge, University, add. 3466.

8363. Chronologie des évêques de Toul. Paris, Bibl. nat., n. a. franç. 10680.

8367. Inquisition, Jésuites, etc. Cambridge, University, add. 3308.

8387. Voyages de Charles Quint. Bruxelles, Bibl. roy., II, 2577.

8391. Vitæ sanctorum. Bruxelles, Bibl. roy., II, 992.

8406. J. Hartoge, Chronicon Belgicum. La Haye, Bibliothèque royale.

8423 (et 8263). Dissertatio Cantabrigiensis. Oxford, Bodléienne, ms. 33407.

8424. Dr Bradley's philosophy. Oxford, Bodléienne, ms. 31516.

8427 (et 8263). Theological extracts. Oxford, Bodléienne, ms. 33400.

8434. Noms de plusieurs imprimeurs anversois. Bruxelles, Bibl roy., II, 1162.

8445. Notes on Hierocles. Oxford, Bodléienne, ms. 33423.

8453. Orosius. Cambridge, University, add. 4218.

8459. Speculum Christiani. Oxford, Bodléienne, ms. 32216.

8500. Cartulaire de Montier-en-Argonne. Paris, Bibl. nat., n. a. lat., 933.

8519. Comptes de Douai. Paris, Bibl. nat., n. a. franç. 21223.

8520. Comptes de Lille. Paris, Bibl. nat., n. a. franç. 21224.

8534. Chronique de Jacques de Haimericourt. Bruxelles, Bibl. roy., II, 2542.

8543. Southwell State Papers. Londres, Brit. Mus., addit. mss. 34311-34344.

8548. Quittances et pièces diverses. Paris, Bibl. nat., n. a. franç. 20238-20254.

8550. Southwell Collection on Portugal and Spain. Londres, Brit. Mus., addit. mss. 34329-34335.

8562. Southwell Papers on Irish affairs. Londres, Brit. Mus., addit. mss. 34773-34774.

8569 (1 à 12). Comptes de Troyes. Paris, Bibl. nat., n. a. lat. 1948-1959.

8570. Southwell Papers, 1698-1727. Londres, Brit. Mus. addit. ms. 34777.

8571. Southwell Papers, 1690. Londres, Brit. Mus. addit. ms. 34776.

8572-8573. Duke of Ormonde's Memoirs. Londres, Brit. Mus., addit. mss. 34770-34771.

8583. Letters of W. Wogan. Londres, Brit. Mus., addit. mss. 37673-37674.

8606. Charles de Nevers, etc. Paris, Bibl. nat., n. a. lat. 2592.

8611. Letters of the Council of Ireland. Londres, Brit. Mus., addit. ms. 34772.

8617. Letters of lord Halifax. Londres, Brit. Mus., addit. ms. 34355.

8618. Letters of W. Aldersey. Londres, Brit. Mus., addit. ms. 34357.

8621. Letters of lord Castlehaven. Londres, Brit. Mus., addit. ms. 34345.

8622. Letters of sir R. Southwell. Londres, Brit. Mus., addit. ms. 34346.

8633. R. Wolseley letters from Brussels. Londres, Brit. Mus., addit. ms. 34352.

8635. Letters of sir L. Blackwell. Londres. Brit. Mus., addit. ms. 34356.

8638. Calendar of E. Southwell. Londres, Brit. Mus., addit. ms. 34349.

8639. Notes on Privy Council, by E. Southwell. Londres, Brit. Mus., addit. ms. 34350.

8644. Verse of R. Southwell. Oxford, Bodléienne, ms. 32402.

8647. Rôles de Suisses. Paris, Bibl. nat., n. a. franç. 21282.

8664. Compte de la Sainte Chapelle Paris, Bibl. nat., n. a. franç. 21226.

8670. Chartes normandes. Paris, Bibl. nat., n. a. franç. 21288.

8675. Letters of G. Stepney. Londres, Brit. Mus., addit. ms. 34354.

8692. Correspondance of J. Vernon. Londres, Brit. Mus., addit. ms. 34348.

8705. Sir. G. Talbot's tract on the Jewel House. Londres, Brit. Mus., addit. ms. 34359.

8709. Selden, de diis Syris. Oxford, Bodléienne, ms. 32266.

8722. Sir P. Meadow's treatise of the Flag. Londres, Brit. Mus., addit. ms. 34353.

8726. Papers of E. Southwell on the coinage. Londres, Brit. Mus., addit. ms. 34358.

8731. Letters of the marquis of Carmarthen. Londres, Brit. Mus., addit. ms. 34351.

8740 (et 9493). Sir R. Southwell's negociations in Portugal. Londres, Brit. Mus., addit. ms. 34336-34338.

8743. Correspondance of Dr J. Robinson. Londres, Brit. Mus., addit. mss. 35105-35106.

8744. Transactions betwen England and Netherland. Londres, Brit. Mus., addit. ms. 34339-34340.

8767. Queens Letters. Oxford, Bodléienne, ms. 31762.

8783. Ægidius de Roma. Paris, Bibl. nat., n. a. lat. 1876.

8787. Comptes d'Arras. Paris, Bibl. nat., n. a. franç. 21212.

8795. Armorial de Le Féron. Paris, Bibl. nat., n. a. franç. 20231.

8803. Hemsterhuis, Histoire des Pays-Bas. Leyde, Bibliothèque de l'Université.

8804. Armoiries des intendants des digues. La Haye, Bibl. royale.

8816. Registre de l'Ordre de la Jarretière. Londres, Brit. Mus., addit. ms. 36768.

8817. Armorial de Lorraine. Metz, Archives de Lorraine.

8822. Nobiliaire de Lorraine. Metz, Archives de Lorraine.

8838. Catalogus bibliothecæ Bogardorum Antverpiæ. Bruxelles, Bibl. roy., II, 1163.

8839. Cartulaire de l'abbaye de Liessies. Bruxelles, Archives générales du royaume.

8850. Catalogus auctorum in bibliotheca S. Martini Tornacensis. Bibl. roy., II, 1164.

8853. Warrants of the master of the Wardrobe. Londres. Brit. Mus., Egerton ms. 2806.

8859. Extraits de Chroniques. Londres, Brit. Mus., addit. ms. 34764.

8861. Letter-Book of the earl of Conway. Londres, Brit. Mus., addit. ms. 35104.

8872. Comptes de Troyes. Paris, Bibl. nat., n. a. lat. 1947.

8886. Ducs et pairs de France. Paris, Bibl. nat., n. a. franç. 6656.

8891. Compte d'Aignay-le-Duc. Paris, Bibl. nat., n. a. franç. 21234.

8892. Household-Book of Queen Elisabeth. Londres, Brit. Mus., addit. ms. 34320.

8899. Index librorum prohibitorum. Bruxelles, Bibl. roy., II, 2579.

8901. A. Dominici de Romanis potestatibus. Bruxelles, Bibl. roy., II, 1443.

8906. Chartes diverses. Paris, Bibl. nat., n. a. franç. 21289-21290.

8908. Warrant of the Wardrobe. Londres, Brit. Mus., addit. ms. 35328.

8909. Poem of Joseph. Oxford, Bodléienne, ms. 31792.

8913. Terrier d'Étiolles. Paris, Bibl. nat., n. a. franç. 21240.

8914. Letter-Book of F. Parry in Portugal. Londres, Brit. Mus., addit. mss. 35100-35101.

8920. Comptes de Troyes. Paris, Bibl. nat., n. a. lat. 1946.

8927. The Sheapheardes Logika. Londres, Brit. Mus., addit. ms. 34361.

8934. Maisons de reines de France. Paris, Bibl. nat, n. a. franç. 9175.

8938. Ordinances of Henry VIII for his Household. Londres, Brit. Mus., addit. ms. 34319.

8944. Généalogie de la famille Cool. Bruxelles, Bibl. roy., II, 1165.

8945. Généalogie de la maison de Gans, dit Vilain. Bruxelles, Bibl. roy., II, 1472.

8954. Cens de La Chapelle. Paris, Bibl. nat., n. a. franç. 21231.

8959. Origine des comtes de Teisterbandt. Arnhem, Arch. du royaume.

8961. Armorial de Palliot. Paris, Bibl. nat., n. a. franç. 20232.

8967. Armoiries du Dauphiné. Paris, Bibl. nat., n. a. franç. 6855.

8971. Ordre du Saint-Esprit. Paris, Bibl. nat., n. a. franç. 6858.

8981. Abbots, etc. in England. Oxford, Bodléienne, ms. 31560.

8983. Register of Irish Privy seal grants. Londres, Brit. Mus., addit. ms. 34775.

8999. De controversia Janseniana. Bruxelles, Bibl. roy., II, 2218.

9007. Justini historia. Oxford, Bodléienne, lat. class. c. 5.

9015. Lucani Pharsalia. Oxford, Bodléienne, lat. class. c. 6.

9019. Mandeville. Cambridge, Mc Clean ms. 177.

9025. Châtellenie de Nogent-le-Rotrou. Paris, Bibl. nat., n. a. franç. 10675.

9053. Poèmes anglais de Ludgate, Chaucer, etc. Londres, Brit. Mus., addit. ms. 34360.

9054. Rôle des prisons de Vire. Paris, Bibl. nat., n. a. franç. 10238.

9056. Vision of Piers the Plowman. Londres, Brit. Mus., addit. ms. 34779.

9058. Clergé et noblesse de Normandie. Paris, Bibl. nat., n. a. franç. 10690.

9063. Senecæ tragœdiæ. Paris, Bibl. nat., n. a. lat. 1883.

9064. Premier registre du Parlement de Poitiers. Paris, Bibl. nat., n. a. lat. 1968.

9102. Dictionarium latino-germanicum. Berlin, lat. f. 659.

9103. Excerpta speculi historialis. Bruxelles, Bibl. roy., II, 1444.

9111. Correspondence of sir Julius Cæsar. Londres, Brit. Mus., addit. mss. 34324 et 36767.

9112. Généalogies hollandaises. Bruxelles, Bibl. roy., II, 4701.

9113. Gratiani Decretum. Cambridge, University, add. 3447.

9116. Transaction de S. Vincent de Senlis. Paris, Bibl. nat., n. a. franç. 21237.

9149. Extracts of the earl of Clarendon. Oxford, Bodléienne, ms. 31503.

9156. Itinerarium Galliæ. Paris, Bibl. nat., n. a. lat. 1797.

9157. Cérémonial françois. Paris, Bibl. nat., n. a. franç. 10697.

9165. Recueil d'épigrammes. Bruxelles, Bibl. roy., II, 2635.

9180. Juvenalis et Persius. Cambridge, Mc Clean ms. 158.

9202. Catalogue of all the english plays. Londres, Brit. Mus., addit. ms. 34780.

9212. Gasparinus Pergamensis, etc. Berlin, lat. oct. 195.

9217. Sidrac. Paris, Bibl. nat., n. a. franç. 10231.

9220. Ordinarius S. Petri Lovaniensis. Bruxelles, Bibl. roy., II, 1448.

9227. Lives of saints. Oxford, Bodléienne, ms. 32218.

9236. Statuta Angliæ. Cambridge. Mc Cleau ms. 140.

9237. Opuscules de J. Wycliffe. Londres, Brit. Mus., Egerton ms. 2820.

9242. Love's Laurell Garland, by J. Reynolds. Londres, Brit. Mus., addit. ms. 34782.

9257. Poems of Oxford. Oxford, Bodléienne, ms. 32215.

9261. Skelton, Hypocrisy. Cambridge. University, add. 3309.

9265. Parodiæ morales H. Stephani. Bruxelles, Bibl. roy., II, 1166.

9306. Comptes de la cathédrale de Troyes. Londres, Brit. Mus., addit. ms. 37676.

9307. S. Bernardi epistolæ. Bruxelles, Bibl. roy., II, 1167.

9310. Homiliæ diversorum Patrum. Bruxelles, Bibl. roy., II, 1420.

9316. Boeck van XII dogheden. Bruxelles. Bibl. roy., II, 2318.

9329. Documents généalogiques. Bruxelles, Bibl. roy., II, 2319.

9330. Lexicon poeticum. Paris, Bibl. nat., n. a. lat. 624.

9331. Cartulaire du prieuré de Longpont. Paris, Bibl. nat., n. a. lat. 932.

9335. Poems of W. Smithe. Londres, Brit. Mus., addit. ms. 35186.

9338. Giraldus Cambrensis. Londres, Brit. Mus., addit. 34762.

9353. Rental of Langlay, co. Kent. Londres, Brit. Mus., addit. ms. 34767.

9354. Voyages de E. Southwell en Lorraine et en France. Londres, Brit. Mus., addit. ms. 34753.

9399. De vero Romano imperio. Berlin, lat. qu. 615.

9400. Antonius Raudensis. Berlin, lat. qu. 613.

9405. Aubrey's Lives of celebrated men. Oxford, Bodléienne, ms. 32214.

9411. Cartulaire de l'Hôtel-Dieu de Coutances. Paris, Bibl. nat., n. a. lat. 1925.

9421. B. Incledon, County of Devon. Oxford, Bodl., Top. Devon. d. 3.

9423 (et 8740). Sir R. Southwell's negociations in Portugal. Londres, Brit. Mus., addit. mss. 34336-34338.

9426. B. Incledon, County of Devon. Oxford, Bodl.. Top. Oxon. d. 4.

9432. Ruysbroeck, exposicie van den tabernackel. Bruxelles, Bibl. roy., II, 1168.

9441. W. Herbert, Topographical antiquities. Cambridge, University, add. 3313-3318.

9446. Letters of T. Madlycott. Londres, Brit. Mus., addit. ms. 34778.

9461. S. Augustini sermones. Bruxelles, Bibl. roy., II, 2311.

9469. Formulaire de l'officialité de Metz. Metz, Archives de Lorraine.

9472. Boethius, translation by J. Walton. Cambridge, University, add. 3573.

9474. Poems by Surray. Wyat, etc. Londres, Brit. Mus., addit. ms. 36529.

9483. Vocabulaire italien-latin. Paris, Bibl. nat., n. a. lat. 784.

9485. Aristotelis opera. Bruxelles, Bibl. roy., II, 2558.

9517. Sermones. Cambridge, University, add. 3568.

9532. Poem by W. Austin. Londres, Brit. Mus., addit. ms. 34752.

9535. Cartulaire de Faremoutier. Paris, Bibl. nat., n. a. lat. 928.

9541 (1-3). Th. Janssenii, de vitis Plantini et Stephanorum. Bruxelles, Bibl. roy., II. 1475-1477.

9555. Carmina de sanctis. Bruxelles, Bibl. roy., II, 2641.

9562. Honorii Augustodun. elucidarium. Oxford, Bodléienne, ms. 32710.

9575. Th. Martin notes on books not in Ames. Cambridge, University, add. 3393.

9581. Vitæ sanctorum. Londres, Brit. Mus., addit. ms. 34758.

9591. Catullus et Tibullus. Oxford, Bodléienne, ms. 32555.

9594. Leonardus Aretinus. Berlin, lat. qu. 610.

9596. Nic. Montani opera. Cambridge, Mc Clean ms. 171.

9599. Sermones dominicales. Oxford, Bodléienne, ms. 31831.

9607. Cl. Dausquii orthographia. Bruxelles, Bibl. roy., II, 2213.

9652. Chronique de Bernard Gui. Paris, Bibl. nat., n. a. lat. 778-779.

9671. De effigie virtutis. Paris, Bibl. nat., n. a. lat. 701.

9689. Malone accounts. Oxford, Bodléienne, ms. 31542.

9695. Demosthenis orationes. Cambridge, University, add. 3306.

9703. Account of the Privy Purse. Oxford. Bodléienne, mss. 31506-31507.

9704. Epieikeia, by E. Hake. Londres, Brit. Mus., addit. ms. 35326.

9706. J. Brandonis chronodromos. Bruxelles, Bibl. roy., II, 1169.

9716. Missal of Sarum. Oxford, Bodléienne, ms. 32703.

9718. Confrérie du Saint-Esprit à Saint-Seurin Bordeaux, Arch. départ., G. 1594.

9719. Correspondence of duke of Ormonde. Oxford, ms. 31759.

9724. Correspondence of the families of Moseley and Rolleston. Londres, Brit. Mus., addit. ms. 34769.

9726. Comptes de Troyes. Paris, Bibl. nat., n. a. franç. 21233.

9729. Statuts des apothicaires de Tours. Paris, Bibl. nat., n. a. franç. 21253

9730. Roberti de Leycestria tractatus. Cambridge, University, add. 3571.

9731. Dr Kloss's catalogue. Cambridge, University, add. 4233 et 4234.

9757. Notes de S. ten Nuyl. La Haye, Bibliothèque royale.

9782. Norfolk family history. Oxford, Bodléienne, mss. 31513-31514.

9789. Papers of duke of Ormonde. Oxford, Bodléienne, mss. 31760-31761.

9790. Généalogie des ducs de Brabant. Bruxelles, Bibl. roy., II, 1170.

9799. Maerlant, Spiegel historiael. Bruxelles, Bibl. roy., II, 1171.

9804. Sallustius. Cambridge, Gonville and Caius, ms. 719.

9955. Political and satirical poems. Londres, Brit. Mus., addit. ms. 34362.

9957. Redditus capellaniæ B. Servacii in ecclesia S. Joannis Bapt. Gandensis. Gand, Archives de l'État.

9962. Comptes de Troyes. Paris, Bibl. nat., n. a. franç. 21232.

9971. Welsh poems. Oxford, Bodléienne, ms. 33328.

9974. Lettres de Sersanders à Van den Bergh. Bruxelles, Archives générales du royaume.

10009. Lettres from D. Finch. Londres, Brit. Mus., addit. ms. 36771.

10042. Privy Council Memoranda. Londres, Brit. Mus., addit, ms. 35107.

10043. Southwell Papers on Portugal. Londres, Brit. Mus., addit ms. 35099.

10076. Nouvelles à la main. Paris, Bibl. nat., n. a. franç. 4801.

10106. Lives of saints. Oxford, Bodléienne, ms. 32217.

10108. Euclides. Cambridge, Mc Clean ms. 168.

10109. Fr. Patricii epistola. Berlin, lat. qu. 611.

10137. Dr George's Ecclesiastes. Cambridge, King's College.

10148. Apology of R. Cecil, earl of Salisbury. Londres, Brit. Mus., addit. ms. 34323.

10168. Carmen de arte rhetorica. Cambridge, University, add. 3391.

10170 (et 7219). Comment. on Matthew and the Apocalypse. Cambridge, Mc Clean ms. 133.

10176. Quadriloge d'Alain Chartier. Bruxelles, Bibl. roy., II, 1172.

10200. Household Day-Book, 1680. Londres, Brit. Mus., addit. ms. 35187.

10206. Comptes de Troyes. Paris, Bibl. nat., n. a. lat. 1960.

10207. Comptes de Troyes. Paris, Bibl. nat., n. a. lat. 1961.

10208. Papiers de Bréquigny, etc. Paris, Bibl. nat., n. a. franç. 20255.

10210. Biblia. Cambridge, Mc Clean ms. 5.

10214. Recueil sur les Pays-Bas. Bruxelles, Bibl. roy., II, 1454.

10219. Cens de Saint-Denys, etc. Paris, Bibl. nat., n. a. franç. 21227 à 21230.

10227. Miracula S. Thomæ Cantuariensis. Londres, Brit. Mus., Egerton ms. 2818.

10239. Inquisitions, etc. Cambridge, University, Ee, 3. 1.

10302. Rolls of Parliament Ric. II. Cambridge, University, add. 4459.

10309. Cartulaire de Landwade. Londres, Brit. Mus., addit. ms. 37669.

10322. Historical Miscellanea. Oxford, Bodléienne, mss. 32549 et 32553.

10323. Recolecte domini de Sancto-Germano. Bruxelles, Bibl. roy., II, 1421.

10324. Lectura Bartoli de Saxoferrato. Bruxelles, Bibl. roy., II, 1422.

10325 et 10326. Bartolus super 2^{am} et 7^{am} partem Inforciati. Bruxelles, Bibl. roy., II, 1423 et 1424.

10327. Lectura Bartoli super IX. libros Codicis. Bruxelles, Bibl. roy., II, 1425.

10328. Lectura Bartoli super tribus ultimis libris Codicis. Bruxelles, Bibl. roy., II, 1426.

10329. Lectura super VI. librum Codicis. Bruxelles, Bibl. roy., II, 1427.

10330. Joannis de Imola lectura super II. librum Decretalium. Bruxelles, Bibl. roy., II, 1428.

10331. Lectura Francisci de Zabarellis. Bruxelles, Bibl. roy., II, 1429.

10332. Practica Joannis Petri de Ferraris. Bruxelles, Bibl. roy., II, 1430.

10333. Recolecta Nicolai de Sicilia. Bruxelles, Bibl. roy., II, 1431.

10334. Consilia Friderici de Senis. Bruxelles, Bibl. roy., II, 1432.

10335. Andreæ de Ysernia super II. libris de usibus feudorum. Bruxelles, Bibl. roy., II, 1433.

10336. Bartoli de Saxoferrato lectura super Codice. Bruxelles, Bibl. roy., II, 1434.

10337 (et 21709). Cartulaires de Bayeux. Paris, Bibl. nat., n a. lat. 925 et 926.

10338 et 10339. Abbayes de Caen. Paris, Bibl. nat., n. a. franç. 20221 et 20218-20220.

10340. Armorial de Brabant. Bruxelles, Bibl. roy., II, 1173.

10343. Recueil généalogique. Bruxelles, Bibl. roy., II, 1474.

10346. Liste du magistrat de Bruxelles. Bruxelles, Bibl. roy., II, 1174.

10352. Armoiries de la cour féodale de Brabant. Bruxelles, Bibl. roy., II, 1175.

10356. Épitaphes de la ville de Bruges. Bruxelles, Bibl. roy., II, 1176.

10357. Épitaphes de divers lieux. Bruxelles, Bibl. roy., II, 1177.

10373. Royal Grants, 1672-1706. Londres, Brit. Mus., addit. ms. 35103.

10398. Pitances du couvent de Sainte-Elisabeth à Bruxelles. Bruxelles, Bibl. roy., II, 2619.

10402. Familles du Parlement de Paris. Paris, Bibl. nat., n. a. franç. 10236.

10407 et 10408. Comptes de Troyes. Paris, Bibl. nat., n. a. lat. 2416-2417.

10410. N. de Beaufort, Spicilegium sanctorum. Paris, Bibl. nat., n. a. lat. 950.

10411. Fragments généalogiques. Bruxelles, Bibl. roy., II, 1188.

10425 et 10426. Tanner, Bibliotheca. Oxford, Bodléienne, mss. 32580-32581.

10428. Boston of Bury. Cambridge, University, add. 3470.

10429. Tanner, Bibliotheca. Oxford, Bodléienne, ms. 32582.

10431. Correspondance d'Ortelius. Paris, Bibl. nat., n. a. lat. 674-683.

10434. Bartoli lectura in 1ᵃ parte Digesti. Bruxelles, Bibl. roy., II, 1435.

10435. Bartoli lectura super Inforciatum. Bruxelles, Bibl. roy., II, 1436.

10436. Bartoli lecturæ prima pars super Digestum. Bruxelles, Bibl. roy., II, 1437.

10437. Francisci de Zabarellis commentum super Decretalia. Bruxelles, Bibl. roy., II, 1438.

10438. Lectura Francisci de Zabarellis. Bruxelles, Bibl. roy., II, 1439.

10439. Tabula super disputationibus Friderici de Senis. Bruxelles, Bibl. roy., II, 1440.

10440. Dinus super regulas juris. Bruxelles, Bibl. roy., II, 1441.

10441. Diversi tractatus juris. Bruxelles, Bibl. roy., II, 1442.

10443. Decretales, cum glosis Beraldi. Bruxelles, Bibl. roy., II, 2530.

10450. Grants of Recusants. Londres, Brit. Mus., addit. ms. 34765.

10456 (et 13619). Cartulaire de Saint-Symphorien de Metz. Metz, Archives de Lorraine.

10462 (et 18652). Opuscula medica. Bruxelles, Bibl. roy., II, 1413.

10470. Privilèges de Saint-Florent de Saumur. Paris, Bibl. nat., n. a. lat. 1931.

10471. Cérémonial de Saint-Florent de Saumur. Paris, Bibl. nat., n. a. lat. 2422.

10536. Letter-Book of viscount Scudamore. Londres, Brit. Mus., addit. ms. 35097.

10584. Cahiers des Jésuites de Caen. Paris, Bibl. nat., n. a. lat. 788-825.

10599. Notes sur le fisc en Hollande. Bruxelles, Bibl. roy., II, 2607.

10600. Compte de Gilles d'Ernecourt. Paris, Bibl. nat., n. a. franç. 10669.

10602. Ancient inscriptions, copied by G. Wheler. Londres, Brit. Mus., addit. ms. 35334.

10619. Revenus des églises des Trois-Évêchés. Metz, Archives de Lorraine.

10621. Comptes de J. Samson, de Metz. Metz, Archives de Lorraine.

10625. Grants of farms, by sir E. Walker. Londres, Brit. Mus., addit. ms. 37675.

10631. Comptes d'Arras. Paris, Bibl. nat., n. a. franç. 21220.

10632. Comptes d'Arras. Paris, Bibl. nat., n. a. franç. 21222.

10633. Comptes de Valenciennes. Paris, Bibl. nat., n. a. franç. 21251.

10676. Epistola de belli Gallo-Belgici momentis. La Haye, Bibl. royale.

10701. Catalogue of mss. and printed books. Londres, Brit. Mus., addit. ms. 35213.

10863. Chronique de Flandres. Bruxelles, Bibl. roy., II, 2330.

10949. Recueil sur l'histoire des Flandres. Bruxelles, Bibl. roy., II, 2648.

10977 (et 18418). Scriptores Oratorii. Paris, Bibl. nat., n. a. franç. 10691.

10980. Index cartarum episcopi Tornacensis pro diocesi Gandensi. Gand, Archives de l'État.

11001. Chartes diverses. Paris, Bibl. nat., n. a. franç. 21286, 21291, et n. a. lat. 1977.

11014. Documents généalogiques. Bruxelles, Bibl. roy., II, 1470.

11027. Actes de Philippe VI. Paris, Bibl. nat., n. a. franç. 21279.

11031. Documents sur le XVIIe siècle. Bruxelles, Bibl. roy., II, 1469.

11044. Letter of Th. Barlow. Oxford, Bodléienne, ms. 32546.

11052. Van Heelu, Bataille de Woeronc. Leyde, Bibl. de l'Université.

11060. J. Statwech, Welt chronik. Bruxelles, Bibl. roy., II, 2329.

11065. Ordonnantien boeck van het Velteweering Ambacht binnen Brussel. Bruxelles, Archives générales du royaume.

11068. Glossa in Tristia Ovidii. Cambridge, University, add. 4456

11072. Rentale des Beghynhoefs binnen Bruessels. Bruxelles, Archives générales du royaume.

11080. Vitæ sanctorum. Bruxelles, Bibl. roy., II, 2628.

11081. Leven van Joseph Anchieta. Bruxelles, Bibl. roy., II, 2618.

11082. Traités ascétiques divers. Bruxelles, Bibl. roy., II, 2632.

11104 (et 11152). Formulare brevium. Cambridge, University, add. 3469.

11248. Pedigrees of Shropshire. Oxford, Bodléienne, ms. 32676.

11551. Miracula Sæ Rosæ de Viterbio. Paris, Bibl. nat., n. a. lat. 890.

11582 (et 13655). Chronicon a. 1109-1187. Bruxelles, Bibl. roy., II, 2606.

11588. J. a Leydis, de gestis abbatum in Egmonda. La Haye, Bibl roy.

11601. Jean Chartier, Chronique de Charles VII. Paris, Bibl. nat., n. a. lat. 1796.

11602. Histoires de Belges. Paris, Bibl. nat., n. a. franç. 20235.

11603. Herimanni de restauratione ecclesiæ S. Martini. Bruxelles, Bibl. roy., II, 1020.

11604. Vita Caroli Magni, etc. Bruxelles, Bibl. roy., II, 2541.

11621. Epistolæ glosatæ. Cambridge, Mc Clean ms. 28.

11726. Decretales. Londres, Brit. Mus., Egerton ms. 2819.

11734. Registre de chartres au château de Lille. Bruxelles, Bibl. roy., II, 2549.

11737. Mémoires de J. Beerniers, prévôt de Valenciennes. Bruxelles, Bibl. roy., II, 2594.

11753. Petri Cantoris Verbum abbreviatum. Londres, Brit. Mus., addit. ms. 35180.

11848. Narration de divers miracles (1725). La Haye, Bibl. royale.

11851. Documents sur l'histoire du Brabant. Bruxelles, Bibl. roy., II, 1456.

11853. Stoke, Chronique de Hollande, en vers. La Haye, Bibl. royale.

11876. Carta de hidalguia de D. J. G. Olimaers. Bruxelles, Bibl. roy., II, 1473.

11879. Œconomie du domaine royal. Paris, Bibl. nat., n. a. franç. 10694.

11881. C. Huygens, Horologium oscillatorium. Leyde, Bibl. de l'Université.

11882. Comptes de Troyes. Paris, Bibl. nat., n. a. lat. 1966.

11883 (et 21883). J. Malcolm, Histoire de Perse. Bruxelles, Bibl. roy., II. 3209.

11884. Généalogie de la maison de Bourbon. Paris, Bibl. nat., n. a. franç 21258.

11885. Recueil sur l'histoire des Pays-Bas. Bruxelles, Bibl. roy., II, 2589.

11886. Chartes de Bordeaux. Bordeaux, Archives départementales.

11888. Frowyk's Lectures. Cambridge, Mc Clean ms. 144.

11893. Recueil de pièces historiques. Bruxelles, Bibl. roy., II, 2646.

11896. Vossius de historicis græcis et latinis. Bruxelles, Bibl. roy., II, 2585.

11902. Mariale. Londres, Brit. Mus., addit. ms. 35112.

11905. Statuts du chapitre de Breda. Bois-le-Duc, Archives du royaume.

11906. Gervasii Tileberiensis otia imperialia. Cambridge, University, add. 3446.

11912. Pleas tempore Ricardi II. Londres, Brit. Mus., addit. ms. 34783.

11918. Terrier du Chaylar. Paris, Bibl. nat., n. a. lat. 2420.

11928. Opuscula theologica. Londres, Brit. Mus., addit. ms. 34763.

12125. Register of Royal Warrants. Londres, Brit. Mus., addit. ms. 35117.

12182-12193. Cour des Monnaies. Paris, Bibl. nat., n. acq. franç. 21266-21277.

12221 (et 20681). Chartreuse de Mont-Dieu. Paris, Bibl. nat., n. a. lat. 945.

12239 (et 19595). Litteræ D Wibaldi, abbatis Stabulensis. Bruxelles, Bibl. roy., II, 1446.

12240 (et 19914). Charte de S. Hubert et coutume de Liège. Arlon, Archives de l'État.

12244. Fundatio fratrum Embricensium. Bruxelles, Bibl. roy., II, 2610.

12259. Regula S. Benedicti. Bruxelles, Bibl. roy., II, 2316.

12288. Breviarium. Cambridge, Mc Clean ms. 60.

12295. Provinciale ecclesiarum. Paris, Bibl. nat., n. a. lat. 858.

12324. Lois et coutumes de Namur. Bruxelles, Bibl. roy., II, 1466.

12347. Josephi antiquitates Judæorum. Bruxelles, Bibl. roy., II, 1179.

12349. S. Gregorii Nazianzeni opera. Bruxelles, Bibl. roy., II, 2570.

12350. Cassiodori expositiones Psalmorum. Bruxelles, Bibl. roy., II, 2571.

12351. S. Gregorii libri quinque sententiarum. Bruxelles, Bibl, roy., II, 2567.

12352. Eugipii excerpta e S. Augustino. Bruxelles, Bibl. roy., II, 12352.

12362 (et 12458). Petri Diaconi de diversis quæstionibus. Bruxelles, Bibl. roy., II, 2572.

12364 (et 12460). Vitæ sanctorum. Bruxelles, Bibl. roy., II, 2568.

12390. Risdon's Peritinerary of Devon. Londres, Brit. Mus., addit. ms. 36748.

12395. Tract on trade with Germany. Londres, Brit. Mus., addit. ms. 35207.

12409. Survey of Cornwall. Oxford, Bodléienne, ms. 32545.

12421. Naemen van den lande van Waes. Bruxelles, Bibl. roy., II, 1182.

12438. Parliamentary journal of P. Yorke. Londres, Brit, Mus., addit. ms. 35337.

12458 (et 12362). Petri Diaconi de diversis quæstionibus. Bruxelles, Bibl. roy., II, 2572.

12459. Vita S. Remacli. Bruxelles, Bibl. roy , II, 1180.

12460 (et 12364). Vitæ sanctorum. Bruxelles, Bibl. roy., II, 2568.

12461. Vitæ sanctorum. Bruxelles, Bibl. roy., II, 1181.

13157. Catholicorum conspiratio in Anglia. Londres, Brit. Mus., addit. ms. 36770.

13190 Dramatics poems on biblical subjects. Londres, Brit. Mus., addit. ms. 34781.

13193 et 13197. Comptes de Langres. Paris, Bibl. nat., n. a. lat. 1943-1945.

13198. Comptes de Langres. Paris, Bibl. nat., n. a. lat. 944.

13222. Syllabus cartarum. Oxford, Bodléienne, ms. 31756.

13251. Battely's Antiquitates S. Edmundi. Cambridge, Trinity ms. 505.

13259. Ossianic poems. Oxford, Bodléienne, ms. 31816.

13272. Ireland, Book of entries. Cambridge, Bibl. Univ., add. 3104.

13278. Registre de baptèmes de W. de Sivaen. Gouda, Archives de la ville.

13281. A militarie discourse touching an invador. Londres, Brit. Mus., addit. ms. 37667.

13347. *Liber donationum* de la cathédrale d'Utrecht. Utrecht, Archives du royaume.

13424-13434 (et 13531-13541). Notes of the Rev. J. Lewis. Oxford, Bodléienne, mss. 31779-31783, 31786-31790 et 31800.

13449. Ordonnances de la Toison d'or. Bruxelles, Bibl. roy., II, 2339.

13451 et 13454. Butkens, Règlement des commissaires des vivres. Bruxelles, Bibl. roy., II, 2603

13456. Cathedral of Chichester. Oxford, Bodléienne, ms. 31893.

13531-13541 (et 13424-13434). Notes of the Rev. J. Lewis. Oxford, Bodléienne, mss. 31779-31783, 31786-31790 et 31800.

13557. Horæ. Cambridge, Mc Clean ms. 76.

13586. Lectionarium. Cambridge, University, add. 3567.

13593. Cartulaire de la seigneurie de Maulembais. Bruxelles, Bibl. roy., II, 2629.

13619 (et 10456). Cartulaire de S. Symphorien de Metz. Metz, Archives de Lorraine.

13627. Description de Belle-Ile. Paris, Bibl. nat., anglais 106.

13629. Registrum Fr. Jordani, prioris Hasselensis. Hasselt, Archives de l'État.

13639 (et 2246). Cartulaire de Sainte-Glossinde de Metz. Metz, Archives de Lorraine.

13644. Rotulus necessariorum of Edward I. Londres, Brit. Mus., addit. ms. 36762.

13647. Wardrobe, Day-Book of Edward II. Londres, Brit. Mus., Egerton ms. 2814.

13649. Wardrobe-Book of Richard II. Londres, Brit. Mus., addit. ms. 35115.

13651. Parliamentary accompte of money, etc. Londres, Brit. Mus., addit. ms. 35209.

13655 (et 11582). Chronicon a. 1109-1187. Bruxelles, Bibl. roy., II, 2606.

13660. Voyages de Mandeville, etc. Londres, Brit. Mus., addit. ms. 37512.

13676. Vitæ sanctorum. Cambridge, University, add. 4457.

13814. Chartes de Bordeaux. Bordeaux, Archives départementales.

13833. G. Bardin, Parlamenta patriæ Occitanæ. Paris, Bibl. nat., n. a. lat. 1970.

13843. Cartulaire de l'abbaye de Byland. Londres, Brit. Mus., Egerton ms. 2823.

13844. Letters of W. Malmoth the younger. Londres, Brit. Mus., addit. ms. 35338.

13850. Bishop Lowth's letters. Londres, Brit. Mus., addit. ms. 35339.

13855. Constitution du chapitre de Troyes. Paris, Bibl. nat., n. a. lat. 1973.

13892. Cartulaire de l'abbaye de Waltham. Londres, Brit. Mus., addit. ms. 37665.

13928. Vita et miracula S. Francisci. Bruxelles, Bibl. roy., II, 2326.

13951. Histoire des abbés de S. Hubert, Bruxelles, Bibl. roy., II, 1447.

13955. Robert of Gloucester Chronicle. Cambridge, Trinity ms. 1506.

13968. Comptes d'Arras. Paris, Bibl. nat., n. a. franç. 21215.

13969. Wardrobe-Book of Edward I. Londres, Brit. Mus., addit. ms. 37655.

14013. Comptes d'Edouard II. Londres, Brit. Mus., Egerton ms. 2821.

14017. Precedents fortwrits, etc. Londres, Brit. Mus., addit. ms. 35205.

14030. Cole's lives of 7 bishops of Ely. Cambridge, University, add. 4153.

14034. S. Cypriani epistolæ. Berlin, Theol. lat. f. 700.

14257. Comptes d'Arras Paris, Bibl. nat., n. a. franç. 21210.

14258. Chartes de Bordeaux. Bordeaux, Archives départementales.

14815. Lettres du marquis de Laverne. Bruxelles, Archives générales du royaume.

14819. Bishop Percy's Correspondence. Londres, Brit. Mus., addit. ms. 34756.

14826. Time-Book of Charles Turner. Londres, Brit. Mus., addit. ms. 37525.

14878. Savonarola, de balneis. Paris, Bibl. nat., n. a. lat. 889.

14916. Vitæ sanctorum. Bruxelles, Bibl. roy., II, 2559.

14919. Concilia et decreta pontificum. Bruxelles, Bibl. roy., II, 2532.

14920 (et 3672). Biblia, 2 vol. Bruxelles, Bibl. roy., II, 2524.

14981. Page, Suffolk Church. Cambridge, University, add. 3310.

14982. Accompts of E. Stanhope. Londres, Brit. Mus., addit. ms. 34785.

14986. Compotus of Halmingham rectory. Londres, Brit. Mus., addit. ms. 34786.

15161 (et 15887). Lists of Knights, by sir W. Betham. Londres, Brit. Mus., addit. ms. 34766.

15184. Grants of arms, 1478-1743. Londres, Brit. Mus., addit, ms. 35336.

15365-15366. Chartes de Metz. Metz, Archives de Lorraine.

15601. Bedæ historia Anglorum. Cambridge, Mc Clean ms. 109.

15645. Chartes de Tours. Paris, Bibl. nat., n. a. franç. 21296.

15646. Kitchen and Table expenses of George I. Londres, Brit. Mus., addit. ms. 34761.

15672. Copie de statuts du chapitre de Sainte-Marie d'Utrecht. Utrecht, Archives du royaume.

15675. Mémoire de Saint-Cyr. Paris, Bibl. nat., n. a. franç. 10878.

15678. Jean van Boendale, Lekenspiegel. Bruxelles, Bibl. roy., II, 1183.

15718. Chronique de Richard II. Londres, Brit. Mus., addit. ms. 36541.

15760. Recouvrement de Normandie. Bruxelles, Bibl. roy., II, 2566.

15780. Histoire de France au xviᵉ s. Paris, Bibl. nat , n. a. franç. 20204.

15865. Notes on english history. Londres, Brit. Mus., addit. ms. 34751.

15871. Lodenet, Questions sur la coutume de Namur. Bruxelles, Bibl. roy., II, 1465.

15887 (et 15161). Lists of Knights, by sir W. Betham. Londres, Brit. Mus., addit. ms. 34766.

15942. Registre des privilèges de la commanderie de Chantraine. Bruxelles, Archives générales du royaume.

16043. Miscellaneous relating to Oxford. Oxford, Bodléienne, mss. 31872-31873.

16044. Rentals, etc. relating to Sussex. Londres, Brit. Mus., addit. ms. 34787, et addit. charters 42631-42665.

16135-16152. Chartes de Metz. Metz, Archives de Lorraine.

16155-16156. Chartes de Metz. Metz, Archives de Lorraine.

16157-16170. Chartes de Bordeaux. Bordeaux, Archives départementales.

16258. Boccace, il Corbaccio. Cambridge, Mc Clean ms. 175.

16261. Boccace, de claris mulieribus. Cambridge. Mc Clean ms. 171.

16306. Notæ ad vitam B. Andreæ, abbatis Averbodiensis. Bruxelles, Bibl. roy., II, 2331.

16322. Comtat-Venaissin. Paris, Bibl. nat., n. a. franç. 6857.

16328. Græcia antiqua. Paris, Bibl. nat., n. a. lat. 700.

16346. Commentarius in Matthæum, Seneca, etc. Londres, Brit. Mus., addit. ms. 34760.

16382. Tabulæ epactarum, etc. Cambridge, Mc Clean ms. 167.

16387. Évangiles, en onciale. Londres, Bibl. J. Pierpont Morgan.

16388. Évangiles selon saint Matthieu et saint Marc. Londres, Bibliothèque J. Pierpont Morgan.

16396 Abbreviatio Decretalium. Londres, Bibl. J. Pierpont Morgan.

16400. Martyrologium et regula S. Benedicti. Londres, Bibliothèque J. Pierpont Morgan.

16411. Passio SS. Sebastiani et Vincentii. Londres, Bibliothèque J. Pierpont Morgan.

16479 (et 16537). Correspondance du président Hénault. Paris, Bibl. nat., n. a. franç. 10235.

16509. Chartes de Bordeaux et de Metz. Bordeaux, Archives départementales et Metz, Archives de Lorraine.

16537 (et 16479). Correspondance du président Hénault. Paris, Bibl. nat., n. a. franç. 10235.

16539. Chartes. Paris, Bibl. nat., n. a. lat. 2589-2590 et n. a. franç. 21291.

16540. Pedes finium, tempore Richardi I. — Georgii I. Londres, Brit., Mus., addit. charters 54407-54638.

16578. Obituaire d'Asprières. Paris, Bibl. nat., n. a. lat. 1962.

16580. Prieuré de Tavant. Paris, Bibl. nat., n. a. franç. 10679.

16583. Chapelle Saint-Michel à Tours. Paris, Bibl. nat., n. a. franç. 10681.

16584. Cartularium Vencie. Paris, Bibl. nat., n. a. lat. 949.

16716-16718. Rouleaux de Saint-Bertin. Paris, Bibl. nat., n. a. lat. 2593.

16762. Vie du maréchal de Tourville. Paris, Bibl. nat., n. a. franç. 20216.

16776. Chartes de Metz. Metz, Archives de Lorraine.

16811. Star Chamber. Cambridge, University, add. 3105.

16868. Cartulaire de l'abbaye d'Ourscamp. Paris, Bibl. nat., n. a. lat. 935.

16886. Wilhelmus Dieb, Manuale religiosorum. Bruxelles, Bibl. roy., II, 2217.

16895. Liber argenteus S. Amati Duacensis. Paris, Bibl. nat., n. a. lat. 1965.

16902 (et 82). Cartulaire, etc. de la cathédrale de Bordeaux. Bordeaux, Archives départementales, G. suppl.

17150. Fitch, History of Copdock. Cambridge, University, add. 3107.

17235. Chartes de Bordeaux. Bordeaux, Archives départementales.

17252 (et 7412). Augustines de l'Hôtel-Dieu de Pontoise. Paris, Bibl. nat., n. a. franç. 21248.

17393. Chartes de Tournai. Mons, Archives de l'État.

17408. Chartes de Tournai. Mons, Archives de l'État.

17510. Chartes de Bordeaux. Bordeaux, Archives départementales.

17537. Chartes de Bordeaux. Bordeaux, Archives départementales.

17554 (et 8126). Bracton (Lanthony). Cambridge, Mc. Clean ms. 145.

17585. Visite de N.-D. d'Auberive. Paris, Bibl. nat., n. a. franç. 10666.

17594. Comptes de N.-D. de Vernon. Paris, Bibl. nat., n. a. franç. 20222.

17712. Cartulaire de la Trinité de Vendôme. Paris, Bibl. nat., n. a. lat., 940.

17736. Cartulaire de la cathédrale de Rouen. Paris, Bibl. nat., n. a. lat. 1975.

17752. Catalogue of J. Gibbs. Oxford, Bodléienne, ms. 32211.

17776. Chartes de Metz. Metz, Archives de Lorraine.

17777. Sir J. Thornhill's Diary. Londres, Brit. Mus., addit. ms. 34788.

17808. Chartes de Bordeaux, et de Metz. Bordeaux, Archives départementales, et Metz, Archives de Lorraine.

17809. Chartes. Paris, Bibl. nat., n. a. lat. 2588 et n. a. franç. 21278.

17838. Cartulaire du chapitre de Noyon. Paris, Bibl. nat., n. a. lat. 934.

17841. Chartes. Paris, Bibl. nat., n. a. franç. 21278.

17856. Notes sur la campagne de 1660. Bruxelles, Bibl. roy., II, 2644.

17999-18003. Chartes de Tournai. Mons, Archives de l'État.

18004. Chartes de Metz. Metz, Archives de Lorraine.

18005-18006. Chartes de Tournai. Mons, Archives de l'État.

18057. Diary of english nunnery at Paris. Londres, Brit. Mus., addit. ms. 35189.

18105. Grenier à sel de Fécamp. Paris, Bibl. nat., n. a. franç. 10670.

18114. Notes of Dr P. Bliss. Oxford, Bodléienne, ms. 31581.

18128-18130. Notes of Dr P. Bliss. Oxford, Bodléienne, mss. 31582-31583 et 31575.

18135-18142. Notes of Dr P. Bliss. Oxford, Bodléienne, mss. 31584, 31572-31574, 31576-31579 et 31585.

18159. Cicero. Cambridge, Gonville and Caius College ms. 721.

18200. Placaeten in materie van boeken. Bruxelles, Bibl. roy., II, 2627.

18258. Chartes de Bordeaux. Bordeaux, Archives départementales.

18289. Comptes d'Arras. Paris, Bibl. nat., n. a. franç. 21217.

18314. Obituary of Great Britain. Oxford, Bodléienne, mss. 31510-31511.

18366. Th. Damædenus, connubium Bavaro-Austriacum. Bruxelles, Bibl. roy., II, 2529.

18367-18375. Chartes de Metz. Metz, Archives de Lorraine.

18406. Histoire de Saint-Cyr. Paris, Bibl. nat. n. a. franç. 10677.

18407. Notes de La Beaumelle. Paris, Bibl. nat., n. a. franç. 10234.

18418 (et 10977). Scriptores Oratorii. Paris, Bibl. nat., n. a. franç. 10691.

18431-18457. Chartes de Tournai. Mons, Archives de l'État.

18466. Règles de S. Benoît, etc. Bruxelles, Bibl. roy., II, 2639.

18472 (et 18504). Correspondance and papers of R. B. Sheridan. Londres, Brit. Mus., addit. ms. 35118.

18492. Feodary of. John, lord Segrave. Londres, Brit. Mus., addit. ms. 37671.

18496. Survey of Whittlesey. Cambridge, University, add. 3826.

18504 (et 18472). Correspondance and papers of R. B. Sheridan. Londres, Brit. Mus., addit. ms. 35118.

18544. Chartes de Tournai. Mons, Archives de l'État.

18624. Livres du Cabinet du Roi. Paris, Bibl. nat., n. a. franç. 10687.

18652 (et 10462). Opuscula medica. Bruxelles, Bibl. roy., II, 1413.

18656. Chartes de Bordeaux. Bordeaux, Archives départementales.

18659. Chartes diverses. Paris, Bibl. nat., n. a. franç. 21287, et Metz, Archives de Lorraine.

18676. Chartes diverses. Paris, Bibl. nat., n. a. franç. 21287 et 21291, et n. a. lat. 2588 et 2591.

18700. Chartes de Metz. Metz, Archives de Lorraine.

18746. Surveys of various countries in England. Londres, Brit. Mus., addit. ms. 34754.

18750. Chartes de Metz. Metz, Archives de Lorraine.

18751 et 18752. Chartes. Paris, Bibl. nat., n. a. franç. 21286, 21287-21289-21291.

18753 et 18754. Chartes de Metz. Metz, Archives de Lorraine.

18767-18769. Chartes de Bordeaux. Bordeaux, Archives départ.

18781. Verses by Smyth. Cambridge, University, add. 4455.

18783-18787. Chartes de Metz. Metz, Archives de Lorraine.

18815. Hugo Floriacensis. Oxford, Bodléienne, mss. 33198-33199.

18817. Book of sequestrations. Londres, Brit. Mus., addit. ms. 35098.

18818. Statuta civitatis Avinionis. Paris, Bibl. nat., n. a. lat. 1874.

18820. Register of Portsmouth Cour. Oxford, Bodléienne, ms. 31881.

18830. Antiquities of New Woodstock. Oxford, Bodléienne, ms. 32583.

18832. Propertius. Cambridge, University, add. 3394.

18928. Chartes de Bordeaux. Bordeaux, Archives départ.

18984-18986. Chartes. Paris, Bibl. nat., n. a. franç. 21292-21295.

18990. Chartes de Metz. Metz, Archives de Lorraine.

18993. Charities of Oxfordshire. Oxford, Bodléienne, ms. 31879.

19005. Letters from Th. Burnet. Londres, Brit. Mus., addit. ms. 36772.

19032. Tanner, Bibliotheca. Oxford, Bodléienne, ms. 31848.

19033. Letters from Th. Burnet. Londres, Brit. Mus., addit. ms. 36772.

19082. Correspondance of. R. Burn. Oxford, Bodléienne, ms. 31884.

19139. Chartes de Tournai. Mons, Archives de l'État.

19198. Stores at Oxford for Charles I. Londres, Brit. Mus., addit. ms. 34325.

19222. Ordnance office register. Londres, Brit. Mus., addit. ms. 35332.

19276. S. Peak's letters. Cambridge, Trinity ms. 493.

19332. Chartes diverses. Paris, Bibl. nat., n. a. franç. 21289-21291.

19383. Chartes de Bordeaux. Bordeaux, Archives départementales.

19397. Catalogue of Buchanan's mss. Cambridge, University, add. 4223.

19407. Chartes diverses. Paris, Bibl. nat., n. a. franç. 21286, 21287 et 21289-21291, et Metz, Archives de Lorraine.

19412. Chartes de Moulin en Condruz. Bruxelles, Bibl. roy., II. 2622.

19496. Letters from Th. Burnet. Londres, Brit. Mus., addit. ms. 36772.

19498 et 19499. Chartes de Bordeaux. Bordeaux, Archives départ.

19588. Traités ascétiques. Bruxelles, Bibl. roy., II. 2645.

19595 (et 12239). Litteræ D. Wibaldi, abbatis Stabulensis. Bruxelles, Bibl. roy., II, 1446.

19712-19714. Chartes de Tournai. Mons, Archives de l'État.

19715. Chartes diverses. Paris, Bibl. nat., n. a. franç. 21289-21290.

19778. Chartes de Metz. Metz, Archives de Lorraine.

19860. Chartes diverses. Paris, Bibl. nat., n. a. franç. 21286, 21287 et 21291, et n. a. lat. 2588; et Metz, Archives de Lorraine.

19914 (et 12240). Charte de S. Hubert et coutume de Liège. Arlon, Archives de l'État.

19916. Mémoire sur les Provinces Unies et l'Angleterre. Bruxelles, Bibl. roy., II, 2614.

19976. Chartes de Tournai. Mons, Archives de l'État.

19977. Chartes diverses. Paris, Bibl. nat., n. a. lat. 2588-2591.

19981. Debtes due to the court of Wards. Londres, Brit. Mus., addit. ms. 34759.

19984. Catalogue of cartes. Oxford, Bodléienne, ms. 31755.

20020-20045. Chartes de Tournai. Mons, Archives de l'État.

20290. Chartes de Bordeaux. Bordeaux, Archives départementales.

20545. Oxford pieces. Oxford, Bodléienne, ms. 32561.

20640. Barlaam et Josaphat. Londres, Brit. Mus., addit. ms. 35111.

20681 (et 12221). Chartreuse de Mont-Dieu. Paris, Bibl. nat., n. a. lat. 945.

20696. Angelus Viterbiensis, historia vastationis Leodiensis. Bruxelles, Bibl. roy., II, 1184.

20697. Accompts of sir T. Seyliard. Londres, Brit. Mus., addit. ms. 34784.

20714. Compte de G. Gramaye, trésorier des guerres de Brabant. Bruxelles, Archives générales du royaume.

20715. Memoranda of Islip. Oxford, Bodléienne, ms. 31871.

20724. Bentivoglio, relatione di Fiandra. Bruxelles, Bibl. roy., II, 2597.

20740. Chambre des Comptes. Paris, Bibl. nat., n. a. franç. 21262.

20757. Diary of Walter Yonge. Londres, Brit. Mus., addit. ms. 35331.

20920. Pedes finium, tempore Ricardi III et Henrici VI. London, Brit. Mus., addit. charters 54407-54638.

20958 (et 7260). Stanley's catalogue of mss. of C. C. C. Cambridge, Corpus Christi College.

20961. Vie de D. Jean Delibra. Paris, Bibl. nat., n. a. franç. 10233.

21071. Recueil sur l'histoire des Pays-Bas. Bruxelles, Bibl. roy., II, 2592.

21072. Lettres sur les affaires des Pays-Bas. Bruxelles, Bibl. roy., II, 2653.

21073. Sospiri dell'Olanda. Bruxelles, Bibl. roy., II, 2623.

21160. General musters in Kent. Londres, Brit. Mus., addit. ms. 37668.

21186. État des consuls d'Espagne, Italie, etc. Paris, Bibl. nat., n. a. franç. 10688 et 10689.

21188. Cartulaire de Savigny. Paris, Bibl. nat., n. a. lat. 1932.

21189. Cartulaire de la Trinité de Fécamp. Paris, Bibl. nat., n. a. lat. 2412.

21190. Catalogue de la bibliothèque Van de Velde. Bruxelles, Bibl. roy., II, 1185.

21223. Catalogus bibliothecæ collegii Hollandici Lovanii. Bruxelles, Bibl. roy., II, 1449.

21224. J. Lensæi theologia. Bruxelles, Bibl. roy., II, 1450.

21373. Chartes diverses. Metz, Archives de Lorraine; et Paris, Bibl. nat., n. a. franç. 21278.

21382. Chartes diverses. Paris, Bibl. nat., n. a. franç. 21287 et 21291, et n. a. lat. 2588.

21392. Voyage de Vaillant. Paris, Bibl. nat., n. a. franç. 7520.

21438. Patent Rolls of Dorchester Abbey. Oxford, Bodléienne, ms. 31878.

21514. Chartes diverses. Paris, Bibl. nat., n. a. franç. 21289-21291.

21538. Antiquarian Miscellanies. Londres, Brit. Mus., addit. ms. 35333.

21562. Solinus de rebus memorabilibus, etc. Bruxelles, Bibl. roy., II, 2208.

21566. Chartes de Bordeaux et de Metz. Bordeaux, Archives départementales, et Metz, Archives de Lorraine.

21603. Pedes finium, tempore Ricardi III et Henrici VI. Londres, Brit. Mus., addit. charters 54407-54638.

21655. Michael Corboliensis in Psalmos. Paris, Bibl. nat., n. a. lat. 782.

21657 (et 3696). Baronnie de Montejean. Paris, Bibl. nat., n. a. franç. 10674.

21709 (et 10337). Cartulaires de Bayeux. Paris, Bibl. nat., n. a. lat. 925 et 926.

21716. Chartes diverses. Paris, Bibl. nat., n. a. franç. 21289-21291.

21723 (et 21974). Recueil sur l'histoire des Pays-Bas. Bruxelles, Bibl. roy., II, 2654.

21735. Registre des drapiers de Bruxelles. Bruxelles, Archives générales du royaume.

21793. Martyrologium de Youghall. Berlin, Theol. lat. f. 7o3.

21832. Wardrobe accompt. Londres, Brit. Mus., addit. ms. 37656.

21857. Dépôt de la Guerre. Paris, Bibl. nat., n. a. franç. 96ı ı.

21872. Acta marchionatus de Lede. Bruxelles, Bibl. roy., II, 2584.

21876. Papers of H. Wanley. Oxford, Bodléienne. ms. 33ı84.

21883 (et 11883). J. Malcolm, Hist. de Perse. Bruxelles, Bibl. roy., II, 3209.

21911. Charles de Metz. Metz, Archives de Lorraine.

21915. Actes de Stavelot. Liège, Archives de l'État.

21949. Parabolæ ad Ecclesiasticum. Bruxelles, Bibl. roy., II, 256o.

21973 et 21974. Recueil sur l'histoire des Pays-Bas. Bruxelles, Bibl. roy., II, 2654.

24984. History of the barons of Cobham. Londres, Brit. Mus., addit. ms. 37666.

22000. Armorial des Pays-Bas. Bruxelles, Bibl. roy., II, 255o.

22029 (et 3123). Yearbooks tempore Edwardi II. Londres, Brit. Mus., addit. mss., 35o94 et 37658.

22042. Chartes de Tours. Paris, Bibl. nat., n. a. franç. 21298.

22048. Relatione della pace di Nimega. Bruxelles. Bibl. roy., II, 2583.

22082. Revenus des diocèses de France. Paris, Bibl. nat., n. a. franç. 21254.

22088 Chartes de Metz. Metz, Archives de Lorraine.

22099-22103 Chartes de Tournai. Mons, Archives de l'État.

22104. Chartes de Metz. Metz, Archives de Lorraine.

22184. Royal household-book. Londres, Brit. Mus., addit. ms. 35ı84.

22192. Tombeaux de Saint Denys. Paris, Bibl. nat , n. a. franç 21252.

22223. Latin relation of the civil War. Londres, Brit. Mus., addit. ms. 36769.

22228. Rituale Cisterciense. Bruxelles, Bibl. roy., II, 3o69.

22277. Fragments du Sachsenspiegel, etc. Utrecht, Bibliothèque de l'Université.

22309. Chartes. Paris, Bibl. nat., n. a. lat. 2588-259o et n. a. franç. 21287.

22337. Chartes de Metz Metz, Archives de Lorraine.

22339 (et 7402). Raymundi summa, etc. Cambridge, University, add. 3471.

22346. Titres de Sainte-Glossinde de Metz. Metz, Archives de Lorraine.

22379 (et 22903). Buache, tremblements de terre. Paris, Bibl. nat., n. a. franç 20236 et 20237.

22388. Register der vıı quartieren van Antwerpen. Bruxelles, Bibl. roy., II, 1462.

22403. Grand Coutumier de Normandie. Paris, Bibl. nat., n. a. franç. 10230.

22410. Earl of Melfort's letter-books. Londres, Brit. Mus., addit. ms. 37660.

22411. S. Brown Book, letters to a Jacobite agent. Londres, Brit. Mus., addit. ms. 37662.

22412. Earl of Melfort's letter-book. Londres, Brit. Mus., addit. ms. 37661.

22506. Paschasii Radberti in lamentationes Jeremiæ. Bruxelles, Bibl. roy., II, 2564.

22783. Journal of J. Price. Oxford, Bodléienne, top. gen. f. 34.

22805. Chartes de Tournai. Mons, Archives de l'État.

22807 (et 11896). Vossius de historicis græcis et latinis. Bruxelles, Bibl. roy., II, 2585.

22876 et 22877. Chartes de Tournai. Mons, Archives de l'État.

22882. Cartulaire du chapitre de Noyon. Paris, Bibl. nat., n. a. lat. 1928.

22904 (et 22379). Buache, tremblements de terre. Paris, Bibl. nat., n. a. franç. 20236 et 20237.

22940 (et 4078). Psalterium. Bruxelles, Bibl. roy., II, 3068.

22941. Opuscula theologica. Londres, Brit. Mus., addit. ms. 35091.

22965. Hérauts d'armes des Pays-Bas. Bruxelles, Bibl. roy., II, 1186.

23021. S. Augustini opuscula. Cambridge, University, addit. 3576.

23025. Hugo de S. Victore de sacramentis. Bruxelles, Bibl. roy., II, 2533.

23026. S. Hieronymus super Hieremiam. Bruxelles, Bibl. roy., II, 1201.

23027. S. Hilarii Pictaviensis de Trinitate. Bruxelles, Bibl. roy., II, 2561.

23028. Angelomi explanatio ex opusculis doctorum. Bruxelles, Bibl. roy., II, 1022.

23030. Alulfi Gregorialis III^a pars. Bruxelles, Bibl. roy., II, 1400.

23031. S. Hieronymi pars prima. Bruxelles, Bibl. roy., II, 1401.

23032 S. Hieronymus super Ezechielem. Bruxelles, Bibl. roy., II, 2543.

23033. Beda in evangelium Marci. Bruxelles, Bibl. roy., II, 2554.

23039. Letters in Bodleian mss. Oxford, Bodléienne, ms. 31774.

23062. Bedæ tractationes in Actus apostolorum. Bruxelles, Bibl. roy., II, 2555.

23063. Petri Cantoris verbum abbreviatum. Bruxelles, Bibl. roy., II, 1023.

23112-23115. Chartes. Bruxelles, Archives générales du royaume, et Paris, Bibl. nat., n. a. lat. 2588-2591 et n. a. franç. 21287 (23112).

23241. Meditationes, etc. Paris, Bibl. nat., n. a. lat. 694.

23313-23346. Chartes de Tournai. Mons, Archives de l'État.

23625. Correspondance de Petiet. Paris, Bibl. nat., n. a. franç. 9610.

23788. Mariage-register of Edinburgh. Londres, Brit. Mus., addit. ms. 35340 A.

23835. Orsett court rolls. Cambridge, University, add. 3569.

23845. Chartes de Metz. Metz, Archives de Lorraine.

23850. Généalogie de la famille Dumont. Bruxelles, Bibl. roy., II, 2382.

23868. Mélanges sur l'Angleterre. Londres, Brit. Mus., addit. ms. 35108.

23884. Documents sur les Pays-Bas. Bruxelles, Bibl. roy., II, 2596.

23885. Chartes de Tournai. Mons, Archives de l'État.

23898. Casus decisi in concilio Flandriæ. Bruxelles, Bibl. roy., II, 2215.

23935. Chartes de Tournai. Mons, Archives de l'État.

23940. Chartes diverses. Paris, Bibl. nat., n. a. franç. 21286, 21287 et 21289-21291.

23951. Chartes de Metz. Metz, Archives de Lorraine.

23978. Chartes de Tournai. Mons, Archives de l'État.

24007 (et 8263). Flowers of Trinity College. Oxford, Bodléienne, ms. 31590.

24020. Household expenses of Edward III. Londres, Brit. Mus., addit. ms 36763.

24095. Documents des archives du chapitre de Sainte-Marie d'Utrecht. Utrecht, Archives du royaume.

24097. Chartes de Tournai. Mons, Archives de l'État.

24114 et 24115. Chartes de Bordeaux. Bordeaux, Archives départ.

24123 et 24124. Chartes de Bordeaux. Bordeaux, Archives départ.

24127. Pedigree of the Hall family. Oxford, Bodléienne, ms. 32764.

24129. Comptes de l'Épargne, etc. Paris, Bibl. nat., n. a franç. 21204.

24130. Chartes de Tournai. Mons, Archives de l'État.

24166. Inventaire des chartes de la Chambre des comptes de Lille. Bruxelles, Archives générales du royaume.

24175. Correspondance des ministres et évêques. Paris, Bibl. nat., n. a. franç. 21256 et 21257.

24182. Cambridgeshire notes. Cambridge, University, add. 3853.

24215. Chartes de Tournai. Mons, Archives de l'État.

24220. Harwood, Notitia Germaniæ. Bruxelles, Bibl. roy., II, 2647.

24224. Chartes de Tournai. Mons, Archives de l'État.

24225. Te Water, guerre des Espagnols en Zélande. Middelbourg, Archives du royaume.

24258. Chronique de Jean Froissart. Bruxelles, Bibl. roy , II, 2552.

24299. Comptes d'Arras. Paris, Bibl. nat., n. a. franç. 21214.

24362. Chartes de Tournai. Mons, Archives de l'État.

24369. Documents concernant l'hôpital Henri Kempen. Bruxelles, Archives générales du royaume.

24371. Chartes diverses. Bruxelles, Archives générales du royaume.

24373. Papiers de procédures. Bruxelles, Archives générales du royaume.

24376. Chartes diverses. Bruxelles, Archives générales du royaume.

24377. Chartes de Tournai. Mons, Archives de l'État.

24378. Chartes de Metz. Metz, Archives de Lorraine.

24385. Fragment de censier du Val-Duchesse. Bruxelles, Archives générales du royaume.

24387. Chartes de Bordeaux. Bordeaux, Archives départ.

24396. Chartes de Tournai Mons, Archives de l'État.

24403. Documents sur le couvent des Carmes de Bruges. Bruges, Archives de l'État.

24412. Cronyk der stad en lande van Cleef. Bruxelles, Bibl. roy.,II, 2591.

24413. Pedes finium, tempore Ricardi III et Henrici VI. Londres, Brit. Mus., addit. charters 54407-54638.

24416. Cosmographia Ethici. Berlin, lat. f. 658.

24432. Chartes de Bordeaux. Bordeaux, archives départementales.

24433. Chartes de Tournai. Mons, Archives de l'État.

24439. Cambridge court roll. Cambridge, University, add. 3566.

24450. S. Gregorii Moralium fragmenta. Bruxelles, Bibl. roy., II, 2553.

24453. Chartes de Metz. Metz, Archives de Lorraine.

24454. Chartes diverses. Paris. Bibl, nat., n. a. franç. 21292-21295.

24465. Chartes de Bordeaux. Bordeaux, archives départ.

24467. Chartes diverses. Paris, Bibl. nat., n. a. franç. 21292-21295.

24569. Chartes de Metz. Metz, Archives de Lorraine.

24572. Chartes de Tournai. Mons, Archives de l'État.

24574. Chartes de Tournai. Mons, Archives de l'État.

24673 et 24674. Chartes diverses. Bruxelles, Archives générales du royaume.

24676. Chartes diverses. Bruxelles, Archives générales du royaume.

24678. Chartes diverses. Bruxelles, Archives générales du royaume.

24697. Chartes de Philippe, duc de Lothier. Bruxelles, Archives générales du royaume.

24804. Documents sur les frères Mineurs de Bruges. Bruxelles, Bibl. roy., II, 2626.

24807. Chartes diverses. Paris, Bibl. nat., n. a. lat. 2588-2591.

24811. Chartes de Tournai. Mons, Archives de l'État.

24821. Chartes de Metz. Metz, Archives de Lorraine.

24955. Généalogie de la famille van Haven. Bruxelles, Bibl. roy., II, 2656.

25012. Titres de la Moutonnière. Paris, Bibl. nat., n. a. franç. 21242.

25015-25021. Chartes de Tournai. Mons, Archives de l'État.

25022. Chartes. Paris, Bibl. nat., n. a. franç. 21278, 21289 et 21290.

25025 (et 25058). Cartulaire de la Trinité de Vendôme. Paris, Bibl. nat., n. a. franç. 20225.

25030 (1-8). Comptes d'Arras. Paris, Bibl. nat., n. a. franç. 21208 (1), 21209 (2), 21218 (3), 21216 (4), 21219 (5), 21211 (6), 21220 (7) et 21221 (8).

25050. Compte de l'Argenterie. Paris, Bibl. nat., n. a. franç. 21201.

25058 (et 25025). Cartulaire de la Trinité de Vendôme. Paris, Bibl. nat., n. a. franç. 20225.

25098. Chartes. Paris, Bibl. nat., n. a. lat. 2588-2591 ; n. a. franç. 21287.

25104. Chartes diverses. Paris, Bibl. nat., n. a. lat. 2588-2591.

25144. Chronicon ad a. 972. Oxford, Bodléienne., Eng. misc. f. 18.

25177. Chartes de Tournai. Mons, Archives de l'État.

25215. Chartes de Tournai. Mons, Archives de l'État.

25217. Chartes de Tournai. Mons, Archives de l'État.

25245 (4). Chartes de Tournai. Mons, Archives de l'État.

25258. Documents sur le prieur d'Anderghem. Bruxelles, Archives générales du royaume.

25331. Rolls of Parliament. Oxford, Bodléienne, ms. 32575.

25382. Survey of Kidmore End Estate. Oxford, Bodléienne, ms. 31586.

25460. Cambridge notes. Cambridge, University, add. 3852.

25479. Documents des archives du chapitre de Sainte-Marie d'Utrecht. Utrecht, Archives du royaume.

25503. Documents des archives du chapitre d'Oudmunster d'Utrecht. Utrecht, Archives du royaume.

25510 (3, 4, 6 et 18). Chartes de Tournai. Mons, Archives de l'État.

25520. Letter-book of lord Zouche. Londres, Brit. Mus., Egerton ms. 2812.

25600. Accompt for victualling, etc. Londres, Brit. Mus., addit. ms. 37654.

25630. Chartes. Paris, Bibl. nat., n.a. franç. 21287 et 21289-21291.

25654. Chartes de Metz. Metz, Archives de Lorraine.

25672. Chartes de Bordeaux. Bordeaux, Archives départ.

25673. Documents des archives du chapitre de Sainte-Marie d'Utrecht. Utrecht, Archives du royaume.

25674. Chartes diverses. Paris, Bibl. nat., n. a. lat. 2588-2591, n. a. franç. 21286, 21287 et 21291 ; et Metz, Archives de Lorraine.

25690. Chartes. Paris, Bibl. nat., n. a. franç. 21286, 21287 et 21289-21291.

25698. Chartes diverses. Paris, Bibl. nat., n. a. franç. 21292-21295.

25727. Recueil d'instructions de Henri III. Bruxelles, Bibl. roy., II, 2563.

25728. Chartes de Tournai. Mons, Archives de l'État.

25730. Chartes de Metz. Metz, Archives de Lorraine.

25731. Chartes de Tournai Mons, Archives de l'État.

25733-25736. Chartes de Tournai. Mons, Archives de l'État.

25745. Actes de Guillaume le Conquérant. Paris, Bibl, nat., n. a. lat. 1974.

25747. Chartes de Metz. Metz, Archives de Lorraine.

25751. Chartes diverses. Paris, Bibl. nat., n. a. franç. 21292-21295.

25753. Chartes de Tournai. Mons, Archives de l'État.

25755. Chartes de Bordeaux. Bordeaux, Archives départementales.

25790. Chartes de Bordeaux. Bordeaux, Archives départementales.

25869. Chartes de Tournai. Mons, Archives de l'État.

25880. Oxford literary pieces. Oxford, Bodléienne, ms. 31886.

25888. Chartes de Tournai. Mons, Archives de l'État.

25975. Chartes diverses. Bruxelles, Archives générales du royaume.

26011. Diplôme de Philippe V. Bruxelles, Archives générales du royaume.

26057 (6, 7, 8, 12 et 15). Chartes de Tournai. Mons, Archives de l'État.

26064. Lettre de Pline, etc., Bruxelles, Bibl. roy., II, 2625.

26005. Yearbook tempore Edwardi I. Londres, Brit. Mus., addit. ms. 37657.

26067. De visitatione infirmorum. Paris, Bibl. nat., n .a. lat. 1875.

26071. Obituaire de Sainte-Élisabeth de Bruxelles. Bruxelles, Archives générales du royaume.

26072. Actes de Henri II d'Angleterre. Paris, Bibl. nat., n. a. lat. 952.

26075. Vitae sanctorum. Londres, Brit., Mus. addit. ms., 35110.!

26105. Chartes de Bordeaux. Bordeaux, arch. dép.

26110. Chartes de Metz. Metz, Archives de Lorraine.

26116. Chartes de Metz. Metz, Archives de Lorraine.

26209. Yearbook tempore Edwardi III. Londres, Brit. Mus., addit. ms. 35095.

26265 (10). Chartes de Tournai. Mons, Archives de l'État.

26275. Chartes de Tours. Paris. Bibl. nat., n. a. franç. 21297.

26290. Chartes de Tournai. Mons, Archives de l'État.

26388. Arbre généalogique de Josse de Lalaing. Bruxelles, Bibl. roy., II, 1187.

26406. Chartes de Metz. Metz, Archives de Lorraine.

26409. Chartes de Metz. Metz, Archives de Lorraine.

26412. Roll of the Exchequer, Londres, Brit. Mus., addit. ms. 35204.

26415. Généalogie de la famille de Bonnières. Bruxelles, Bibl. roy., II, 2657.

26433 et 26434. Chartes de Metz. Metz, Archives de Lorraine.

26590. Chartes diverses. Utrecht, Archives du royaume.

26644. Chronica Richardi Pictaviensis. Paris, Bibl. nat., n. a. lat. 670.

26688. Court Rolls of Taynton. Oxford, Bodléienne, Oxon. Rolls 96.

26986. Rentale D. Gisbrechti van Massemen. Gand, Archives de l'État.

26999. Copies de chartes d'Utrecht. Utrecht, Archives du royaume.

27000. Bondam, copies tirées des Archives d'Utrecht. Utrecht, Archives du royaume.

27001. Copies de chartes d'Utrecht. Utrecht, Archives du royaume.

27006. Chartes diverses. Bruxelles, Archives générales du royaume.

27015. Chartes diverses. Paris, Bibl. nat., n. a. lat. 2588 et 2591.

27123. Chartes diverses. Utrecht, Archives du royaume.

27126. Indenture, Cambridge, 24 Hen. VII. Cambridge, University, add. 3464.

27138. Patent to Hugh Martin. Cambridge, University, add. 3465.

27458. Chartes diverses. Utrecht, Archives du royaume.

27586. Swaffham charters. Cambridge, University, add. 3564.

27587. Wilbraham documents. Cambridge, University, add. 3565.

27633. Chartes de Metz. Metz, Archives de Lorraine.

27663. Chartes de Metz. Metz, Archives de Lorraine.

27670. Chartes de Metz. Metz, Archives de Lorraine.

27671. Chartes. Paris, Bibl. nat., n. a. lat. 2589-2590; n. a. franç. 21287.

27753. Chartes de Tournai. Mons, Archives de l'État.

27831. Charte. Utrecht, Archives du royaume.

27917. Charte de Philippe le Bon. Bruxelles, Archives générales du royaume.

27926. Chartes diverses. Paris, Bibl. nat., n. a. lat. 2589-2591.

27927. Chartes de Metz. Metz, Archives de Lorraine.

27928 et 27929. Chartes diverses. Paris, Bibl. nat., n. a. lat. 2588-2591; n. a. fr. 21278, 21286, 21287 et 21291.

28032. Charte de Metz. Metz, Archives de Lorraine.

28114. Extraits des épitaphes de Bruges Bruxelles, Bibl. roy., II, 2633.

28187. Chartes de Metz. Metz, Archives de Lorraine.

28192. Charte de Philippe le Bon. Bruxelles, Archives générales du royaume.

28214. Release (Hundred of Losa). Cambridge, University, add. 3463.

28219. Chartes diverses. Bruxelles, Archives générales du royaume, et Utrecht, Archives du royaume.

28484. Suffolk charters. Cambridge, University, add. 3460 et 3461.

29010. Extraits et recueils de chansons. Bruxelles, Bibl. roy., II, 2650 et 2651.

29166. Court Rolls of Taynton. Oxford, Bodléienne, Oxon. Rolls 94.

29181. Compotus of Anne, duchess of Buckingham. Londres, Brit. Mus., Egerton ms. 2822.

29262-29274. Chartes de Tournai. Mons, Archives de l'État.

29306. Chartes diverses. Bruxelles, Archives générales du royaume.

29338. Charte. Utrecht, Archives du royaume.

29754. Bénéfices du diocèse de Londres. Londres, Brit. Mus., addit. ms. 35208.

29811. Calendar of Burnham. Oxford, Bodléienne, ms. 32707.

29893. Letters of Librarians. Oxford, Bodléienne, ms. 31344.

30502-30504. Chartes de Metz. Metz, Archives de Lorraine.

30506. Chartes de Metz. Metz, Archives de Lorraine.

30509-30515. Chartes de Metz. Metz, Archives de Lorraine.

31151. Pedigree of H. O. Coxe. Oxford, Bodléienne, ms. 32548.

31603, 31604, 31605 et 31608. Chartes d'Arras. Arras, Archives départementales.

31741. Chartes de Metz. Metz, Archives de Lorraine.

31233. Recueil épistolaire au prince de Horner. Bruxelles, Bibl. roy., II, 2649.

32055. Cambridgeshire conveyance. Cambridge University, add. 3462.

32186. Court Rolls of Taynton. Oxford, Bodléienne, Oxon. Rolls 95.

32294. Chartes. Paris, Bibl. nat., n. a. franç. 21286, 21287 et 21291.

32296. Chartes de Metz. Metz, Archives de Lorraine.

32356. Chartes de Metz. Metz, Archives de Lorraine.

32384. Chartes. Paris, Bibl. nat., n. a. lat. 2588-2591 ; n. a. franç. 21287.

32680. Lettre de Charles VI (1408). Londres, Brit. Mus., addit. ms. 36765.

32924. Duke of Somerset's accompts. Londres, Brit. Mus., Egerton ms. 2815.

32982. Érection de Lede en baronnie (1607). Gand, Archives de l'État.

33393. Correspondence of W. Hone. Oxford, Bodléienne, ms. 32679.

33455. Chartes de Metz. Metz, Archives de Lorraine.

38480. Valor of Fountains Abbey. Londres, Brit. Mus., Egerton ms. 2824.

33649. Army accompts of sir R. Dormer. Londres, Brit. Mus., addit. ms. 35206.

33758. Chartes diverses. Paris, Bibl. nat., n. a. lat. 2589-2591.

33812. Chartes diverses. Paris, Bibl. nat., n. a. lat. 2588.

33954. Vitæ sanctorum. Bruxelles, Bibl. roy., II, 2310.

33993. Recueil sur l'histoire des Pays-Bas. Bruxelles, Bibl. roy., II, 2655.

34159. Charte de Gui, comte de Flandre. Bruxelles, Archives générales du royaume.

34479. Wardrobe Day-Book of Edward II. Londres, Brit, Mus., addit. ms. 35093.

34518. Letters of miss M. R. Mitford. Londres, Brit. Mus., addit. ms. 35341.

34609. Chartes diverses. Paris, Bibl. nat., n. a. lat. 2588 ; n. a. franç. 21286 et 21289-21291.

34628. Papers relating to Edinburgh. Londres, Brit. Mus., addit. ms. 35340 B.

34641. Chesterton terrier. Cambridge, University, add. 3562.

34642. Ickleton court roll. Cambridge, University, add. 3563.

34722. Terrier de la cathédrale. Bordeaux, Arch. départ, G. suppl.

34723. Terrier de l'archevêché. Bordeaux, Arch. départ, G. suppl.

34765. Traité entre Henri VII et Philippe d'Autriche. Londres, Brit. Mus., addit. charters 37639.

34917. Traité entre Henri VII et Philippe d'Autriche. Londres, Brit. Mus., addit. ms. 36766.

35238 (et 3072). Missale. Cambridge, Mc Clean ms. 48.

NOTICE DES PLANCHES

I

Cartulaire de l'abbaye de Saint-Florent-lès-Saumur (xɪᵉ siècle).
— Ms. latin n. a. 1930, fol. XLVIII.

Charte d'Adémar, surnommé Donzel, seigneur de La Rochefoucauld,
portant fondation d'un prieuré de l'abbaye de Saint-Florent-lès-Saumur à
La Rochefoucauld (1060), publiée par P. Marchegay dans le *Bulletin de
la Société archéologique et historique de la Charente* (1877), 5ᵉ série, t. I,
p. 349-353, et tirage à part (1879), p. 9-13.

II

Cartulaire de l'abbaye de Saint-Florent-lès-Saumur (xɪᵉ siècle).
— Ms. latin n. a. 1930, fol. x vᵒ.

Souscriptions, avec notes tironiennes, d'une charte de Hardouin, archevêque de Tours (969) :

✝ Arduinus, *miseratione Dei archiepiscopus, huic* manufirmae *subscripsit.*

† Rogerus *diaconus atque* decanus *subscripsit.*

† Boso *archidiaconus subscripsit.*

Otgerus *presbyter atque* praecentor *subscripsit.*

✝ Bernardus *archidiaconus subscripsit.*

Gyraldus *diaconus subscripsit.*

† Uddo *subdiaconus subscripsit.*

Ingelbertus *diaconus subscripsit.*

Christianus *diaconus subscripsit.*

✝ Dodaldus *diaconus atque abbas subscripsit.*

Archerius *presbyter subscripsit.*

† Odo *diaconus subscripsit.*

Adalulfus *presbyter subscripsit.*

Girardus *presbyter,* qui hanc firmam fieri deprecatus est, *subscripsit.*

Ermenfridus *presbyter subscripsit.*

Rancherus *clericus subscripsit.*

Americus *clericus subscripsit.*

Gumbertus *diaconus subscripsit.*

Warinus *diaconus subscripsit*.
Martinus *diaconus subscripsit*.
Wannicus *subdiaconus subscripsit*.
Odilo *clericus subscripsit*.
Rotbertus *subdiaconus subscripsit*.
Wido *clericus subscripsit*.

Data in mense junii, in civitate Turonus, anno Dominicae incarnationis DCCCCLVIIII[1], sive anno XV. regnante Hlothario rege.

Durannus *licet indignus sacerdos praesens fuit et rogatus* ab Ingelberto antigrapho *scripsit et subscripsit*.

III

1. — *Cartulaire de l'abbaye de Saint-Florent-lès-Saumur* (xie siècle). — Ms. latin n. a. 1930, fol. iii.

Souscription d'un diplôme de Charles le Chauve, de l'année 849-850, publié dans le *Recueil des historiens de France*, t. VIII, p. 5o4, et par P. Marchegay, *Chartes mancelles de l'abbaye de Saint-Florent près Saumur*, dans la *Revue historique et archéologique du Maine* (1878, 2e semestre), t. IV, p. 352-354, et tirage à part (1878), p. 6-8.

2. — *Cartulaire de l'abbaye de Saint-Quentin de Beauvais* (xiie siècle). — Ms. latin n. a. 1921, fol. 8 v°.

Dernières phrases et souscriptions d'un diplôme de Philippe Ier, de janvier 1079, publié par M. Prou, *Recueil des actes de Philippe Ier*, n° XCIV, p. 242-246. On y remarquera les signatures du roi de France, Philippe Ier, et du roi d'Angleterre, Guillaume II le Conquérant, avec celles des grands officiers de la couronne.

IV

Cartulaire de l'abbaye de la Trinité de Vendôme (xi^c siècle). — Ms. latin n. a. 1935, fol. 18.

Don par Eudes le Roux et sa femme Eusébie de la fontaine de Raincier et de plusieurs terres, vignes et prés (avant 1070), charte publiée par l'abbé Charles Métais, *Cartulaire de l'abbaye de la Trinité de Vendôme*, n° CXCVII, t. I, p. 331-332; — et don par Guibert du fief du Coudray (avant 1070), charte publiée *ibid.*, n° XXV, t. I, p. 46.

1. Il faut lire DCCCCLXVIIII.

V

Charte d'Arnaud, évêque du Mans, contresignée par Raoul de Langeais, archevêque de Tours (1068). — Ms. latin n. a. 2588, pièce 1 (réduction à demi-grandeur de l'original).

Cette charte originale en faveur de l'abbaye de Marmoutier, près Tours, porte les signatures autographes de l'évêque Arnaud et de l'archevêque Raoul de Langeais, qui s'étaient rendus au tombeau de Saint-Martin avant de partir ensemble pour Rome, en 1068.

VI

Cartulaire de l'abbaye de Fontevraud (xiie siècle). — Ms. latin n. a. 2414, fol. 149.

Donation faite par Conan III, dit le Gros, duc de Bretagne, à l'abbaye de Fontevraud, où il était venu en pèlerinage en 1129. Sa parente Mathilde, fille de Foulque V, comte d'Anjou, et veuve de Guillaume-Adelin, fils du roi d'Angleterre Henri Ier, dont il est question dans cet acte, y avait pris le voile l'année précédente et devait en devenir abbesse en 1150.

VII

Établissements de saint Louis (xiiie siècle). — Ms. français n. a. 10683, page 103.

Texte des chapitres I, II et III, en partie, du livre II (*Usage d'Orléans, de justice*) de l'édition P. Viollet, t. II, p. 330-333.

VIII

Conseil de Pierre de Fontaines (xiiie siècle). — Ms. français n. a. 10685, fol. 73.

Texte du chapitre XIX, § 41-45 (Sentence d'arbitre) de l'édition A.-J. Marnier, p. 198-199, pour laquelle ce manuscrit, qui a appartenu au célèbre jurisconsulte Charondas le Caron, n'a pas été employé.

IX

Privilèges de l'Université de Paris (xiiie siècle). — Ms. latin n. a. 936, fol. vii v°.

Bulle du pape Grégoire IX adressée au roi de France Louis IX pour lui demander de favoriser l'Université de Paris à l'exemple du roi Philippe-Auguste (14 avril 1231), publiée dans le *Chartularium Universitatis Parisiensis*, de H. Denifle et E. Chatelain, n° 82, t. I, p. 140-141.

X

Cartulaire de la commanderie des Hospitaliers d'Éterpigny
(1285). — Ms. latin n. a. 927, fol. 1.

Don d'une terre par Raoul II ou V, comte de Vermandois (1158). C'est
la première charte de ce cartulaire, en tête duquel on lit la note suivante, qui donne la date de sa rédaction : « En l'an de grace mil cc.
« quatrevins et v. fu fais chius escris selonc toutes les letres apartenans
« à le baillie d'Esterpigni, au tans frere Jehan d'Aubemarle, warde adonc
« de le dite baillie ».

XI

Prêt d'un manuscrit français de l'abbaye de Marchiennes (1305).
— Ms. français n. a. 21287, pièce 12.

Cette petite charte, dont voici le texte *in-extenso*, offre un intérêt
particulier pour notre histoire littéraire en ce qu'elle constate le prêt
fait par un moine de l'abbaye de Marchiennes (diocèse d'Arras) à un
bourgeois de Tournay et la restitution solennelle, après le décès de
celui-ci, en 1305, d'un manuscrit français contemporain, le Roman des
Sept Sages de Rome, avec ses suites, Marques de Rome et Laurin :

« Nous Pieres, par le grasce de Diu, abbes de March[iennes] et tous
« li couvens de cel meisme liu, faisons savoir a tous chiaus ki ces pre-
« sentes letres veront u oront ke li maires, li eskievin et li juret de le vile
« de Tournai, garde del hoir mon signur Jakemon de Lewe, ont delivret
« en plaine hale a nos compaignons moinnes de March[iennes], dant
« Nichaise de Cambrai, tierch prieus de no dite eglize, et dant Mikiel
« Grenier, provost d'Ascons, un livre ouquel sunt contenu *li roumans*
« *des Siept Saiges, li romans de Marke et de Laurin,* lequel livre nos
« compains dans Nicholes de Lile avoit presteit par no congiet a mon
« signur Jakemon del Ewe, cui Dius assoille, et avons en covent le
« maieur, les eskievins et les jurés devant dis a acuiter, se nus les ensi-
« voit pur le raison dou livre devant dit. En thiesmoignage de laquel
« chose nous avons ces presentes letres saielées de nos saiaus et deli-
« vrées au maieur, eskievins et jureis devant dis l'an de grasce mil trois
« cens et chiunk. »

XII

Cartulaire des comtes d'Artois (xive siècle). — Ms. français n. a.
21199, fol. 13.

Actes de la comtesse Mahaut, datés de 1305, et relatifs à Lens et Hes-

din, transcrits dans le second Cartulaire d'Artois, considéré jusqu'ici
comme perdu.

XIII

Comptes de l'argenterie de Jean II le Bon (1353). — Ms. français
n. a. 21201, fol. 61.

Compte de Gaucher de Vanves, différent de ceux qui ont été publiés
par Douët d'Arcq dans son *Nouveau recueil des Comptes de l'Argenterie*
(1874). Le chapitre, dont le début est reproduit ici, est relatif aux four-
rures destinées à Philippe de Rouvre, duc de Bourgogne, beau-fils du
roi Jean II.

XIV

Premier registre du Parlement de Poitiers (1418). — Ms. latin
n. a. 1968, fol. 106.

Registre original du Parlement de Paris transféré à Poitiers par le
régent Charles, plus tard Charles VII, tandis que Paris était au pouvoir
des Bourguignons. La partie de la page reproduite ici contient le début
de la « prima ligacia » des « Presentaciones ordinarie prepositure Pari-
« siensis ac bailliviarum Senonensis, Autissiodorensis, Meleduni, Stam-
« parum, Medunte, Gisorcii et Normanie ».

XV

Statuts de la Faculté de Décret de l'Université de Paris
(xve siècle). — Ms. latin n. a. 937, fol. XIX v°.

Chapitre relatif aux examens du baccalauréat en Droit canon, ou
Décret. Titre VIII, § 125, *Statuta concernentia scolares et maxime baccalariorum volumina et eorum lecturas*, publié dans *la Faculté de Décret
de l'Université de Paris*, par M. Fournier, t. I, p. 94.

TABLE ALPHABÉTIQUE

R

S

W

ADDITIONS ET CORRECTIONS

Page 59, nᵒ XXXV, *lire* : Cartulaire.

— 67, n° XL, *lire* : Philippe V le Long et Philippe VI de Valois.

— 70, n° XLIII (fol. 3-8), *lire* : Hugues III d'Amiens, archevêque de Rouen.

— 77, n° XIV (1960), *lire* : Ecchenilly.

— 85, n° LXXV, *lire* : Phillipps 9064.

— 95, n° XCV (5), *lire* : Garin de Châtillon, évêque d'Amiens.

— 98 (69) *supprimer* le point d'interrogation.

— 201, *ajouter* : 3599. Praxis Francisci Clerke. Cambridge, University, add. 4469.

— 239. Nous sommes redevables à une très obligeante communication de M. Henry Farr, bibliothécaire de la Bibliothèque centrale de Cardiff, de la nomenclature suivante des manuscrits provenant des collections de sir Thomas Phillipps et acquis pour la Bibliothèque centrale de Cardiff. Tous ces manuscrits sont exclusivement relatifs à l'histoire ou à la littérature du Pays de Galles.

Mss. Phillipps 93, 94, 1057, 1077, 2158, 2160, 2161, 2378, 2384, 2586, 2743, 2745, 2873, 2936, 2954, 4177, 4342, 4864, 4865, 4866, 4894, 6327, 6536, 6539, 6542, 6786, 6809, 6852, 6853, 6896, 6955, 7093, 7137, 7151, 7265, 8129, 8272, 8277, 8380, 8392, 8393, 8648, 8719, 8960, 9142, 9771, 10,118, 10,520, 10,530, 10,559, 10,823, 10,851, 10,852, 10,853, 10,989, 11,187, 11,188, 11,189, 11,258, 11,263, 11,284, 11,435, 11,445, 11,446, 11,447, 11,448, 11,449, 11,452, 11,453, 11,470, 11,626, 11,808 11,809, 12,126, 12,134, 12,135, 12,153, 12,367, 12,368, 12,369, 12,370, 12,371, 12,380, 12,400, 12,453, 12,454, 12,462, 12,463, 12,464, 12,465, 12,466, 13,086, 13,087, 13,088, 13,089, 13,107, 13,125, 13,156, 13,158,

13,161, 13,438, 13,474, 13,491, 13,527, 13,719, 13,720, 13,756,
13,757, 13,856, 13,902, 13,904, 13,937, 13,980, 13,993, 13,994,
13.999, 14,000, 14,001, 14,002, 14.003, 14,014, 14,021, 14,022,
14,037, 14,094, 14.108, 14,256, 14,410, 14,411, 14,412, 14,413,
14,414, 14,415, 14,416, 14,417, 14,418, 14.420, 14,421, 14,422,
14,423, 14,426, 14,427, 14.428, 14,429, 14,431, 14.433, 14,434,
14,435, 14,436, 14,437, 14,438, 14,439, 14,440, 14,441, 14,442,
14,443, 14,444, 14 445, 14,446, 14,447, 14,448, 14,449, 14,450,
14,451, 14,452, 14,453, 14,454, 14,455, 14,456, 14,457, 14,458,
14,459, 14,460, 14,461, 14,462, 14,463, 14,464, 14,465, 14,466,
14,467, 14,468, 14,470, 14 471, 14,473, 14,474, 14,475, 14,476,
14,477, 14,478, 14,479, 14,482, 14,818, 14,962, 14.963, 14,964,
14,965, 14,966, 14,967, 14,968, 14,969, 14,970, 14,971, 14.973,
14,974, 14,975, 14,976, 14,977, 14,978, 15,009, 15,012, 15,119,
15,120, 15,438, 15.442, 15,453, 15.634, 15.687, 15,696, 15,765,
15,951, 15,955, 16,060, 16,061, 16,062, 16,063, 16,064, 16,517,
16,518, 16,606, 16,607, 16,608, 16,609, 16,613, 16,614, 16,616,
16,643, 16,650, 16,660, 16,682, 16,683, 16,905, 16,961, 16,968,
17,110, 17,118, 17,119, 17,152, 17,171, 17,234, 17,260, 17,355,
17,357, 17,358, 17,368, 17,398, 17,407, 17,468, 17,508, 17,569,
17,616, 17,868, 18,008, 18,011, 18,110, 18,111, 18,112, 18.166,
18,190, 18,260, 18,461, 18,498, 18,579, 18,607, 18,648, 18,685,
18,771, 18,905, 18,909, 18,913, 18,930, 19,061, 19,064, 19,193,
19,253, 19,258, 19,273, 19,341, 19,349, 19,606, 19,645, 19,646,
19,653, 19,654, 19,655, 19.656, 19,657, 19,658, 19,661, 19,739,
19,880, 19,907, 19,975, 19,990, 20,009, 20,053, 20,057, 20,169,
20,170, 20,171, 20,172, 20,173, 20,174, 20,175, 20,176, 20,177,
20,178, 20,181, 20,282, 20,546, 20,605, 20,611, 20,636, 20,698,
20,782, 20,930, 20,937, 20,938, 20,939, 21,037, 21,038, 21,044,
21,045, 21,046 à 21,049, 21,055, 21,056, 21,057, 21,169, 21,183,
21,371, 21,372, 21,444, 21,557, 21,558, 21,559, 21,561, 21,585,
21,733, 21,769, 21,796, 21,818, 21,831, 21,860, 21,865, 21,866,
21,903, 21,904, 21,942, 22,018, 22,032, 22,157, 22,315, 22,719,
22,765, 22,784, 22,812, 22,852, 22,863, 22,889, 22,942, 23.006,
23,203, 23,204, 23,271, 23,297, 23,298, 23,453, 23,454, 23,582,
23,587, 23,648, 23,760, 23,766, 23,817, 23,819, 23,896, 23,916,
23,918, 23,919, 23,921, 23,922, 23,923, 23,929, 23,931, 23 946,
23.964, 23,986, 24,052, 24,070, 24,099, 24,143, 24,226, 24,228,
24,238, 24,250, 24,306, 24,312, 24,400, 24,408, 24,514, 24,518,

24,594, 24,612, 24,613, 24,619, 24,661, 24,670, 24,693, 24,694,
24,704, 24,734, 24,839, 24,935, 24,956, 24,980, 25,048, 25,171,
25,246, 25,251, 25,359, 25,367, 25,373, 25,394, 25,531, 25,535,
25,553, 25,576, 25,637 (25,657?), 25,951, 25,990, 25,994, 26,005,
26,049, 26,050, 26,164, 26,190, 26,197, 26,230, 26,289, 26,421,
26,426, 26,464, 26,468, 26,470, 26,604, 26,611, 26,653, 26,673,
26,690, 26,748, 26,784, 26,873, 26,882, 26,930, 26,979, 26,996,
26,997, 27,002, 27,003, 27,017, 27,018, 27,022, 27,041, 27,086,
27,114, 27,127, 27,134, 27,143, 27,149, 27,158, 27,163, 27,176,
27,197, 27,214, 27,215, 27,216, 27,223, 27,230, 27,235, 27,240,
27,243, 27,244, 27,289, 27,296, 27,380, 27,396, 27,401, 27,429,
27,434, 27,440, 27,483, 27,484, 27,488, 27,498, 27,531, 27,563,
27,699, 27,717, 27,828, 27,852, 27,865, 27,873, 27,909, 27,953,
28,054, 28,065, 28,082, 28,092, 28,099, 28,105, 28,124, 28,153,
28,154, 28,156, 28,299, 28,307, 28,368, 28,384, 28,386, 28,454,
28,536, 28,537, 28,602, 28,611, 28,629, 28,732, 28,805, 28,840,
28,841, 28,842, 28,845, 28,935, 29,050, 29,059, 29,061, 29,068,
29,097, 29,099, 29,193, 29,194, 29,210, 29,219, 29,233, 29,239,
29,349, 29,354, 29,366, 29,367, 29,368, 29,447, 29,457, 29,463,
29,484, 29,553, 29,566, 29,615, 29,622, 29,864, 29,901, 30,046,
30,055, 30,123, 30,142, 30,162, 30,195, 30,232, 30,255, 30,269,
30,280, 30,341, 30,391, 30,597, 30,695, 30,876, 30,878, 30,879,
30,905, 30,928, 30,967, 30,970, 30,971, 30,973, 30,974, 30,983,
30,984, 30,985, 30,987, 30,995, 31,009, 31,045, 31,119, 31,148,
31,158, 31,221, 31,256, 31,267, 31,296, 31,318, 31,337, 31,357,
31,377, 31,400, 31,407, 31,410, 31,520, 31,563, 31,586, 31,615,
31,653, 31,670, 31,676, 31,684, 31,692, 31,765, 31,782, 31,799,
31,802, 31,914, 32,106, 32,107, 32,108, 32,109 32,110, 32,111,
32,112, 32,118, 32,119, 32,120, 32,121. 32,187, 32,205, 32,219,
32,265, 32,283, 32,612, 32,686, 32,702, 32,708, 32,716, 32,786,
32,815, 32,819, 32,837, 32,838, 32,896, 32,922, 32,958, 33,025,
33,037, 33,060, 33,081, 33,115, 33,131, 33,151, 33,155, 33,159,
33,167, 33,169, 33,170, 33,197, 33,202, 33,259, 33,263, 33,270,
33,314, 33,329, 33,337, 33,432, 33,435, 33,447, 33,467, 33,516,
33,539, 33,564, 33,566, 33,596, 33,660, 33,772, 33,781, 33,783,
33,791, 33,863, 33,864, 33,875, 33,892, 33,947, 33,952, 34,000,
34,167, 34,204, 34,223, 34,225, 34,239, 34,271, 34,299, 34,447,
34,448, 34,449, 34,450, 34,451, 34,452, 34,453, 34,454, 34,455,
34,458.

TABLE DES MATIÉRES